KB126658

월급쟁이의 첫 부동산 공부

500만 원으로 50억 자산을 만든 소액 투자 비법

월급쟁이의 첫 부동산 공부

1판 1쇄 발행 2021년 6월 1일
1판 6쇄 발행 2021년 11월 29일

지은이 마중물
발행인 김형준

편집 최예원
디자인 유어텍스트

발행처 체인지업북스
출판등록 2021년 1월 5일 제2021-000003호
주소 서울특별시 은평구 수색로 217-1, 410호
전화 02-6956-8977 **팩스** 02-6499-8977
이메일 change-up20@naver.com
홈페이지 www.changeuplibro.com

© 마중물, 2021

ISBN 979-11-91378-04-7 13320

체인지업북스는 내 삶을 변화시키는 책을 펴냅니다.

대한민국에서 가장 쉬운
부동산 독학 완결판

월급쟁이의 첫 부동산 공부

500만 원으로
50억 자산을
만든 소액
투자 비법

마중물 지음

체인지업
CHANGEUP

부동산 투자는
선택이 아닌 필수다

7년 전 나는 대기업에 근무하면서 대한민국 평균 이상의 월급을 받고 있었다. 그 당시에는 미래에 대한 큰 걱정이 없었다. 문제는 결혼 이후였다. 첫째가 태어나고, 4년 후 둘째가 태어나면서 경제적 부담이 생겼다. 부모님에게 물려받은 재산도 없이 결혼생활을 시작했고, 월급에서 남은 돈으로 집을 사기 위해 1억 원이라도 모으려면 수 년의 시간이 필요했다.

그 당시 내가 살고 있던 지역의 국민 평형대인 전용면적 84㎡ 집값은 3~4억 원 수준이었다. 집을 사기 위해서는 10년 이상의 시간이 필요하다는 계산이 나왔다. 집값이 장기적으로 보면 우상향하기 때문에 시간이 지날수록 내가 집을 살 수 있는 가능성은 점점 줄어드는 것만 같았다. 잘못하면 10년이 지나도 내 집 없이 살 수도 있다는 생각을 하니 끔찍했다.

미래에 자식들에게 부끄럽지 않은 아빠가 되기 위해서 더는 지금의 삶에 안주할 수 없었다. 그래서 퇴근 이후에 인터넷으로 정보를 찾으면서 '어떤 방법으로 자산을 늘릴 수 있을까?'를 고민하게 되었다.

처음에 눈에 들어온 것은 대한민국 직장인이라면 누구나 한 번씩 해본다는 주식 투자였다. 그리고 우연히 가입한 주식 투자 카페에서 카페장의 현란한 글에 설득되어 비상장 주식을 사고 말았다. 당시 직업상 엔지니어로서 신기술을 많이 접하다 보니, 신기술을 개발하고 있는 회사의 가치를 높게 보는 경향이 있었다. 투자지표인 주가수익지표 PER, 주당순이익EPS 등은 안중에도 없이 기술 자체만을 너무 높게 평가해 투자하는 실수를 했다.

결과는 말하지 않아도 예상하겠지만, 주식이 상장폐지되는 처참한 결과를 맞았다. 정말 억장이 무너질 정도로 비참한 순간이었다. 이후로 주식은 쳐다보기도 싫어졌다. 한동안은 그 충격에서 벗어나지 못해 괴로워했다.

그러다 새로운 전셋집으로 이사하면서 일부 수리를 하게 되었는데, 수리를 맡은 인테리어 업체 사장님이 "왜 전세를 사느냐? 젊을 때 집을 사는 게 좋을 거다"라고 말했다. 당시엔 집을 살 수 있는 형편이 아니라고 스스로 판단했기에 관심조차 두지 않았다. 그렇게 2년이 흘렀고, 내가 살고 있는 지역의 집값은 나날이 오르고 있었다. 시세가 1억 2천만 원이었던 20평대 아파트는 2억 원이 되었다. 그 지역의 아파트가 대세 상승하는 시기였다. 큰 망치로 머리를 한 대 세게 맞은 느낌이었다. 불현듯 2년 전 인테리어 사장님이 떠올랐다. 그때 그는 집값이 오를 것을 예상하여 진심 어린 충고를 해준 것인데, 당시 나는 그 충고를 전혀 받아들일 준비가 안 된 것이었다. 이 사건 이후에 부동산을 바라보는 시각이 많이 바뀌었다. 이 사건이 내겐 '부동산으로 재테크가 가능하구나!' 하는 깨달음을 준 계기가 되었다.

하지만 걱정이 앞섰다. '부동산 투자하려면 목돈이 필요한데, 어떻게 목돈을 마련해야 하나?' 싶었다. 지금 생각하면 참 어리석은 생각인데, 경제적인 지식이 없다 보니 당시엔 그렇게 생각할 수밖에 없었다. 농사밖에 모르는 부모님으로부터 경제 교육을 받은 적이 없었고, 학교에서는 더더욱 제대로 배우지 못했다. 며칠 동안 곰곰이 생각한 후 아내에게 의견을 구했다.

"우리 전세 대신 월세로 사는 건 어떨까? 전세 보증금으로 부동산 투자를 하고 싶어!"

완강히 반대하는 아내를 잘 설득하여 허락을 받아냈다. 이사한 집은 보증금 500만 원에 월세 30만 원인 주공 아파트였다. 이렇게 마련된 투자금과 회사 대출을 더하니 적지 않은 시드머니^{Seed money}가 마련되었다. 이렇게 투자 자금이 마련되는 사이에 지인에게 아파트 투자를 권유받으며 부동산 투자는 시작되었다.

만일 이 시기에 현실에 안주하는 삶을 살았다면 지금의 나는 존재하지 않았을 것이다. 미지의 세계에 대한 두려움에 아무것도 하지 않았다면 지금 나의 삶에 대해 불평불만이 가득했을지 모른다. 삶을 변화시키고 싶은 내면의 강력한 목소리가 미지의 세계와 맞서 싸울 수 있는 용기를 갖게 해준 것이었다.

부동산 투자는 자동차 경주와 유사하다고 생각한다. 자동차 경주는 변곡주로에서 승부가 갈린다. 관건은 변곡주로에서 속도 감속을 최소화해야 한다는 것이다. 그러나 많은 운전자들은 두려움 때문에 그 지점에서 속도를 줄이려고 한다. 경주에서 이기는 사람은 밖으로 튀어나갈 것 같은 두려움을 이겨내고 최소한의 감속만 하는 사람일 것이다.

부동산 투자도 변곡선에서 중요하다. 부동산은 상승 하락 사이클을 거치면서 우상향으로 상승하고 있다. 상승 꼭지점에서 투자한 사람은 하락 사이클을 맞게 되어 투자에 실패하게 된다. 마찬가지로 실거주자도 이때 투자하면 머지않은 시기에 집값이 하락해 불안한 나날을 보내게 된다.

반면, 하락 꼭지점에서 매수하는 사람은 상승 꼭지점까지 상승을 즐기면서 지낼 수 있다. 이런 시기에 아파트를 매수하는 사람은 어떻게 보면 용기 있는 사람이다. 물론 그 용기는 무모한 게 아니라 지역분석을 철저히 했기 때문일 것이다.

사람의 인생도 마찬가지라고 생각한다. 누군가는 새로운 것에 대한 두려움이 큰 나머지 아무런 도전도 하지 않으려고 한다. 모든 사람이

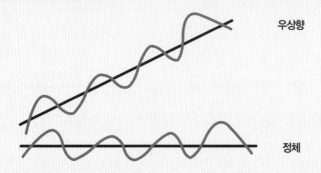

우상향

정체

인생이 상승하고 하락하는 사이클을 거치지만 도전하지 않는 사람은 시간이 지나고 보면 현재 자리에 그대로 머물러 있을지도 모른다.

반면에 새로운 것에 도전하는 사람들은 실패를 통해 교훈을 얻으면서 성장하는 삶(우상향)을 살아간다. 실패를 실패로 끝내지 않고(하락 사이클), 그 실패를 성공을 위한 밑거름으로 삼는 것이다. 내가 실패를 밑거름 삼아 부동산 투자를 성공으로 이끌어 낸 것처럼 말이다.

현재 자리에 머무는 삶을 살 것인지, 성장하는 삶을 살 것인지는 각자의 선택에 달려 있다. 이왕 사는 삶, 부동산과 같이 우상향하는 삶으로 사는 게 더 낫지 않은가?

부동산 투자로
삶이 바뀐 사람들

　내가 부동산 투자를 하면서 가장 좋았던 점은 주변 사람들에게 도움을 줄 수 있었다는 것이다. 그들 모두 투자를 시작하려는 이유는 달랐지만, 지금보다 나은 삶을 살고 싶어 하는 열망은 같았다. 투자의 가치나 방법을 몰라서 길을 헤매는 사람들을 볼 때면 그들을 도와주고 싶은 마음은 커졌다.

　방법을 살짝만 알려주어도 사람들은 금세 감을 익히고, 부동산 투자를 시작했고, 인생이 술술 풀리는 경우도 많이 보았다. 주변 사람들은 내가 성공적인 투자를 이어가는 것을 곁에서 알고, 나를 믿고 공부법을 잘 따라왔다. 일종의 멘토 역할이 되어 주변 사람들에게 긍정적인 영향을 줄 수 있어 뿌듯한 기분이 들었다.

주식 투자로 2억 손해 본 선배

주식 투자로 2억 원을 손해 보고 나를 찾아왔던 선배가 있었다. 선배는 2년 전까지만 해도 부동산 투자에 관심이 없었고, 주변 사람들로부터 얻은 정보로 주식 투자를 해왔다. '초심자의 행운'이라고 들어본 적이 있는가?

그 선배는 주식 투자로 '초심자의 행운'을 얻었다. 주식을 시작하자마자 몇백만 원의 수익을 본 것이다. 사람들은 이런 수익을 얻게 되면 마치 본인의 실력으로 수익을 얻었다고 착각한다. 그러면 갑자기 투자금을 수백만 원대가 아니라 수천만 원대로 늘려가며 모험을 한다. 수백만 원의 돈을 투자할 때는 평정심을 유지할 수 있지만, 수천만 원대의 돈을 투자하게 되면 평정심을 유지할 수 없다. 주식이 하락하면 곧바로 기다리지 못하고 매도하거나, 갖고 있는 주식이 그다지 전망이 좋은 주식이 아님에도 평균 단가를 낮추기 위해 주식을 추가로 매수하게 된다. 이 선배가 그랬다. 주식이 하락하자 더 많은 주식을 매수하게 되고 투자금이 수천만 원에서 수억 원까지 늘어난 것이다. 선배의 계획대로 이익이 났다면 좋았겠지만, 주식 가치는 점차 하락해 휴지조각에 가까울 정도의 수준까지 이르렀다. 그런 비참한 결과를 안고 선배는 나에게 찾아와 도움을 요청했다. 나는 그동안 부동산 투자를 경험하면서 '나만의 투자 노하우'를 정립해가는 시기였기 때문에 선배에게 부동산 투자를 권유했다.

선배	나 부동산 투자를 해보고 싶은데, 어떻게 해야 할지 모르겠어. 지금 갖고 있는 자금이 많지 않거든…
마중물	선배! 부동산 투자는 비교적 소액으로 투자할 수 있어요.
선배	그래? 부동산 투자를 하려면 몇 억씩 필요하지 않아?
마중물	전세 또는 대출을 이용해서 레버리지를 하면 2~3천만 원으로도 투자가 가능해요. 부동산 사이클만 잘 타면 투자금 대비 몇백 프로의 수익률을 달성할 수 있어요. 제가 투자한 아파트와 수익률을 보여 드릴게요.
선배	정말? 나는 어디서부터 시작하는 게 좋을까.
마중물	우선 부동산 투자에 대해 개념을 잡는 게 필요하니, 먼저 부동산 책을 5권 읽고 오세요. 그 이후에 제가 괜찮은 아파트를 소개해 드릴 테니, 그중에 현장에 가본 후 괜찮은 매물에 투자하면 될 거예요.

선배는 한 달 동안 퇴근 후 새벽까지 귀신에 홀린 듯이 부동산 책 5권을 완독하고 부동산 투자에 나섰다. 지금은 여러 채의 아파트를 투자해 쏠쏠한 수익률을 보고 있다. 이제는 서로 부동산 정보를 공유할 정도로 투자 실력이 향상되었다. 그 선배를 지켜보면서 누구나 옆에서 조금의 도움을 받고 노력을 한다면, 할 수 있는 게 부동산 투자라고 느꼈다.

부동산 투자는 결코 어려운 행위가 아니다. 누구나 할 수 있다. 단, 부동산에 대한 지속적인 관심과 꾸준함이 필요할 뿐이다.

서울에 집을 사고 싶어 하는 대학 후배

어느 날 대학 후배가 찾아왔다. 그는 서울이 고향이지만 지방에 직장을 얻어 정착한 상황이었다.

후배 선배! 조만간 서울로 발령이 될 것 같아 서울에 집을 사고 싶어요. 그런데 지금이 많이 모자라서 어떻게 해야 될지 모르겠어요. 서울 집값이 제가 모르는 사이에 많이 올랐네요.

마중물 그렇지? 최근 서울 집값이 미친듯이 상승했지.

후배 집을 사고 싶은데, 담보대출이 많이 안 나와서 어렵네요.

마중물 서울 곳곳이 규제 지역으로 묶이면서 대출이 많이 안 나오지. 조금만 더 일찍 알아봤으면 좋았을 텐데. 서울은 앞으로 지속적으로 상승할 확률이 높을 것 같아. 그렇지만 상승 단계에서는 집값이 계속 상승하는 게 아니라 중간에 보합 구간이 있어. 그때 사면 비교적 좋은 매물을 괜찮은 가격에 매수할 수 있을 거야.

후배 지금이 많이 모자라요.

마중물 아! 그럼 내가 생각하고 있는 방법이 있는데 들어보고 어떻게 할지 결정해 볼래? 지금 지방의 ××지역이 부동산 심리가 바닥 상태야. 내가 판단하기에 몇 개월 후에 상승으로 전환할 가능성이 높아. 이 지역 입지 좋은 아파트를 5천만 원 내외 수준에서 매수가 가능하거든. 여기를 투자해서 발생된 수익금을 보태어 서울에 있는 아파트를 매수하는 건 어때?

후배　괜찮은 방법 같은데요. 그 아파트가 뭐예요?

마중물　××아파트인데 주말에 현장에 다녀오고 결정해봐. 1년 보유 후에 매도하면

　　　　쾌 괜찮은 수익금이 발생할 거야.

후배는 내 말을 듣자마자 현장에 다녀온 후 아파트 2채를 매수했다. 운이 좋게도 매수하자마자 수익률이 크게 상승했다. 결국 그 후배는 서울에 집을 사지는 못했지만 부동산 투자를 접하면서 생각이 많이 바뀌었고, 서울에 집을 사는 대신 그 여유자금으로 지속적인 부동산 투자를 하고 있다. 내가 옆에서 도움을 주긴 했으나 결국 후배가 직접 현장에 방문해 아파트를 분석한 후 매수를 결정한 것이다.

부동산 투자는 실행력이 필요하다. 사람은 누구나 처음 시작하는 것에 대해 두려움을 느낀다. 일부는 그 두려움에 시도조차 못한 상태로 머물러 있고, 일부는 그 두려움을 극복하여 실행에 옮기게 된다. 명심하자. 실행해야 결과를 얻을 수 있다.

외제차와 명품 마니아인 고향 친구

그는 젊은 시절부터 자동차와 명품을 좋아했던 친구다. 고가의 명품 시계를 차고, 자동차는 1~2년마다 바뀌었다. 그동안 그 친구가 소유했던 외제차는 BMW, 아우디, 벤츠 등이었다. 고가의 명품들을 좋아

하다 보니 정작 돈을 모을 수 없었다. 실거주 아파트 외에는 노후 준비가 전혀 안 된 친구였다. 저녁 식사를 같이 하면서 부동산 투자에 대한 잠깐 이야기가 나오자, 친구가 관심을 보이기 시작했다.

친구   지난 번에 말했던 부동산 투자 있잖아. 집에 가서 곰곰이 생각해 보니 내가 인생을 너무 준비 없이 산 것 같더라고. 늦었지만 나도 부동산 투자를 하고 싶은데 가능할까?

마중물   잘 생각했어. 지금부터 투자해도 결코 늦지 않아. 충분히 할 수 있어.

친구   이제 명품과 자동차는 관심 끊으려고. 내 옷 좀 봐. 이거 다 마트에서 할인할 때 산 거야~ 너 믿고 따라갈 테니 뭐부터 해야 되는지 말해줘.

마중물   오호라! 이제 정신을 차린 것 같네. 지난 번에 너 여윳돈 좀 있다 그랬지? 부동산 투자 공부를 먼저 하는 것도 좋지만, 지금은 부동산이 상승할 지역이 많기 때문에 먼저 투자를 진행하고, 그 이후에 부동산 투자 공부를 하는 게 좋겠어!

친구   그러지 뭐.

마중물   ××지역 A아파트와 ××지역 B아파트를 조사해봐. 먼저 네이버 부동산을 통해 매물을 조사하고 공인중개사사무소에 전화를 걸어 방문 약속을 잡아. 그 다음 현장에서 너가 느낀 경험을 토대로 어디가 좋을지 결정해보는 거야.

그는 내가 말한대로 현장답사를 가게 된다.

친구 ××지역 A아파트는 현재 조정 지역이더라. 급매가 나온 물건이 있던데, 현장에 가보니 학군, 병원 등 인프라가 좋더라고. 이제 상승 초기에 있는 지역으로 판단이 되는데 앞으로 지속적으로 오를 가능성이 높을 것 같아. 그런데 ××지역 B아파트는 이미 전고점보다 더 상승하여 추가 상승 여력이 얼마나 있을지 모르겠어.

마중물 우왜 많이 발전했는걸. 현장에 가보니 확실히 느끼는 게 많지? 전고점을 언급하는 거 보니, 아파트에 대해 조사를 많이 했구나. ××지역 A아파트 투자를 더 가치 있다고 판단이 되었으니 그것을 매수하는 게 어때? 지금 조정 지역으로 지정된 지 얼마 안 된 지역이라 심리가 안 좋을 테니 조금 더 가격을 흥정해도 괜찮을 거야.

친구 나 벌써 계약금 일부 입금했어. 너가 말한대로 500만 원 더 깎아서 말이지.

마중물 대단한 걸~ 그렇다면 축하해! 앞으로 수익이 날 때까지 기다리는 일만 남았네.

나도 그의 생각이 이렇게 쉽게 바뀔지는 예상하지 못했다. 자식들을 생각해서 더 이상 이렇게 살아서는 안 되겠다고 생각한 것 같다. 소비력이 강한 친구들이 마음 한구석에는 미래에 대한 불안감을 갖고 있는 경우가 종종 있다. 그 불안감을 희망으로 바꿀 수 있는 용기에 박수를 보낸다.

투잡을 뛰던 후배

그는 직장에서 거래처를 통해 알게 된 후배였다. 평소 성실하고 부지런하며 항상 즐겁게 살려고 노력하는 후배였다. 그는 형편이 그리 넉넉지 않아 직장을 다니면서 저녁과 주말에는 투잡을 뛰었다. 이 후배가 안타까워 평소에도 도움을 주고 싶었다. 시간이 날 때마다 후배에게 경제와 부동산 투자에 대해 말했지만, 그는 내 말을 들으려 하지 않았다. 상황상 부동산 투자는 언감생심이라 생각했을 것이다.

후배　선배! 육아비가 생각보다 많이 드네요. 투잡을 뛰고 있지만 생활비와 육아비로 쓰다 보면 모을 수 있는 돈이 없어요.

마중물　맞아! 생활비, 공과금, 육아비, 보험료 등을 합치면 한 달에 꽤 많은 고정 지출이 나가지. 나도 마찬가지야. 계산해보면 생각보다 금액이 커. 전부 얼마 정도 나가는지 계산해본 적 있니?

후배　정확히 계산해보지는 않았는데, 대충 머릿속으로 그려보니 몇백만 원 되는 것 같아요. 제가 버는 것보다 더 많이 지출되는 것 같아요.

마중물　모든 재테크의 첫걸음은 수입과 지출을 잘 정리하는 거야. 이걸 간과하는 사람들이 많거든. 지금 네가 열심히 노력하는 것은 아는데, 돈을 벌려고 너무 많은 시간을 일에 투자하고 있어. 좀 줄이는 게 장기적으로 좋아. 투자하는 시간을 최소로 하면서 수익을 낼 수 있는 수단이 필요하다는 말이지.

후배　그런 게 이 세상에 과연 있기는 해요?

마중물　이전에도 여러 번 말했지만 부동산 투자가 하나의 대안이 될 거야. 부동산 투자가 반드시 큰돈이 있어야 하는 것으로 착각하고 있는데, 부동산 투자는 소액으로도 충분히 가능해.

후배　소액으로요? 얼마나 필요한데요?

마중물　금액이 딱 정해져 있는 것은 아니지만, 적게는 1~2천만 원 갖고도 할 수 있어. 그 대신 소액으로 진입할 수 있는 투자는 핵심 지역의 아파트보다는 비핵심지 아파트가 많아.

후배　부동산 입지가 중요하지 않아요? 비핵심지 아파트는 입지가 안 좋잖아요.

마중물　어디서 들어본 건 있구나! 부동산은 입지가 중요하지. 보통 핵심지 아파트는 투자금이 많이 들어서 지금 네가 접근할 수 있는 아파트는 아니야. 핵심지 아파트가 오르면 비핵심지 아파트로 심리가 퍼져나가 결국 비핵심지 아파트도 오를 확률이 높거든.

후배　그래요? 흥미로운데요.

마중물　이런 비핵심지 아파트는 보통 선호도가 핵심지 아파트보다 떨어지기 때문에 매매 선호도 역시 핵심지 아파트보다 떨어져. 즉, 전세 선호도가 높다는 말이지. 그럼 전세 선호도가 높다는 이야기는 무슨 말일까?

후배　매매가 대비 전세가가 높을 것 같아요.

마중물　그렇지. 다시 말해 매매가와 전세가가 큰 차이가 안 난다는 말이지. 그래서 소액으로 투자가 가능한 거야. 그런데 매매 선호도가 핵심지 아파트에 비해 높지 않기 때문에 매도할 때 타이밍이 중요해. 다시 말해 핵심지 아파트에 투자할 때보다 훨씬 많은 공부(데이터 분석 등)가 필요하다는 말이야. 나도 비핵심지 아파트 투자를 하고 있는데, 발생된 수익은 핵심지 아파트로 옮겨 가고 있는 중이야.

후배 무슨 말인지 이해했어요. 저에게는 비핵심지 아파트 투자가 맞는 것 같아요. 사전에 많은 검토가 필요하다고 했는데, 지금은 어떤 지역을 투자하는 게 좋을까요?

마중물 이해력이 뛰어나네. ××지역 아파트를 검토해봐. a동, b동, c동의 아파트를 전수조사해서 전세가율 높은 순서대로 조사해봐. 그리고 네이버 지도로 입지를 파악해 대상 아파트를 선별해야 돼. 그런 다음 현장에 직접 가서 조사후 최종 아파트를 선정하면 되는 것이지.

그는 내 말을 듣고 바로 투자 실행을 했다. 사전에 조사한 자료를 바탕으로 직접 현장을 둘러본 후 최종 투자 아파트를 선정했는데, 꽤 입지가 괜찮은 지역의 아파트를 불과 2천만 원의 자금을 들여 투자했다. 앞으로 상승할 여력이 높은 지역이라 2년 후 꽤 괜찮은 열매를 맛보게 될 것이라고 판단된다.

이런 비핵심지 아파트 투자는 사전에 공부를 많이 해야 한다. 한마디로 난이도가 높은 투자라고 말할 수 있다. 이런 난이도가 높은 투자를 몇 번 하다 보면 내 투자 실력이 일취월장해 있는 것을 볼 수 있다. 이런 투자는 공부를 위해서라도 꼭 한 번은 해볼 필요가 있다고 생각한다.

차례

1장 나는 어떻게 성공한 투자자가 되었나

2장 부동산 투자 필승법 : 부동산 상승 원인을 분석하라

3장 부동산 투자 필승법 : 아파트 가격 변동 요인을 파악하라

4장   한눈에 부동산 시장을 파악하는 법

5장   나에게 적합한 투자 지역, 어떻게 찾을 것인가

6장   저평가 아파트 찾기와 실전 투자 사례

7장   실전 사례로 살펴보는 지역 분석법

8장 부의 규모,
어떻게 확장시키는가

9장 부동산 투자자라면 꼭 알아야 할
7가지 정보

1장

나는 어떻게 성공한 투자자가 되었나

생애 최초
'묻지마' 투자를 시작하다

나도 7년 전에는 부린이였다. 막상 투자금을 마련하고 부동산 투자를 시작하려니 '어디를? 어떻게?' 투자해야 하는지 도통 알 수가 없었다. 부동산도 공부가 필요하다는 사실을 당시에는 전혀 인지하지 못하고 있었다. 이때 지인의 투자 권유가 없었다면 부동산 투자를 시작하지 못했을지도 모른다.

첫 부동산 투자는 지인이 추천해 준 아파트를 구입하면서 시작되었다. 2014년 서산의 주공 소형 아파트에 투자하자마자 3천만 원이 상승하는 기현상이 일어났다. 이때 투자금은 불과 500만 원이었다. 투자 수익은 크지 않았지만 투자금 대비 수익률은 무려 600%나 되었다.

〈표 1-1〉 수익률 분석	
항목	금액
매수가	1억 500만 원
전세가	1억 원
실투자금(경비제외)	500만 원
아파트 시세(6개월 후)	1억 3,500만 원
세전 수익금	3,000만 원
수익률	600%

'역시 투자는 부동산 정보를 갖고 있는 지인을 통해 하는 거구나! 사람을 잘 만났어' 하며, 우쭐한 마음으로 부동산 투자에 대한 나름의 정의까지 내렸다. 매수 후 6개월 만에 3천만 원이 오르는 현상은 놀라움을 넘어 신비한 느낌마저 주었다.

하지만 시간이 흘러도 그 아파트 시세가 딱 그 수준에 머물러 있었다. 부랴부랴 매수한 부동산으로 달려갔다.

"소장님, 요즘 이 아파트 시세가 어떤가요?"

"아이고! 몇 달 전에 이 아파트 투자한 투자자들은 대부분 매도하고 시장을 떠났어요. 지금 주변에 입주 물량이 많아 거래가 잘 안 돼요."

"네? 소장님, 그럼 제가 보유한 아파트는 어떻게 처분할 수 있을까요?"

"×××원에 매도할 의사가 있으면 제가 책임지고 팔아드릴게요."

결국 3천만 원이 아니라 1천만 원의 수익을 내고 매도했다. 손해를 보지 않아서 다행이었지만, 3천만 원 이상의 수익을 생각했는데 1천만 원 수익으로 매도하게 되어 상대적인 박탈감이 있을 수밖에 없었다.

나중에 그 지역을 분석해 보니 내가 매수한 시점이 상승 꼭지점 바로 전이었다. 매수는 쉽게 할 수 있으나 매도는 쉽지 않다는 것을 느꼈던 계기가 되었다. 부동산도 공부가 필요하다는 사실을 경험으로 느낀 사건이기도 했다. 이후로 인터넷 검색을 하면서 블로그와 카페 등에서 공부하는 방법을 터득했고, 부동산 관련 책을 정독하기 시작했다.

부동산 투자 공부에 가장 접근하기 쉬웠던 방법은 책을 정독하는 것이었다. 그 당시에는 세지 못할 정도로 많은 책을 읽었다. 단순히 읽기만 하지 않고 주요 내용은 노트에 필사했다. 그리고 시간이 날 때마다 노트를 반복해서 봤다. 이렇게 3개월 정도가 지나니 부동산 투자가 무엇인지 머릿속에 조금씩 그려지기 시작했다.

수십 권의 책 정독, 필사, 시간 날 때마다 필사 노트 보기를 통해 나도 모르게 '반복 학습'을 수백 번 하였다.

신기하게도 독서량이 쌓이니, 책 한 권을 읽는 데 시간이 얼마 걸리지 않았다. 사실 부동산 관련 책들은 본질적인 내용 면에서는 상당 부분이 유사하다. 중요한 것은 다른 책에 없는, 그 필자만의 핵심 포인트를 잘 캐치해서 노트에 적어 두는 것이다. 이런 방법으로 여러 투자자들의 핵심 노하우를 얻을 수 있었다. 간단하면서도 가장 쉽게 부동산 투자 세계를 이해하는 방법이다. 요약하면 다음과 같다.

마중물의 키포인트

1 | 3개월 동안 닥치는 대로 책을 읽어라.
2 | 중요한 내용은 필사해라.
3 | 필사한 노트를 시간 날 때마다 반복해서 봐라.
4 | 책을 집필한 저자들의 핵심 노하우는 캐치해서 따로 노트에 필기해라.

인내심과 절실함이 있다면 누구나 따라 할 수 있다. 내가 부동산에 입문했던 시기에는 부동산 관련 도서가 많지 않았고 부동산 투자 정보를 쉽게 얻을 수 없었다. 현재는 부동산 관련 도서만 정독해도 어느 정도 투자에 대한 이해도를 높일 수 있다. 3~6개월의 시간을 독서에 투자하면 부동산 투자를 시작할 수 있는 길라잡이 역할을 충분히 해줄 것이다.

실수가 아닌
실패를 두려워하라

2014년 하반기부터 본격적인 투자를 시작했다. 당시에 수도권은 긴 하락기를 마치고 상승 흐름을 타려는 시기였다. 4~5년간 하락 또는 보합(시세가 거의 변동 없이 계속되는 상황)이 되면서 실수요자들은 자가보다는 전세를 더 선호하던 때였다. 그렇다 보니 서울과 인접 경기권에는 매매와 전세의 차이가 크지 않은 아파트가 많았다. 이때부터 용인시 투자를 시작으로 고양시, 인천시 등 여러 지역의 아파트를 연속으로 투자했다. 이때가 처음으로 스스로 판단해 투자했던 시기였다.

누구나 처음 시작할 때 두려움이 있다. 나의 경우 부동산에 가는 것이 그랬다. 처음에는 무슨 말부터 해야 할지 심장이 쿵쾅거릴 정도로 막막했다. 몇 가지 질문도 이어가지 못한 채, 공인중개사 사무실 문밖으로 성과 없이 나온 적도 많았다. 하지만 이런 과정도 경험이 조금씩 쌓이다 보면 요령이 생긴다. 사전에 전화로 방문 약속을 잡으면 부동산 소장님과 자연스럽게 대화를 이어갈 수 있다.

실수를 통해 배운 리스크 관리의 중요성

지금 돌이켜보니 당시에 투자하면서 나는 2가지 실수를 했다. 첫 번째는 아파트 분양권을 너무 쉽게 생각하고 매수한 것이었다. 입주까지 피(프리미엄premium의 약자로, 분양가보다 추가로 높아진 가격을 말한다)가 점점 상승하기 시작했으나 한 번에 1,500세대가 입주하다 보니 전세를 놓는 게 쉽지 않았다. 아파트 입주가 끝나면 다시 상승 흐름을 탈 것이라 예측이 됐지만 잔금을 치를 능력이 안 되어 어쩔 수 없이 2,500만 원 정도 손해를 감수하고 매도했다. 투자 역사상 유일하게 손해를 본 투자였다. 다행인 건 투자한 다른 아파트가 상승 중이어서 미련 없이 분양권을 매도할 수 있었다. 이 경험에서 알 수 있듯이 부동산 투자를 통해 수익을 보는 것도 중요하지만 리스크를 최소화하면서 오랜 기간 투자하는 방향이 더 좋은 방법이다.

두 번째 실수는 투자금을 너무 짧은 기간에 다 소진해 버린 것이다. 경기권 아파트 투자를 공격적으로 하다 보니 자금을 다 소진해 버려 투자 가치가 더 높은 서울시의 아파트가 눈에 보여도 투자하기가 어려 웠다. 부동산 투자 경험이 쌓이면 투자 가치가 더 좋은 물건들을 찾을 수 있으므로, 투자금을 짧은 기간에 다 소진하지 말아야 한다는 교훈을 얻었다.

'처음부터 완벽하게 투자하면 좋으련만…'이라고 생각할지도 모른 다. 하지만 처음부터 완벽하게 투자하는 사람은 없다. 세계적으로 유 명한 전문가들도 순간의 잘못된 판단에 의해 실수하는 경우가 있다. "사람은 실수를 통해 배운다"는 말이 있지 않은가! 나도 마찬가지로 초 반에는 여러 실수를 통해 성장해왔다. 실수를 통해 실패를 얻으면 안 되고 배움을 얻어야 한다. 그래야 지속적인 투자가 가능하다.

레버리지 투자,
상승 지역을 선점하라

    2014년에 투자한 고양시 화정동 별빛마을 아파트 세입자가 입주한 지 1년 만에 전화가 왔다. 남편이 지방으로 발령이 나서 이사를 가야 한다는 것이었다. 곧바로 부동산에 전화를 걸어 전세 시세를 확인해 보니, 전세 시세가 1년 만에 3천만 원이 올라 있었다.

    계약 당시 2억 9천만 원에 전세를 줬는데, 이제 새로운 세입자와 계약하면 3억 2천만 원에 계약이 가능했다. 아파트를 매수한 금액인 3억 1천만 원보다도 전세가가 더 높게 형성된 것이었다.

    전세가가 오른다는 의미는 전세 매물이 많지 않다는 것이다. 전세 증액분 3천만 원으로 1채를 더 매수해도 리스크가 없을 것이라고 판단했다. 똑같은 단지의 아파트를 한 채 더 매수하기로 했다. 생각을 정리한 직후, 부동산 소장님이 어떻게 내 마음을 읽었는지 먼저 전화가 왔다.

"제가 괜찮은 매물을 갖고 있는데, 전세 증액한 자금으로 한 채 더 투자하시죠? 현재 3억 5,500만 원으로 로열층의 괜찮은 매물이 나와 있어요. 급매로 나온 것이라 가격 조정은 어려울 것 같아요."

이미 결심한 상황이라 더 이상 고민없이 바로 매수를 진행했다.

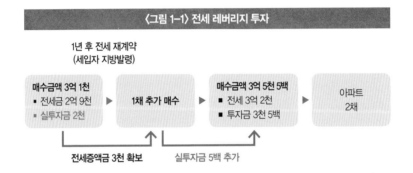

〈그림 1-1〉 전세 레버리지 투자

놀랍지 않은가? 2,500만 원으로 아파트 2채를 매수하는 놀라운 마법이 펼쳐지는 순간이었다. 이 투자 경험으로 인해 정말 많은 것을 느끼게 되었다. 투자 방법이 한 단계 업그레이드된 계기였다.

이렇듯 전세보증금이라는 레버리지를 십분 활용하여 나의 투자금을 최소화하고 투자 수익률을 높일 수 있다.

이때의 경험으로 내가 느낀 것은 투자를 할 때 4년 이상 오를 지역을 선점하는 것이 중요하다는 것이다. 무엇보다 여러 투자를 진행할 때 선택의 폭이 넓고 리스크를 관리할 수 있기 때문이다. 또한 4년 이상 오른다는 것은 시장이 바닥일 때 매수하는 것이여서 안전한 투자가 가능해 부동산 전업투자자가 아닐 경우, 특히 직장인들에게 추천하는 방법이다.

 마중물의 키포인트

4년 이상 오를 지역을 미리 선점하는 이유

1 | 선택의 폭이 넓은 투자가 가능하다.

2 | 2년 후에 오른 전세 보증금을 활용하여 추가 투자가 가능하다.

3 | 상승장에 있으므로 쉽게 매도 가능하다.

4 | 시장이 바닥일 때 매수하는 것이기 때문에 비교적 손쉽게 좋은 매물을 투자할 수 있다.

　　→ 안전한 투자가 가능하다.

실패하지 않는 투자, 연쇄반응 아파트

'연쇄반응 아파트'란 특정 아파트가 먼저 상승하면 뒤따라 상승하는 아파트를 말한다. 부동산 심리가 한 아파트에서 시작해 다른 아파트로 퍼져나가는 현상이다. 바로 인접한 아파트뿐만 아니라 심리가 미칠 수 있는 지역의 아파트까지 상승한다. 이 메커니즘을 이해한 후 부동산 투자에 적용했다. 다음에 오를 수 있는 아파트, 즉 연쇄반응 아파트를 미리 알면 실패하지 않는 투자가 가능하다.

2015년 서울 일부 지역에서 매매가와 전세가의 차이가 크지 않은 아파트가 생기기 시작했다. 서울 부동산 시장은 2008년 리먼사태 이후 침체기에 있었고, 아파트 가격이 더 떨어질 것이라는 공포감에 실수요자들이 집을 사지 않고 전세를 선호하는 시기였다. 아파트 시세는 하락 또는 보합인데 전세가는 고공행진을 하고 있었다.

나는 서울시 강서구 등촌동 근처의 부동산 흐름을 지켜보고 있었다. 가양역·증미역 근처의 선두 그룹 아파트의 매매가가 상승하기 시작했다. 이 지역 아파트의 매매가와 전세가가 일시적으로 벌어졌으나, 금방 전세가가 상승해 다시 그 차이를 줄이는 양상이었다. 이 지역의 전세 매물이 부족하다는 것을 확인하고, 아직 오르지 않은 근처의 아파트를 소액으로 매수했다. 현재 이 아파트의 시세는 7억 원을 호가한다. 소액으로 투자하여 현재 기준 시세차익이 4억 5천만 원이나 발생했다. 이것이 연쇄반응 아파트의 위력이다.

지방을 예로 들어보자. 수도권 투자를 마무리한 후, 2017년부터는 대전의 아파트를 매수하기 시작했다. 2017년 당시 대전의 아파트 거래량은 그리 많은 편이 아니었다. 그러나 수년간 새 아파트 공급이 부족한 지역이기 때문에 투자하기에 매력적인 시장으로 보였다.

2018년 1월에 대전 둔산동에 '둔산이편한세상' 분양이 있었다. 대전 둔산동은 1990년대 만들어진 택지지구로서 입지는 최고지만 아파트가 노후화되어 입주민들이 새 아파트에 대한 갈망이 컸다. 그래서 청약 경쟁률도 '수백 대 일'로, 정말 치열했다.

아파트 분양 이후 사람들의 움직임을 파악하여 투자 판단에 주요하게 적용했다. 분양 이후에 당첨되지 못한 사람들이 어디로 움직이는지

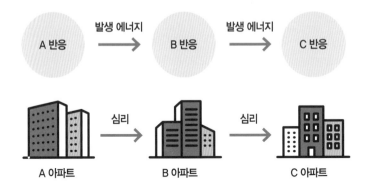

조사하면 다음 상승 시기가 왔을 때, 아파트의 상승 순서를 알아낼 수 있으므로 미리 선점하는 투자가 가능하였다. 미리 알아낸 아파트 상승 순서를 바탕으로 비교적 소액으로 선점하는 투자를 할 수 있었다. 이 게 바로 연쇄반응 아파트 투자법이다. 자세한 내용은 6장에서 다루도 록 하겠다.

투자 지역 선정은
어떻게 하는가

　2016년부터 대전의 부동산 시장을 유심히 지켜보기 시작했다. 바로 인접한 지역에 신도시가 생기면서 신도시로 인구가 많이 유출되는, 부동산 심리가 바닥인 지역이었다.

　인접 도시의 막대한 공급 물량으로 인해 대전 지역은 신규 아파트를 공급하지 못했고, 그 결과 수년간 누적 공급량이 극도로 부족했다. 게다가 부동산 침체기를 거치면서 다른 지역 대비 아파트 값이 너무 내려가서 더 이상은 떨어질 수도 없는 상황이었다.

　머지않은 시기에 시장 분위기가 다시 반등할 것이라 예측했다. 또한 수도권에 투자한 아파트를 일부 매도하거나 전세 상승분을 활용하여 투자할 수 있는, 현재 나의 사이클cycle과 맞는 지역이 바로 대전이었다. 2016년 하반기에 둔산동과 도안신도시의 일부 아파트가 반등하는 것을 확인하고 나니 더 강한 확신이 들었다.

2016년 이후, 대전은 입주 물량이 많지 않았지만 인접한 세종시 입주 물량은 많은 편이어서 투자자들을 헷갈리게 했던 지역으로 기억된다. 참고로 이때 핵심 입지의 아파트에 투자하지 않고 2~3급지의 아파트에 투자한 일부 사람들은 투자에 실패해 손실을 감수하면서 시장을 탈출했다.

예를 들어 유성구 노은동 지족동, 관평동 등의 아파트에 투자한 사람들은 2년 후 매매가가 보합이거나 하락해 손해를 보고 빠져나온 사람들도 적지 않다. 그 당시 바닥을 다지는 시기였기 때문에 일부 극소수 대장급 아파트는 상승했지만 인접 도시 아파트의 공급 물량에 영향을 받는 지역이거나 또는 외곽 지역의 아파트는 하락, 상승과 하락이 공존하는 시장이었다.

투자 지역 선정을 위한 2가지 기준

이토록 혼란스러운 환경에서 어떤 이유로 대전이 더 이상 떨어지지 않을 지역이라고 예측하고 투자를 감행했을까? 투자 지역을 선정하기 위해서는 2가지를 우선적으로 봐야 한다.

첫 번째는 인접도시 아파트와의 가격 비교이다. 대전시의 대표적인 인접도시는 세종시를 들 수 있겠다. 당시 세종시는 신도시로서 새 아파트 공급에 의해 정주 여건이 개선되면서 큰 폭으로 상승하였다. 약 150만 명의 인구를 가진 대전시를 세종시의 아파트와 비교하면 저평

시	구	2006	2016	2019 상반기	2019 하반기	2020 상반기	2020 하반기
대전	대전 유성구	1위	16위	12위	9위	9위	8위
	대전 서구	4위	–	27위	14위	10위	12위
	대전 중구	14위	–	34위	27위	21위	17위
부산	부산 해운대	8위	2위	4위	4위	4위	4위
	부산 수영구	3위	3위	1위	1위	1위	1위
	부산 동래구	7위	5위	5위	5위	5위	5위
	부산 연제구	12위	4위	6위	6위	6위	6위
대구	대구 수성구	2위	1위	2위	2위	2위	2위
	대구 중구	14위	6위	3위	3위	3위	3위
	대구 달서구	13위	12위	18위	15위	16위	20위
울산	울산 남구	4위	7위	13위	14위	13위	15위
	울산 중구	11위	14위	14위	21위	20위	19위
광주	광주 남구	–	–	15위	18위	19위	24위
	광주 동구	–	–	23위	20위	22위	18위
창원	의창구	–	–	20위	24위	15위	9위

〈표 1-2〉 지방 광역시 평단가 순위

출처: 조인스랜드

가로 보여졌다.

두 번째는 유사도시 아파트와의 비교이다. 대전은 광역시이므로 광역시와의 상대 비교가 타당해 보인다. 지방광역시는 부산광역시, 대구광역시, 울산광역시, 광주광역시가 있다. 광역시와 인구가 유사한 창원시도 비교 대상에 포함시킬 수 있겠다.

〈표 1-2〉를 보자. 2006년에 대전 유성구와 서구가 각각 1위와 4위로 지방광역시에서 평단가는 상위권이었다. 2016년에 유성구가 16위였고, 2018년에는 유성구와 서구가 각각 18위와 27위까지 떨어졌었다. 그만큼 대전이 타도시 대비 저평가 지역이라는 것을 알 수 있다. 2020년엔 대전 유성구와 서구가 약진해 8위, 12위를 차지했다.

이렇듯 시기별 유사도시(여기서 유사도시라 함은 특정 조건이 비슷한 도시를 말한다. 예를 들어 광역시의 도시를 비교할 수도 있고, 인구 100만 이상의 도시들을 비교할 수도 있다)의 평단가 순위만 주기적으로 모니터링 해도 지평가 지역을 비교적 쉽게 선정할 수 있다.

단기 투자 vs 중장기 투자

주식에도 단기 투자와 장기 투자할 종목이 다르듯이, 부동산도 물건에 따라 단기 투자와 중장기 투자를 해야 한다. 단기 투자와 중장기 투자 아파트를 구분 없이 수채 보유하면 부동산 시장이 안 좋을 때 역전세를 맞을 수도 있다. 역전세란 전세 시세가 계약 당시보다 하락해 임대인이 임차인에게 보증금을 돌려주는 것이 어려워진 상황을 의미한다. 보유 개수 1~2채인 경우엔 보증금 일부를 돌려주는 게 그리 어렵지 않지만, 여러 채의 전세보증금을 돌려줘야 하는 경우엔 자금압박을 받는 일이 생길 수 있다.

예를 들어 우리가 아파트 24채를 보유하고 있다고 가정하자 (이해하기 쉽도록 24채를 보유하고 있다고 가정해보자. 전세는 보통 2년 주기이며, 보유 개수가 24채이므로 한 달에 1채 만기가 돌아온다고 가정했다). 투자 시기를 잘 분산해 한 달에 1채가 전세 만기로 돌아오는 상황이다. 전세가 지속적으로 상승하면 더할 나위 없이 좋겠지만 운이 나쁘게 입주 물량이 몰린 시기에 만기가 돌아오거나 또는 시장이 냉각되는 시기에 만기가 돌아오면, 전세 만기에 맞춰 전세를 새로 놓기가 쉽지 않을 것이다. 최악의 경우 분기당 3채가 역전세가 발생해 전세금을 돌려줘야 하는 상황을 맞을 수도 있다.

기간별 투자 전략이 필요하다

부동산 규제에 의해 대출 규제가 점점 심해지고 있으므로 대출을 통해 전세금를 돌려주는 것도 쉽지 않을 것이다. 이런 상황을 견딜 수 있는 사람이 얼마나 있을까? 대부분 멘붕 상태에 빠진다. 반면에 핵심 지역의 아파트를 투자한 경우, 안 좋은 시장 상황을 맞이하더라도 전세 보증금을 하향 조정하면 상대적으로 수월하게 전세를 맞출 수 있다.

우리가 여기서 얻을 수 있는 교훈이 무엇일까? 이런 곤란한 상황들을 맞닥뜨리면서 아파트에 따라 단기 투자와 중장기 투자를 구분해서 해야 된다는 것을 알게 되었다. 스트레스를 덜 받는 투자를 지향하기 때문에 현재까지도 이 규칙은 철저하게 지키는 편이다.

단기 투자 대상은 주로 대도시에 있는 비선호 입지 아파트, 지방 소
도시 아파트 등이다. 이런 아파트는 더 크게 상승할 것이라 예상해도
시장 분위기가 좋을 때 매도해야 한다. 매도 시기를 놓치면 원치 않게
장기 투자가 되어 시간 대비 연 수익률이 현저하게 낮아지게 된다.

2천만 원을 투자해 '1년 후 6천만 원' 수익을 얻는 것과 '2년 후 8천만
원' 수익을 얻는 것 중에 어떤 투자를 선호하는가?

〈그림 1-3〉 기간별 투자 수익률 비교

A 투자 $\dfrac{60,000,000}{20,000,000}$ / 1년 = 연 수익률 300%

B 투자 $\dfrac{80,000,000}{20,000,000}$ / 2년 = 연 수익률 200%

나는 A 투자를 추구하는 편이다. 연 수익률이 월등히 높을 뿐만 아
니라 수익금을 확보하여 다른 아파트 투자를 통해 절대 수익금과 수익
률을 더 높일 수 있기 때문이다.

반면 핵심 지역 아파트는 수익률보다는 수익금으로 접근하는 게 좋
다. 시장 분위기가 절정으로 가는 단계에서 수익금을 보고 매도하는
게 유리하다. 또는 상승 꼭지점을 확인한 후 시세보다 조금 낮춰 매도

할 수도 있다. 그리고 아파트 가격의 장기 추세선을 그었을 때 우상향해왔기 때문에 이러한 핵심 지역 아파트는 조정을 받아도 다시 상승할 가능성이 높아 굳이 매도하지 않는 것도 방법이다.

더 좋은 투자는 이런 핵심 지역 아파트를 소액으로 진입하는 것이다. 즉 투자금을 최소화하여 수익금과 수익률을 극대화시키는 투자다. 이런 투자는 데이터에만 의존할 수 없는 투자이며, 시장 안에서 시장을 바라봐야 할 수 있는 투자다. 왜냐하면 아래 그림처럼 가격이 바닥일 때 매수해야 가능성이 있는데, 시장이 바닥인 상태를 확인하려면 철저하게 시장을 볼 줄 알아야 하기 때문이다.

예를 들어 2019년 7월부터 충북 지역의 아파트를 투자하기 위해 검토를 시작했다. 공급 물량 등 데이터만 보고 이 지역을 검토했으면 진입하지 못했을 것이다. 현장을 통한 조사와 수개월간 지속적인 모니터링을 통해 진입 시점을 타진하여 핵심 지역의 아파트를 소액으로 투자

〈그림 1-4〉 핵심지와 비핵심지 투자 매수 시점

비핵심지 투자

핵심지 투자

할 수 있었다.

지금까지 단기 투자와 중장기 투자의 중요성에 대해 설명을 했는데, 다시 한번 간략히 요약해 보겠다. 전략적으로 투자 방식을 세운다면, 여러분도 잃지 않는 투자가 가능하다. 앞으로 시장 안에서 철저하게 시장을 읽는 눈을 길러보자.

 마중물의 키포인트

1 | 비핵심 지역 아파트 투자(단기 투자)는 2년 안에 확실히 눈에 보이는 수익을 보고 팔 수 있는 물건들에 투자하여 수익률을 극대화하라.
매수 시점: 바닥 투자보다는 상승 확인 후
매도 시점: 부동산 매매심리가 높을 때

2 | 핵심 지역 아파트 투자(중장기 투자)는 바닥 또는 바닥 근처에 매수하여 선점하는 투자다.
→ 수익률보다는 절대 수익금을 보고 투자.

투자자라면
반드시 지켜야 할 철칙

  2020년 들어서 수도권과 지방을 포함해 전국의 부동산 시장이 뜨거워지고 있다. 식을 줄 모르는 부동산 상승장에 의해 지금 집을 못 사면 평생 집 없이 살아야 한다는 공포감에 패닉바잉 현상이 벌어지는 중이다. 패닉바잉 관련 기사가 인터넷을 도배하다시피 한 실정이다. 한국감정원이 발표한 연령대별 매입 건수(2020년 6월 기준)를 보면 30대는 3,601건으로 집계됐다. 전달(1,258건)보다 2.9배가 증가한 수치다.

  또한 서울 아파트 전체 거래(2020년 6월 기준) 중에 30대가 차지하는 비중은 32.4%를 기록하여, 전달보다 3.4%가 늘었다. 역사적으로 주택 시장의 가장 활발한 참여자는 40대인데, 2020년 6월 거래에서는 40대

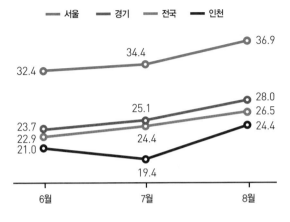

─── 서울   ─── 경기   ─── 전국   ─── 인천

36.9

34.4

32.4

28.0
26.5
25.1
23.7
22.9
21.0   24.4   24.4

19.4

6월   7월   8월

출처: 한경닷컴

의 비중보다 30대의 거래 비율이 4.6% 더 높았다(〈그림 1-5〉참조).

당분간 투자 열기는 쉽게 가라앉지 않을 전망이다. 산이 높으면 골이 깊다고 하지 않았는가? 항상 하락장을 맞을 준비를 해야 한다. 역사적으로 영원한 상승도 없고 영원한 하락도 없는 시장이 부동산 시장이다. 분위기에 휩쓸려 집부터 덜컥 계약해서 후회하는 행동은 하지 말아야 한다.

차근차근 공부하다 보면 집을 살 수 있는 기회는 여러 번 맞게 된다. 당장 지금 집을 안 사면 안될 것처럼 보이지만 시간이 지나보면 집을 살 수 있는 기회는 여러 번 생기게 된다는 말이다. 그래서 그 기회를 맞이했을 때 놓치지 않도록 부동산에 대한 꾸준한 관심과 공부가 필요하다.

지금까지 투자를 어떻게 시작했는지, 투자를 하면서 알게 된 핵심 내용이 무엇인지에 대해 전반적으로 살펴봤다. 한때는 여러분과 똑같이 부린이 시절을 지내왔고, 투자에 관심이 없던 평범한 월급쟁이에 불과했던 내가 시행착오를 거치면서 여기까지 왔다. 부동산에 성공할 수 있었던 이유는 실수를 했지만 그 실수에서 배우려고 노력했고, 포기하지 않고 계속적인 투자를 해왔기 때문이다. 내가 그래왔듯이 여러분들도 충분히 부동산 투자를 잘할 수 있으니 절대 포기하지 말자.

앞으로 이 책에서는 부동산 상승 원리, 필수적으로 봐야 하는 데이터, 그리고 내가 만들어낸 부동산 투자 과정에 대한 내용을 자세히 다룰 것이다. 책에 나와 있는 사례만 따라 해도 실전 투자가 가능할 정도로 구체적으로 다뤄보고자 한다.

2장

부동산 투자 필승법

부동산 상승 원인을 분석하라

수익을 내고 싶다면
물가상승을 주목하라

"××지역의 아파트가 왜 오르는지 모르겠어요. 제 생각엔 아파트 가격이 오를 수가 없는 지역이거든요."

"아파트는 호재가 있어야 오르는 거 아닌가요? 호재가 없는데 왜 오르는 거죠?"

"부동산 투자를 하고 싶은데, 배우자가 강하게 반대하고 있어요. 어떻게 해야 배우자를 설득할 수 있을까요?"

블로그를 운영하면서 위와 같은 질문을 많이 받았다. 블로그 이웃 분들이 가장 많이 물어보는 것이 부동산 상승 원인에 대한 질문이었다. 부동산이 상승하는 원인은 이미 몇몇 부동산 관련 책이나 인터넷에서 찾아볼 수 있다. 하지만 이 책에서는 내가 생각하는 부동산 상승원인을 좀 더 구체적으로 설명하고자 한다.

부동산 상승 원리를 이해하면 부동산 시장에 대한 전체적인 그림을 볼 수 있는 눈이 생긴다. 부동산을 이해하는 첫걸음인 것이다.

물가지수와 부동산의 상관관계

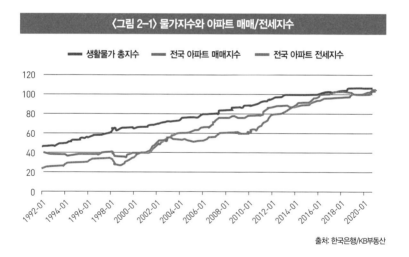

〈그림 2-1〉 물가지수와 아파트 매매/전세지수

출처: 한국은행/KB부동산

〈그림 2-1〉은 1992년부터 2020년까지 물가지수와 전국 아파트 매매가/전세가의 변동 추이를 나타낸 것이다. 신기하게도 생활물가 총지

수와 아파트 매매가/전세가는 비슷한 흐름으로 움직이고 있다. 신규 아파트의 분양가는 매년 상승한다. 그 이유는 아파트를 지을 때 필요한 인건비, 자재 가격 등이 시간이 지날수록 상승하기 때문이다. 즉 물가가 상승하기 때문이다. 이런 의미에서 아파트의 가치가 올랐다기보다 물가 상승을 반영하면서 아파트 가격이 상승한다고 볼 수 있다.

직장인 물가지수 품목
단위:원, 증가율은 1990년 대비 2018년 증가율

품목		가격				
		1990년	2000년	2010년	2018년	증가율(배)
교통	**시내버스**	140	600	1000	1300	9.3
	지하철	250	600	1000	1350	5.4
	택시(기본요금)	800	1000	2400	3000	3.75
식음료	우유	1000	1800	2250	2570	2.57
	라면	450	480	720	950	2.1
	아메리카노	1000	2000	3200	3660	3.66
	자장면	600	3000	4000	5000	8.33
	치킨	6000	10000	16000	16000	2.67
	삼겹살	4500	4955	9000	12000	2.67
문화	영화	2602	5324	7384	11000	4.2
유류	**경유**	179	732	1502	1395	7.8
	휘발유	404	1335	1700	1627	4.0
주류 및 담배	담배	1000	1400	2500	4500	4.5
	소주	1500	2500	3500	5000	3.3
	맥주	1500	2000	4000	5000	3.3

※2018년(현재) 직장인 물가지수는 1990년보다 전체 339.1% 증가했음
ⓙ중앙일보
자료:한국물가정보

출처: 중앙일보

1990년 대비 2018년 시내버스 요금은 9.3배 올랐으며, 자장면 가격은 8.33배나 올랐다. 실생활에 사용하는 대부분의 제품들이 1990년 대비 최소 2.1배에서 최고 9.3배까지 오른 것이다. 최저시급도 계속 오름 추세로 인건비도 급상승되고 있다. 다른 품목들처럼 실물자산인 아파트 가격도 마찬가지인 것이다.

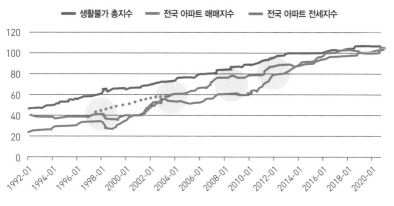

〈그림 2-2〉 물가지수와 아파트 매매/전세지수

생활물가 총지수　전국 아파트 매매지수　전국 아파트 전세지수

출처: 한국은행/KB부동산

　물가지수와 아파트 매매가/전세가 그래프를 자세히 살펴보면, 한 가지 큰 차이점을 알 수 있다. 물가지수는 보통 매월, 매년 꾸준한 상승 추세를 보이는 반면, 아파트 매매가/전세가는 일정 기간 하락 또는 보합하다가 그동안 상승하지 못했던 상승분이 짧은 기간에 상승하는 모습이다.

　〈그림 2-2〉에서 볼 수 있듯이 양쪽 지점을 연결해보면 빨간색 점선과 같이 완만한 상승으로 그릴 수 있지만, 실제적으로 아파트 가격의 양상은 하락했다가 짧은 기간에 급등하는 것을 알 수 있다.

　이 그래프에서 우리는 중요한 투자 포인트를 생각해 볼 수 있다. 상승 시점을 개략적으로 예측할 수 있고, 그 시점에 투자를 진행한다면 비교적 짧은 시간에 높은 수익률을 만들어낼 수 있다는 것이다. 지금까지 부동산 투자를 통해 부를 이룬 사람들은 이런 원리를 이미 알고 있었다.

통화량이 알려주는
아파트 투자의 비밀

최근 사람들이 "시장에 돈이 많이 풀렸다"라는 말을 많이 한다. 이런 상황이 되면 돈의 가치는 하락하고 실물자산인 부동산의 가격은 상승한다. 시장에 돈이 많이 풀렸다는 것을 정량적으로 알 수 있는 방법이 있을까? 답은 의외로 간단하다. 경제신문 기사만 봐도 쉽게 정보를 얻을 수 있다. 다음 페이지 〈그림 2-3〉의 첫 번째 기사(2020년 11월자)를 보면 시중 통화량이 3,115조로 사상 최대라는 것을 알 수 있다.

시중 통화량을 나타내는 광의 통화량(M2)이 3,115조 2,389억 원(원계열·평균잔액 기준)을 기록했다는 사실도 기사에 나와 있다.

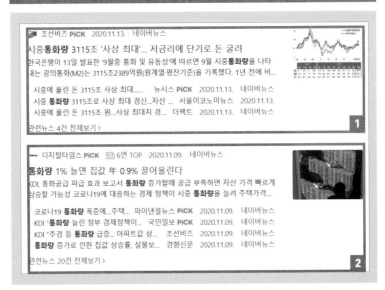

출처 : 네이버

광의통화(M2)는 대체 무엇인가? 통화량의 종류는 어떤 게 있는 걸까? 단어만 들어도 궁금증을 유발하는 알쏭달쏭한 용어들이다. 궁금증을 풀기 위해 통화량에 대해서 간단히 살펴보도록 하자.

통화량의 종류

우리는 금융전문가가 아니다. 그러니 자세히 이해할 필요는 없다. 우리의 목표는 관련 신문기사를 이해할 수 있는 정도의 이해력을 갖추

는 것이다. 통화량은 협의통화(M1), 광의통화(M2), 금융기관유동성(Lf),
광의유동성(L)으로 나눌 수 있다.

협의통화(M1)는 화폐의 기능을 중시한 통화로서 현금 및 수시입출
식예금 등을 말한다. 간단히 말해 우리가 지금 보유하고 있는 현금통
화와 언제라도 현금화가 가능한 은행 예금을 더한 것이다. 광의통화
(M2)는 협의통화보다 넓은 범위로, 이자소득을 포기하면 언제든지 인
출이 가능한 통화까지 포함한다. 즉, 이자만 포기하면 바로 현금화가
가능한 통화를 말한다. 금융기관유동성(Lf)은 광의통화(M2)에 금융기
관이 발행하는 금융채까지 포함한다. 그리고 광의유동성(L)은 금융기
관유동성(Lf)에 정부와 기업 등이 발행하는 국채, 지방채, 회사채 등을
포함하는 한 나라가 보유한 전체 유동성 크기를 말한다.

〈표 2-1〉 통화량 종류 및 내용		
구분	내용	상세내용
협의통화(M1)	화폐의 기능을 중시한 통화지표	민간보유현금+은행요구불예금+은행저축예금+수시입출식예금+투신사 MMF
광의통화(M2)	이자소득만 포기한다면 언제든 인출이 가능한 통화	M1+정기 예금/적금/부금+거주자외화예금+시장형금융상품+실적배당형금융상품+발행어음
금융기관유동(Lf)	통화기관이 발생하는 금융채 등 포함	M2+금융채+환매체^{RP}+상업어음 등
광의유동성(L)	한 나라가 보유한 전체 유동성 크기	Lf+정부/기업 등이 발행한 유동성 시장금융상품(국채, 지방채, 회사채, 증권회사 RP 등)

우리가 여기서 가장 주목해야 할 통화량은 현금화가 가능한 광의통화량(M2)이다. 한국은행 경제시스템에 접속하면 광의통화량 데이터를 쉽게 확인할 수가 있다.

통화량과 아파트값의 상관관계

아래 그래프처럼 광의통화(M2)와 전국 아파트 매매지수/전세지수를 나타내보면, 아파트 매매/전세지수는 광의통화량(M2)과 유사한 기울기로 증가되고 있음을 알 수 있다. 시중에 화폐가 많이 풀리면 그만큼 화폐가치가 하락해 실물자산인 부동산이 상승하는 것이다.

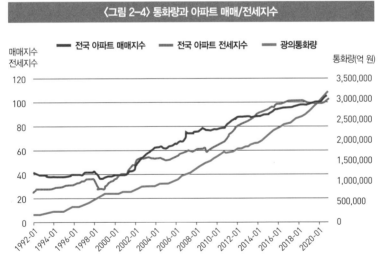

〈그림 2-4〉 통화량과 아파트 매매/전세지수

출처: 한국은행/KB부동산

잠시 앞서 나온 통화량 관련 기사를 다시 살펴보자. 〈그림 2-3〉의 두 번째 기사를 보면 KDI(한국개발연구원) 연구 결과에 대해 보도하고 있다. '통화량 1% 증가하면 집값 0.9%를 끌어올린다'라는 통계 기사이다. 통화량 1% 증가 시 집값 0.9% 상승으로 통화량과 비례해서 집값이 증가하고 있다는 사실을 구체적인 통계 수치로 이해할 수 있다.

〈그림 2-5〉 617 부동산 대책 전문 일부

2. 시장상황 평가 　617 부동산 대책

☐ 작년 12·16대책을 통해 대출·세제 등을 보완하고, 금년 2월에는 규제지역을 추가 지정하였고, 5월에는 주택공급 관련 방안 발표

○ 5월까지 서울 주택시장은 전반적 안정세를 유지하였으며, 연초 수도권 가격상승을 견인한 일부 지역도 규제지역 지정 후 안정

☐ 그러나, 역대 최저수준 금리와 급격히 증가하는 유동성에 따라 투기수요의 주택시장 유입 가능성이 큰 상황에서 불안요인 여전
 • 자금의 현금화 가능성을 의미하는 M1/M2 비율은 33.15%로 역대 최고수준

한편 2020년 6월 17일에 정부는 617부동산 대책을 발표했다. 전문 내용 중 시장 상황 평가를 살펴보면, 다음 요인에 의해 부동산이 상승한다고 진단했다. "급격히 증가하는 유동성에 따라 투기 수요의 주택시장 유입 가능성이 큰 상황에서 불안 요인 여전하며 자금의 현금화 가능성을 의미하는 M1/M2 비율은 33.15%로 역대 최고 수준"이라고 말이다. 즉 M1/M2 비율과 집값 추이를 살펴보면 부동산 공부를 하는

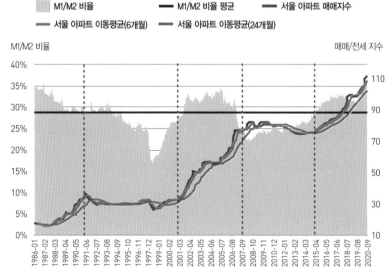

※참고: 서울 아파트 6개월 이동평균선이 24개월 이동평균선을 상향 돌파할 때 매매가는 상승하며, 반대로 하향 돌파할 때 매매가는 하락함

출처: 한국은행/KB부동산

데 많은 힌트를 얻을 수 있을 것이라 판단된다.

앞서 통화량에서 설명한 것처럼 M1은 현금, M2는 현금과 적금이라고 생각할 수 있다. 여기서 M1/M2는 높아진다는 말은 현금화를 많이 시켜 투자로 이어질 수 있다는 말이기 때문에 이 수치를 유심히 봐야한다.

KB금융에서 집값 통계를 기록한 1986년부터 현재까지 M1/M2 평균은 약 28.6% 수준이다. 역사적으로 M1/M2 평균보다 높았던 시기는 1986년부터 1991년까지, 2001년부터 2006년까지(실제 서울시 아파트는 상승 관성에 의해 2008년까지 상승하였다), 2015년부터 현재까지 총 3번의 시기가 있었다. 이 시기에 전국 아파트 매매지수와 전세지수가 어떻게 변해왔는지 살펴볼 수 있는데, 공교롭게 이 시기에 큰 폭의 상승이 있었다.

시중에 자금이 많이 풀리면, 일부 자금이 부동산으로 흘러 들어가 부동산을 상승시키는 기폭제 역할을 한다고 이해할 수 있다. 또한 통화량 증가로 인해 화폐 가치가 하락하고, 반면 실물자산인 부동산은 상승한다고 이해할 수 있겠다.

〈그림 2-7〉 한국은행 경제통계시스템

이제 통화량이 무엇인지, 통화량과 부동산 가격의 상관관계에 대해 이해도가 올랐을 것이라 생각한다. 통화량은 한국은행 경제통계시스템(ecos.bok.or.kr)에 접속하면 쉽게 데이터를 확보할 수 있다. 통화량 이외에도 물가, 금리 등 많은 데이터를 다루고 있으니 주기적으로 접속해서 데이터를 확인하면 투자하는 데 많은 도움이 된다.

인구수는 감소하는데
집값이 오른다고?

많은 사람이 오해하는 것 중의 하나가 우리나라 인구수가 감소한다고 생각하는 것이다. 정확히 말하면 우리나라 인구는 지속적으로 증가하고 있다. 감소하는 것은 인구수 증가율이다. 다음 페이지의 그래프에 나와 있는 데이터를 살펴보면 2015년 5,152만 9,338명에서 2019년 5,184만 6,861명으로 인구수는 약 32만 명 증가했다. 반면에 인구 증가율은 2015년에 전년도 대비 0.39% 증가했으나, 2019년에는 전년도 대비 0.05% 증가했다. 따라서 우리나라 인구수 증가율이 감소하고 있다고 말해야 정확한 표현이다(참고로 2020년 인구통계가 발표되었다. 코로나로 인한 결혼 및 출산 기피 현상에 의해 처음으로 2020년 인구수가 예외적으로 소폭 감

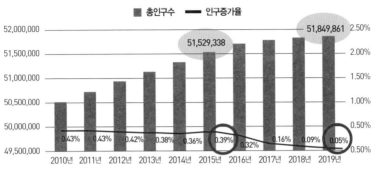

<그림 2-8> 전국 인구수와 인구수 증가율 변화 그래프

■ 총인구수　━ 인구증가율

51,529,338

51,849,861

0.43%　0.43%　0.42%　0.38%　0.36%　0.39%　0.32%　0.16%　0.09%　0.05%

2010년　2011년　2012년　2013년　2014년　2015년　2016년　2017년　2018년　2019년

출처: 행정안전부

소되었다. 일시적인 영향인지 아니면 이런 현상이 지속될지 지켜보자).

물론 특정 지역을 한정해서 살펴보면 인구가 감소하는 지역이 있다. 서울의 집값이 많이 올라 경기도로 인구가 유출되면서 서울시 인구는 감소하고 있고, 세종으로 전출되는 인구로 인해 대전 인구가 감소하고 있다. 그리고 지방 도시 일부 지역도 인구 감소가 진행중이나 우리가 주목해볼 것은 인구수보다는 '세대수'이다.

인구수보다 세대수를 보아라

공교롭게도 위에서 인구 감소로 예를 든 서울과 대전은 현재 집값이 상승하고 있는 지역이다. 인구는 줄어드는데 집값이 오르는 이유

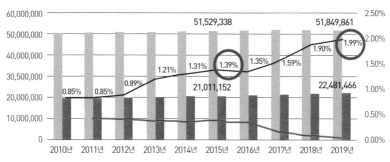

〈그림 2-9〉 전국 인구수/세대수 증가율

출처: 행정안전부

는 어떻게 설명해야 할까? 그 이유는 세대수 증가에 있다. 다시 말해 세대수 증가수가 인구수 감소수보다 훨씬 크기 때문에 매년 일정 규모 이상의 신규 거주 시설이 필요하게 된 것이다. 전체적인 세대수는 2015년에 전국 2,101만 1,152 가구이며, 세대수 증가율은 전년도 대비 1.39%로 증가됐다. 2019년에는 세대수가 2,248만 1,466가구로 전년도 대비 1.99%나 증가했다. 2015년 대비 2019년 세대수는 무려 147만 가구나 증가했다. 그만큼 거주 공간이 많이 필요하고 수요가 증가했다는 것이다.

세대수가 증가하는 원인은 1인 가구, 핵가족화, 이혼가정, 주말부부 등으로 인해 세대원 수가 감소하고 있기 때문이다. 다음 페이지의 〈표 2-2〉는 대전시의 인구 변화와 세대수 변화를 나타낸다.

2010년 세대당 인구는 2.71명이며, 2019년 2.32명으로 0.39명이 줄었

〈표 2-2〉 대전시 인구 변화/세대수 변화/세대당 인구 변화			
년도	총인구수	세대수	세대당 인구
2010년	1,503,664	555,768	2.71
2011년	1,515,603	566,324	2.68
2012년	1,524,583	575,600	2.65
2013년	1,532,811	584,877	2.62
2014년	1,531,809	592,508	2.59
2015년	1,518,775	597,008	2.54
2016년	1,514,370	606,137	2.5
2017년	1,502,227	614,639	2.44
2018년	1,489,936	624,965	2.38
2019년	1,474,870	635,343	2.32

출처: 행정안전부

다. 반면 세대수는 2010년 55만 5,768가구에서 2019년 63만 5,343으로 약 8만 가구 증가했다. 대전시는 세종시로 인구가 유출되면서 2010년 150만 3,664에서 2019년 147만 4,870으로 인구가 감소되고 있는 지역인데, 오히려 세대수는 증가해 거주 공간이 더 필요하다고 볼 수 있다.

오른쪽의 〈그림 2-10〉에서 통계청이 2019년 9월에 발표한 장래가구 추계를 보면 2017년 총가구수는 1,957만에서 2040년 2,265만 가구까지 증가한 후 2041년부터 감소세로 돌아설 것이라고 예측하고 있다. 향후에도 인구가 급격히 줄어들지 않는 이상 매년 많은 집이 필요하다는 이야기다. 그러니 "인구가 감소해서 집값이 하락할 것이다"라는 주장은 부동산 현황과는 오히려 상반된 말이라고 할 수 있다. 인구수는

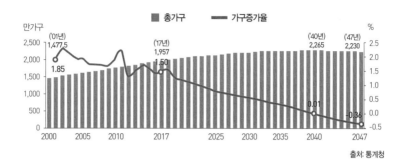

■ 총가구　── 가구증가율

만가구
2,500
2,000
1,500
1,000
500
0

('01년)
1,477.5
1.85

('17년)
1,957
1.50

(40년)
2,265

(47년)
2,230
0.01
-0.36

%
2.5
2.0
1.5
1.0
0.5
0.0
-0.5

2000　2005　2010　2017　2025　2030　2035　2040　2047

출처: 통계청

여전히 소폭으로 증가하고 있고 가구수는 1인가구, 핵가족, 이혼부부 증가 등의 원인으로 큰 폭으로 증가하고 있다는 사실을 잊지 말자.

경제위기가 오면
집값은 하락할까?

1986년부터 KB금융에서 우리나라 집값 통계를 집계해왔다. 내 생애 우리나라 경제위기는 두 번 있었다. 바로 1998년 IMF와 2008년 글로벌 경제위기인 리먼사태다.

현재 일어나고 있는 코로나 사태 또한 장기화됨에 따라 사람들에게 미래에 대한 불확실함을 더욱 가중시키고 있다. 그렇다면 궁금해진다. 경제 위기 상황에서 집값은 떨어지는 것일까? 우리는 과거를 되짚어보면서 이에 대한 해답을 찾아보도록 하자.

두 번의 경제위기 상황에서 전국 집값의 변화를 살펴보면서 경제위기와 집값의 연관성을 살펴보자.

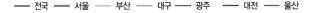

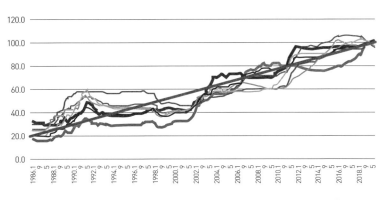

〈그림 2-11〉 전국 주요 도시 아파트 매매지수 변화

—— 전국 —— 서울 —— 부산 —— 대구 —— 광주 —— 대전 —— 울산

출처: KB부동산

위의 그래프는 1986년부터 현재까지 서울을 포함한 전국 주요 도시의 아파트 매매지수를 나타낸다. 아파트 가격이 수차례 상승과 하락을 반복하는 것을 알 수 있다. 중요한 것은 그래프의 첫점과 끝점을 연결해보면 장기적으로 아파트 매매지수가 우상향한다는 것이다. 서울과 지방이 동조하면서 함께 상승했던 시기도 있고, 정부정책에 의해 서울과 지방의 아파트가 비동조하는 현상도 보인다. 2005년부터 서울이 급격한 상승을 한 반면, 지방은 반대로 급격히 하락하는 시기였다. 2010년부터 서울이 급격히 하락한 반면 지방은 급격히 상승한다.

앞서 시기별로 전국 매매지수를 보여준 이유는 상승과 하락을 반복하며, 우상향하는 부동산의 속성을 말하기 위한 것이다. 그렇다면 국

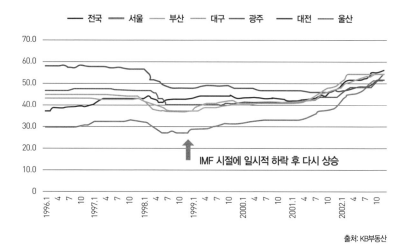

〈그림2-12〉 IMF 시절 전국 주요 도시 아파트 매매가격 변화

― 전국 ― 서울 ― 부산 ― 대구 ― 광주 ― 대전 ― 울산

IMF 시절에 일시적 하락 후 다시 상승

출처: KB부동산

가 경제위기가 닥친 상황에서의 집값을 함께 살펴보자.

국가 경제위기인 IMF 시절에 한정해 전국의 아파트 매매지수를 살펴보면 서울은 1998년 약 1년 동안 침체기를 보인 후, 1999년부터 아파트 가격이 다시 상승하는 것을 알 수 있다. 지방은 2001년도가 되어서야 상승을 시작하면서 서울보다 침체기가 더 길었다.

아파트 투자 관점에서 본다면 IMF 위기인 1998년도가 오히려 투자기회였다. 리먼사태는 미국 서브프라임모기지 후유증에 의해 초래된 글로벌 경제 위기이다. 이 당시에 수도권 부동산 시장은 침체기였던 반면, 지방은 2008년부터 대세상승장이 시작된 시기였다. 글로벌 경제 위기와 정부의 강력한 규제책으로 인해 수도권 부동산 시장이 어려워

지자 유동성이 지방으로 집중됐던 시기였다. 이처럼 경제위기가 부동산에 큰 영향을 미칠 것으로 판단되지만, 실제로 단기적인 영향은 있지만 중장기적으로는 크게 영향이 없었다.

물론 미래 경제위기가 과거와 유사한 구조로 나타난다는 보장은 없기에, 미래 경제위기가 부동산 시장에 영향이 없을 것이라고 속단할 수는 없다. 중요한 것은 과거 경제위기를 겪을 때 부동산 시장이 어떻게 변했는지 이해함으로써 미래의 부동산 시장이 어떻게 변할지 가늠해 볼 수 있는 기준으로 삼으면 되는 것이다.

지금까지 부동산 상승 원인에 대해 살펴봤다. 미래를 예측하는 것은 쉬운 일이 아니지만, 향후 부동산 시장은 하락할 요인보다는 상승할 요인이 더 많다는 것을 이해했을 것이다. 부동산 투자는 긴 호흡으로 접근해야지 단기간에 승부를 보겠다고 생각하면 탈이 나기 마련이다. 지금 안 사면 아파트를 못 살 것 같은 공포감에 계약부터 먼저 하고 후회하는 행동을 하지 말기 바란다. 꾸준히 관심을 갖고 공부하다 보면 자기도 모르게 부동산을 바라보는 시각이 많이 바뀌어 있을 것이다.

그럼 다음 장부터 아파트 가격 변동 요인과 투자 방법에 대해 자세히 다뤄보도록 하겠다.

통화량과 인구수는
어디서 확인하나요?

부동산 투자를 하실 때 통화량과 인구수 데이터를 주기적으로 관찰하는 것은 많은 도움이 됩니다. 앞서 설명했지만 통화량과 집값의 상승률은 밀접한 관계가 있습니다. 2020년부터 전세계에 몰아닥친 코로나바이러스로 인해 경기침체가 상당 기간 유지되고 있으며 각국에서는 경제를 살리기 위해 통화량을 증가시키고 있습니다. 이 통화가 주식과 부동산으로 많이 흘러 들어가고 있으며, 그로 인해 주식과 부동산은 큰 폭으로 상승하고 있습니다.

인구수는 지역을 선정하는 데 있어서 도시의 인구수를 비교해 유사한 도시끼리 그룹화할 수 있어 유용한 데이터입니다. 같은 그룹에 있는 도시의 부동산 가치는 어느 정도 유사하게 흘러갑니다. 도시의 입지, 소득 등에 의해 가치가 소폭 차이가 날 수 있지만, 기본적으로 부동산 시세 흐름은 동일하게 흘러간다는 가정 하에 부동산 시장을 바라

보는 게 좋습니다. 그런 측면에서 인구수도 마찬가지로 부동산 투자를 할 때 놓치지 말아야 할 중요한 데이터입니다.

통화량 찾는 방법

통화량은 한국은행 경제통계시스템(ecos.bok.or.kr)에 접속하여 데이터를 확인할 수 있습니다. 〈그림 2-13〉를 보시면 [1. 통화 및 유동성 지표] 메뉴에 마우스를 갖다대면 [1.1. 주요 통화지표]를 선택할 수 있습니다. 그 다음 보고 싶은 M1, M2 통화량을 선택하여 기간을 설정하면 해당 기간 내의 통화량 데이터를 확인할 수 있습니다. 통화량 중에 평잔(평균잔액), 말잔(말일자잔액) 두 가지로 구분이 되는데, 말 그대로 평잔

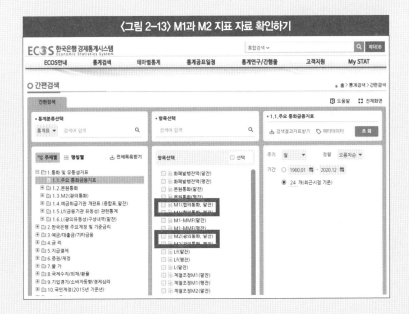

〈그림 2-13〉 M1과 M2 지표 자료 확인하기

은 해당 기간의 평균개념이고 말잔은 말일자 잔액입니다. 전체적인 흐름을 보는 데는 2가지 어떤 것을 선택해도 크게 문제가 없으나, 평균개념이 들어간 평잔이 더 정확하다고 볼 수 있습니다.

인구수와 세대수 찾는 방법

인구수와 세대수는 행정안전부 홈페이지(https://jumin.mois.go.kr/) 에서 자료를 찾을 수 있습니다. 홈페이지 접속 후 상단 메뉴에서 [정책자료] 클릭 후 [주민등록 인구통계]를 클릭하면 자료를 보실 수 있습니다.

〈그림 2-14〉 인구수와 세대수 찾는 방법

자료를 엑셀파일로 다운 후 인구수별로 구분 작업을 하면 아주 훌륭한 부동산 백업자료가 되는 것입니다. 5장에서 자세한 내용을 다루고 있으니 5장을 참고하시기 바랍니다.

3장

부동산
투자 필승법

아파트 가격 변동 요인을 파악하라

아파트 가격은
왜 변하는 걸까?

아파트 가격이 변동하는 요인은 크게 5가지다. 수요와 공급, 심리, 유동성, 경기(소득), 규제로 크게 나눠볼 수 있다.

그중 가장 중요한 것은 모든 경제의 기본인 아파트의 수요와 공급 지표이다. 수요가 늘어나는 지역 혹은 수요는 고정되었는데 공급이 부족한 지역은 아파트 가격이 상승할 가능성이 높다.

그리고 두번째 중요한 요인에 심리가 있다. 아파트 가격이 상승하기 시작하면 실수요자들이 지금 집을 안 사면 안될 것처럼 느껴 집을 사기 시작한다. 즉 매수 심리가 높아지는 것이다.

세 번째로는 유동성을 꼽을 수 있다. 집을 투자하기 위해 사려는 사람들이 매수하기 시작하면 실수요 장에서 유동성 장으로 바뀐다. 유동성 장으로 가게 되면 실수요자들뿐만 아니라 가수요자(투자수요)들이 진입하여 아파트 가격이 큰 폭으로 상승하게 된다. 이런 실수요 장에서 유동성 장으로 넘어가는 단계는 한 번만 발생되는 것이 아니라 수차례 반복해서 일어난다.

연봉으로 집값 저평가 여부를 알 수 있다

경기 성장률도 부동산 가격에 영향을 줄 수 있다. 경기가 좋아진다는 말은 결국 연소득이 높아진다는 말이기 때문에 그만큼 집을 살 수 있는 여력이 높아진다. 예를 들어, 삼성전자에 다니는 A부장 연봉이 1억 원인데, 연초에 성과급을 받게 되면 총수령액이 1억 5천만 원이 된다. 회사 실적이 좋아 연봉이 5천만 원 더 올랐기 때문에 집을 살 수 있는 능력이 더 좋아진다는 말이다.

PIR(APT)Price to Income Ratio 이라는 데이터를 통해 연소득 대비 집값이 어떻게 바뀌었는지 정략적으로 해석할 수 있으며, 한 지역의 현재 집값이 고평가인지 저평가인지도 PIR 데이터를 통해 가늠해 볼 수 있다.

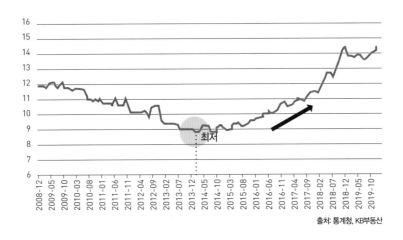

출처: 통계청, KB부동산

〈그림 3-1〉은 서울의 PIR 변화를 보여주고 있다. 2014년 1~2월에 PRI이 8.8로 2008년 이래로 최저치를 기록했다. 다시 말해 이 당시에 서울 집값은 지속 하락하여 소득 대비 집값이 저평가 구간에 있었다고 말할 수 있다. 실제 2014년부터 서울 집값은 반등하기 시작해 2020년 현재까지 상승하고 있다.

PIR은 거시적인 관점에서 한 지역의 저평가 여부를 판단해 볼 수 있는 좋은 지표가 된다. 하지만 한 지역의 부동산이 상승으로 반전될 때의 미시적인 흐름은 PIR 지표로 알 수가 없다. PIR 데이터보다는 지역 평단가, 아파트 가격 흐름, 심리 등의 데이터가 더 중요하다고 판단해 PIR 데이터는 보지 않는 편이다. 지역 평단가, 아파트 평단가 데이터에는 많은 의미가 내포되어 있다. 나중에 언급된 지표들에 대해 자세히 설명하겠다.

마지막으로 정부 규제가 있다. 정부에서는 부동산 침체기일 때는 부양책을 통해 부동산 경기를 부양하려 하고 아파트 가격이 지나치게 오르면 규제를 통해 가격을 억제하려 한다. 부동산 시장은 시기마다 성격이 다르고 규제를 만드는 법안자도 다르기 때문에 정책을 예측하는 것은 불가능에 가깝다. 우리는 정부 규제가 나왔을 때 그것에 맞게 잘 대응하면 된다. 지금까지 설명한 내용을 아래 표와 같이 이해하기 쉽게 도표로 나타냈다.

〈표 3-1〉 아파트 가격 변동 요인		
$f(x)$		x
(아파트 가격) 매매증감 전세증감 매매지수 전세지수	수요/공급	수요량, 인허가물량/착공물량, 입주 물량, 미분양
	경기	경기성장률 →) 소득
	심리	매수우위지수, 전세수급지수, 매매거래지수, 전세거래지수
	유동성(가수요)	거래량, 외지인 거래량, 외지인비율
	정부규제	대출 규제, 분양가상한제 등

아파트 값이 변하는 5가지 요인

결국 이런 5가지 요인에 의해 아파트 매매가격, 전세가격이 영향을 받는다. 수요와 공급에서 우리가 파악해야 하는 데이터는 수요량, 인허가 물량/착공 물량, 입주 물량, 미분양이 있으며, 심리는 매수우위지수, 선세수급지수, 매매거래지수, 전세거래지수가 있다.

나는 그중 매수우위지수를 가장 중요하게 보며 일주일에 한 번씩은 반드시 데이터를 확인한다. 매수우위지수만 봐도 전국 흐름 파악할 수 있고 상승 시점을 유추해낼 수 있다. 실수요 장에서 유동성 장으로 넘어가는 시장을 확인하는 방법은 거래량 데이터를 보는 것이다. 전체 거래량뿐만 아니라 다른 도시에 거주하는 외지인의 거래량까지 파악할 수 있다. 외지인 거래량이 증가한다는 의미는 실수요자가 아니라 투자수요라고 말할 수 있다.

부동산을 y=f(x)라는 함수로 표현해보면, 단순하게 표현할 수 없는 고차원의 함수에서 x인자들에 의해 부동산 가격(y)이 변동을 나타낸다고 볼 수 있다. 결국 우리는 x인자(수요와 공급, 경기, 심리, 유동성, 규제 등)를 파악하면 향후 부동산 시장이 어떤 식으로 흘러갈지 예측이 가능할 것이다. 〈표 3-1〉를 머릿속에 잘 그리고 이 책을 읽으면 부동산 시장을 훨씬 더 명확하게 이해할 수 있을 것이다.

인허가 물량으로
부동산 시장을 예측하라

아파트 가격 변동 요인 중 수요와 공급에 대해 더 자세히 알아보기 위해 공급물량을 먼저 얘기해볼 필요가 있다. 공급 물량은 크게 3가지가 있다. 인허가 물량, 입주 물량, 미분양 물량이다.

인허가는 아파트를 건설하기 위한 첫 번째 단계라고 말할 수 있다. 토지를 매입한 후 건설사는 인허가를 통해 아파트 공급을 준비한다. 인허가 물량은 미래의 입주 물량으로 바뀌기 때문에 미래 부동산 시장을 예측하는 중요한 데이터다.

수도권 인허가 물량이 말해주는 것

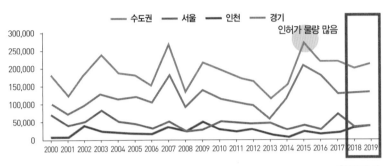

〈그림 3-2〉 수도권 인허가 물량

출처: 통계누리

〈그림 3-2〉를 보면 맨 위의 실선이 수도권 인허가 물량이며 차례대로 경기, 서울, 인천 인허가 물량을 나타낸다. 2015년 수도권 인허가 물량은 약 27만 가구로 많은 수준이다.

이 물량은 3~4년 이후의 입주 물량으로 바뀌게 된다. 2018년~2019년 수도권 입주 물량이 과공급 구간이 될 수 있고, 이때 수도권 아파트의 가격은 보합 또는 하락할 것이라 예측된다.

하지만 실제 이 시기에 지나치게 입주 물량이 많은 일부 경기권을 제외하면 아파트 가격에 높은 상승이 일어났다. 데이터를 기준으로 한 예측과는 다른 경우이다.

이런 현상이 일어난 원인은 양도세 중과에 의해 구축 물량 잠김 현상과 역대 최고 통화량 때문으로 예측하고 있다. 이를 통해 아파트 공급은 신축 공급도 있지만 구축 공급 역시 중요하다는 것을 알 수 있다. 아마도 이 시기에 구축 공급이 원활했으면 현재보다 높은 수준의 상승률은 일어나지 않았을 것이라 판단된다.

2016년부터 수도권 인허가 물량은 급감하고 있으며, 2020년 10월 현재 인허가 물량은 약 12만 가구 수준으로 약 21만 가구였던 전년도에 비해 현저히 감소되었다. 향후 신축 입주 물량이 점점 감소 추세의 패턴으로 진행될 가능성이 높다.

부산의 인허가 물량이 말해주는 것

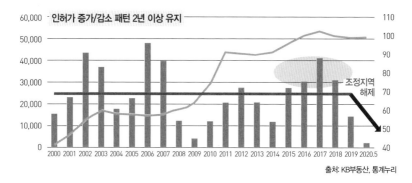

〈그림 3-3〉 부산 인허가 물량과 아파트 매매지수

출처: KB부동산, 통계누리

〈그림 3-3〉의 부산광역시의 인허가 물량을 살펴보자. 2015년부터

2018년까지 인허가 물량이 평균(2만 8천 가구)보다 높은 시기를 보자. 인허가 물량이 입주 물량으로 바뀌는 2018년부터 과공급으로 넘어가는 시기였다.

게다가 2016년 11월과 2017년 6월 두 차례에 걸쳐 남구, 수영구 등 7개 구가 규제 지역으로 지정되면서 부산의 부동산 시장은 급격한 침체를 겪기 시작한다.

과공급 물량이 들어오고 규제 지역으로 묶이면서 거래가 잘 이루어지지 않자 아파트 가격은 하락하기 시작했다.

그러나 2019년부터 다시 인허가 물량이 급격한 감소 패턴으로 돌아서면서 미래 입주 물량이 감소하여 시장이 좋아질 것이라는 예측이 가능하다.

2019년 8월 규제 지역에서 해제되면서 2020년 하반기부터 부산광역시는 높은 아파트 상승률을 기록하고 있다. 그동안 서울시의 집값이 많이 상승하고 대전, 광주 등 타 광역시 집값이 대폭 상승하면서 상대적 저평가 지역인 부산광역시 아파트의 가격도 크게 상승한 것이라는 예측이 가능하다고 볼 수 있다.

결과적으로 인허가 물량의 감소로 공급이 부족해지고, 규제 지역 해제까지 더해져 아파트 가격 상승에 박차가 가해진 것이다.

전국의 인허가 물량이 말해주는 것

〈표 3-2〉 전국 아파트 인허가 물량(2000년~2020년 10월)

	2000	2001	2002	2003	2004	2005	2006	2007	2008	2009	2010	2011	2012	2013	2014	2015	2016	2017	2018	2019	2020.10	평균
전국	331,579	267,401	384,692	468,763	404,878	415,511	412,891	476,462	263,153	297,183	276,989	356,762	376,086	278,739	347,687	534,931	506,816	468,116	406,165	378,169	238,150	382,649
수도권	181,520	120,418	188,777	237,279	184,917	181,629	149,855	265,454	130,421	215,759	197,388	178,236	163,498	113,810	163,400	271,695	217,340	217,680	198,139	209,025	121,254	189,712
서울	72,149	39,420	51,815	83,611	49,587	44,084	30,351	50,028	21,938	26,626	51,370	47,107	43,002	45,104	29,009	41,351	25,226	74,984	32,848	36,220	22,102	44,792
인천	8,956	9,472	42,292	26,426	21,406	16,748	15,105	38,357	21,344	50,491	28,338	25,113	26,698	14,373	7,943	22,207	14,478	15,719	34,538	39,274	14,547	23,964
경기	100,415	71,526	94,670	127,242	113,924	120,797	104,399	177,069	87,139	138,642	117,680	104,016	93,798	54,333	116,448	208,137	177,636	126,977	130,753	133,531	84,605	119,957
부산	15,496	23,144	43,580	36,881	17,776	22,705	47,845	39,837	12,434	3,788	12,029	20,403	27,120	20,445	11,753	27,348	30,163	40,690	30,938	14,188	9,033	24,925
대구	17,358	25,049	15,937	29,455	23,622	39,615	25,846	16,467	21,006	5,621	3,138	9,348	9,872	15,331	15,638	23,379	20,491	29,526	33,638	26,675	21,175	20,351
광주	7,043	6,649	16,992	26,441	10,971	15,040	22,277	12,029	3,192	4,282	3,543	13,601	15,923	5,682	9,230	12,901	21,474	18,654	13,049	17,671	8,628	12,832
대전	8,193	2,405	12,444	17,928	14,347	12,765	8,776	10,361	13,765	659	2,142	17,612	4,249	3,794	3,475	5,904	11,287	8,280	4,824	16,801	12,123	9,001
울산	6,964	5,276	8,180	10,233	11,081	9,363	11,960	22,572	4,475	5,308	2,963	9,215	6,115	3,213	9,992	10,171	13,936	11,199	11,063	5,295	5,806	8,932
세종													16,823	16,219	11,647	14,627	12,035	8,604	1,415	4,851	1,989	10,778
강원	5,796	7,310	7,260	16,163	16,549	20,859	17,403	6,349	8,519	7,476	3,783	6,903	4,758	6,958	6,465	11,770	21,488	19,992	18,136	12,859	5,409	11,340
충북	10,306	10,343	4,511	8,531	24,088	13,770	15,350	16,047	6,140	6,968	3,855	9,099	15,631	12,073	9,613	23,717	22,256	23,601	21,823	8,061	5,522	13,289
충남	12,332	9,937	15,739	16,802	27,500	18,043	25,668	23,599	16,480	17,562	8,696	35,904	31,722	23,354	26,588	29,530	21,079	16,386	18,854	21,832	15,068	20,880
전북	9,124	9,061	8,003	13,721	13,292	19,482	13,532	8,706	8,607	8,131	8,068	9,100	17,416	7,257	8,896	16,991	23,337	11,950	8,247	7,097	7,653	11,497
전남	11,903	8,810	10,545	7,238	15,935	5,920	10,721	11,256	6,865	4,184	12,227	7,514	14,100	13,171	11,106	8,668	13,242	13,962	9,455	13,288	9,534	10,527
경북	17,978	13,177	15,943	14,428	15,354	16,366	21,629	17,357	9,339	6,067	6,186	6,787	12,167	12,276	28,059	39,245	24,942	15,595	17,173	6,431	2,957	15,825
경남	24,879	23,630	31,005	29,365	28,584	38,371	39,580	25,374	18,136	10,337	10,052	27,020	32,305	23,963	39,025	33,617	49,929	29,223	18,183	12,872	10,189	27,273
제주	2,687	2,192	5,376	4,298	922	1,583	2,449	1,054	3,774	1,041	2,919	7,984	4,387	1,157	2,800	5,448	3,817	2,774	1,208	1,223	1,220	2,955

출처: 국토교통부 통계누리

〈표 3-2〉는 전국 아파트 인허가 물량을 정리한 데이터다. 전국적으로 2015년 인허가 물량이 53만 4,931가구로 가장 많았으며, 2016년부터 지속적으로 인허가 물량이 감소하고 있다. 수도권과 대부분 지방이 여기에 포함된다. 그동안 과공급으로 인해 부동산 침체 시장이었던 지방도시의 인허가 물량이 감소되고 있음도 주목해야 한다.

광역시뿐만 아니라 대부분의 지방 거점도시들의 인허가 물량도 감소하고 있다. 부산광역시는 2016년 인허가 물량이 3만 163가구에서 2020년 10월까지 약 9,033가구로 급격히 감소했다. 충청북도 인허가는 2017년 23,061가구에서 2020년 10월까지 5,522가구로 역시 급격히

〈그림 3-4〉 지방 도시 인허가 평균 물량 추이

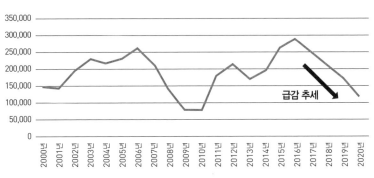

출처: 국토교통부 통계누리

감소했다. 강원, 충남, 전북, 경북, 경남도 유사하게 인허가 물량 감소 추세의 패턴이 보이고 있다. 이 인허가 물량을 바탕으로 판단해보면, 앞으로 지방 부동산의 미래는 밝다고 예측해볼 수 있겠다.

부동산 사이클, 어떻게 형성되는가

모든 산업에는 사이클이 있다. 부동산 산업 역시 마찬가지다. 이해를 돕기 위해 우리나라 대표적인 업종인 석유화학산업 사이클을 살펴보기로 하자.

석유화학산업은 하락과 상승을 반복하면서 산업의 사이클이 만들어진다. 석유화학산업은 7~10년을 주기로 호황과 불황을 반복하는데, 한 산업의 호황과 불황이 반복되는 이유는 수요와 공급에서 찾을 수 있다.

경기가 호황일 때는 여러 기업들이 공장 증설을 통해 생산량을 늘리기 시작한다. 이 증가된 생산량이 유사 시기에 집중이 되어 수요 대

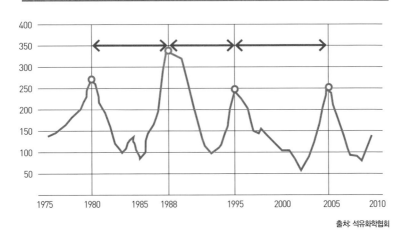

출처: 석유화학협회

비 공급량이 더 많아지면 가격 하락 압박을 받게 되고, 일부 업체는 도산을 맞이하게 된다. 공급 과다 시기 동안 기업체들은 더는 신규 공장을 짓지 못한다. 하지만 수요는 개발도상국의 소득 수준 증가, 사회적 구조 변화 등에 의해 지속적으로 증가하며, 증가된 수요 대비 공급이 부족하면 다시 제품 가격이 상승하게 된다. 이게 경기순환산업의 기본 사이클이다.

이것을 부동산 시장에 그대로 적용해보면, 부동산 시장이 호황일 때는 많은 건설사에서 아파트를 공급하려고 한다. 호황 시기에 아파트를 분양해야 분양가를 높일 수 있고, 분양 비율도 높일 수 있기 때문이다. 즉 건설사 수익이 증가되는 것이다. 그러나 이렇듯 건설사들이

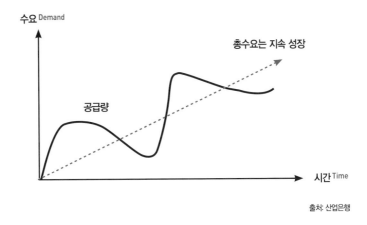

〈그림 3–6〉 경기순환 산업의 기본 사이클

수요 Demand

총수요는 지속 성장

공급량

시간 Time

출처: 산업은행

앞다퉈 분양을 하다 보면 비슷한 시기에 입주 물량이 몰려 과공급 기간을 맞이하게 된다. 즉 수요 대비 공급량이 더 높아 가격 하락 압력을 받게 된다.

시간이 지나면 인구 증가, 가구수 증가, 새 아파트 선호 등으로 다시 수요가 증가되면 아파트 가격이 상승하게 되고, 그럼 또다시 건설사에서는 분양 물량을 늘리기 시작한다. 이게 바로 부동산 산업의 사이클이다.

물론 "부동산 수요가 지속적으로 증가될 것이냐" 하는 문제는 쟁점이 될 수 있다. 하지만 향후 오랜 기간 동안 부동산 수요는 가구수 증가, 화폐가치 하락 등으로 인해 지속적으로 증가될 것이라고 생각하고 있다.

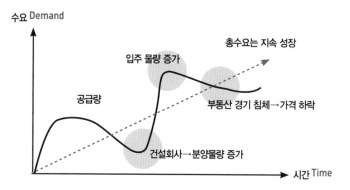

〈그림 3-7〉 부동산 산업의 기본 사이클

수요 Demand

총수요는 지속 성장

입주 물량 증가

공급량

부동산 경기 침체→가격 하락

건설회사→분양물량 증가

시간 Time

지역의 적정 수요량을 아는 방법

다시 한 번 강조하면 부동산 산업의 사이클을 만들어내는 가장 중요한 요소는 수요와 공급이다. 그렇다면 수요는 어떻게 파악할 수 있을까? 적정 수요량을 파악하기란 쉽지 않다. 수요량은 한 가지 요소만으로 파악할 수 없으며 사회적인 변화, 정부 정책 등에 의해 복잡하게 일어난다. 다만 이 책에서는 하나의 기준점을 만들기 위한 적정 수요량을 표현할 것이다. 수요량을 정확히 파악하기란 어렵지만 시장을 예측하기 위한 기준점을 만드는 것은 도움이 될 것이다.

현재 부동산 투자자들 사이에 널리 알려진 적정 수요량은 입주 물량의 0.5~0.55%이다. 이 수치가 어떻게 나왔는지에 대해 알아보자. 앞서 살펴보았듯이 전국의 인허가 데이터 물량은 2000년부터 2018년까지 연평균 38만 세대이다. 이 인허가 물량 중 착공되는 인허가 물량은 약 75% 수준이므로, 28만 5천 세대 정도가 될 것이다. 여기서 착공 물량의 수(28만 5천 세대)를 우리나라 인구수로 나누면 0.55% 라는 데이터를 얻을 수 있다. 약 20년간 평균 착공 물량을 적정 수요량으로 보는 것이다. 이 수치를 각 도시별 인구수에 대입하면 각 도시별 적정 수요량을 알 수 있는 것이다.

예를 들어 대전의 경우 대전시 인구 148만 1,701명에 0.55%를 곱하면 약 8,149가구가 계산된다. 즉 매년 신규 입주 물량이 8,149가구 정도가 되어야 수요와 공급의 밸런스를 유지한다는 것이다. 지역적인 특수성을 감안하여 0.55%±α정도를 하면 우리가 기준점으로 삼을 만한 수치가 나온다.

예를 들어 서울은 서울 집값이 상승하면 서울과 출퇴근이 가능한 경기권으로 유출되기 때문에 적정 수요량은 0.55%-α를 해야 한다. 제주도는 빌라 선호도가 그리 나쁘지 않기 때문에 역시 적정 수요량을 0.55%-α으로 조절 해야 조금 더 정확하게 시장을 예측할 수 있다.

그러나 앞서 말했듯이 적정 수요량을 정확하게 판단하는 것은 어렵다. 따라서 우리는 기준점이 되는 적정 수요량뿐만 아니라 입주 물량 증감 패턴을 같이 고려해야 조금 더 정확히 미래 부동산 시장을 예측할 수 있다. 일반적으로 아파트 건설은 수년 간에 걸쳐 일어나기 때문에 한 해만 일시적으로 증가하는 경우는 많지 않다. 감소 패턴과 증

마중물의 키포인트

- 2000년~2018년까지 연평균 아파트 인허가물량 : 380,000세대
- 인허가물량 중 착공되는 연평균물량 : 380,000세대(인허가물량) × 75% = 285,000세대
- 적정 수요량 : 285,000/전국의 인구수 = 0.55%
  ex) 대전 인구 1,481,701 × 0.55% = 8149가구

감 패턴이 수년 동안 반복해서 일어난다. 그래서 반드시 적정 수요량과 입주 물량 증감 패턴을 동시에 검토해야 한다(적정 수요량은 10년 이상의 평균 입주 물량으로 계산할 수도 있으니 참고 바란다. 적정 수요량을 검토할 때, 인구수×0.55%와 평균 입주 물량을 같이 보는 편이 좋다).

입주 물량이
중요한 이유

입주 물량은 아무리 강조해도 지나치지 않다. 건설사에서 분양을 하게 되면 분양 물량이 약 30개월 이후에 입주 물량으로 바뀌게 된다. 분양하기 전에 인허가 작업을 먼저 하기 때문에 인허가 물량은 30개월 이후 어느 시점에 입주 물량으로 일부 바뀌게 된다고 이해해도 무방하다. 물론 이전에도 설명했지만 모든 인허가 물량이 입주 물량으로 바뀌지는 않는다.

다음 페이지 〈그림 3-8〉에 서울시 입주 물량과 아파트 매매지수를 보게 되면, 2005년부터 2007년까지 입주 물량이 감소하기 시작하면서

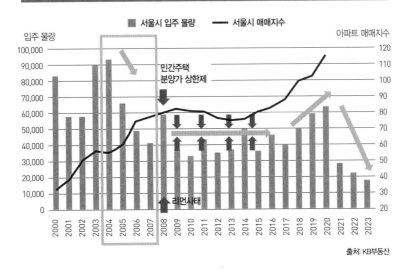

〈그림 3-8〉 서울시 입주 물량과 매매지수

■ 서울시 입주 물량   ── 서울시 매매지수

출처: KB부동산

그것에 따라 아파트 가격이 급상승한다. 이후 2008년에 분양가상한제에 의한 밀어내기 물량으로 일시적 과공급이 왔지만 2009년 이후부터 다시 입주 물량이 그리 많지는 않았다. 이미 많이 오른 집값, 분양가상한제 등 정부 규제 및 전 세계 글로벌 경제 위기로 삼박자가 맞아 떨어지면서 침체기가 상대적으로 길었던 것으로 보인다. 하지만 몇 년간 누적 공급량이 부족했고 정부 부동산 활성화 정책으로 2014년부터 현재까지 엄청난 상승을 하고 있다.

2014년부터 살펴보면 서울시는 이때부터 시장이 살아나고 있었지만 실수요자의 심리는 2016년이 되어서야 살아나기 시작했다. 긴 하락장으로 인한 공포로 실수요자들이 선뜻 집을 사지 못했던 시기였다.

출처: 네이버부동산

향후 부동산 시장은 복합적으로 흘러갈 것이기 때문에 앞으로 서울시 부동산 시장의 판단은 여러분에게 맡기겠다.

다른 도시도 살펴보자. 대전은 2011년 세종시 첫마을 아파트가 입주하면서 지속적으로 세종시로 인구가 유출되며 하락장에 있었다. 세종시에 신도시가 생기면서 엄청난 분양 물량과 입주 물량이 있었기 때문에 많은 대전 시민들이 세종시에 집을 매수하였다. 또한 입주 물량이 집중적으로 쌓여 전세 가격도 저렴했기 때문에 전세를 구하는 사람들 역시 세종시로 많이 유출되었다.

하지만 2015년부터 대전의 입주 물량이 감소하기 시작하고 세종시의 입주 물량도 점차 감소함으로써 2016년 하반기부터 둔산동 등 일부 1급지 아파트들이 살아나기 시작했다.

그리고 2017년 세종시 입주 물량의 정점을 끝으로 2018년부터 세종시 입주 물량이 감소 추세에 있었으며, 대전의 누적 공급 물량 부족으로 인해 폭발적인 아파트 상승률을 현재까지 기록하고 있다.

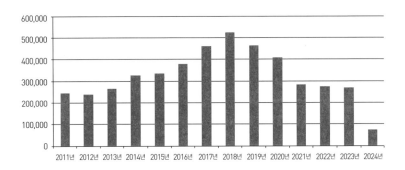

여기서 전국의 입주 물량을 보게 되면 2019년부터 현재까지 점차 감소되는 패턴임을 알 수 있다. 향후 전국적으로 부동산 시장이 살아날 것을 암시하는 데이터다. 물론 투자할 때는 전국 데이터보다는 세부 지역별로 입주 물량 데이터를 파악해야 한다.

이때 적정 수요량이 어느 정도인지, 입주 물량은 증가하는지 감소하는지 그 패턴을 같이 검토해야 조금 더 정확한 미래 부동산 시장을 예측할 수 있겠다.

입주 물량 확인 방법

처음 부동산 투자를 시작했을 때만 해도 부동산 분석 사이트 또는 어플이 없었다. KB부동산, 부동산 뱅크 등 일반 부동산 사이트에서 매물을 전수 조사해 입주 물량을 파악했다. 하지만 지금은 부동산지인 (www.aptgin.com), 아파트실거래가, 호갱노노 등 웹사이트 또는 어플에서 쉽게 파악할 수 있다. 지금은 노력만 한다면 누구나 부동산 관련 데이터를 쉽게 얻을 수 있는 시대이다. 또한 어플을 활용하여 간단한 검색으로 시장을 파악하는 것으로도 아파트 구매 결정이 가능하다.

그러나 기본적인 개념을 토대로 데이터를 분석하지 못한다면 어플이 더이상 정보를 제공하지 않을 때 혹은 스스로 새로운 투자 지역을 분석하고 싶을 때 어려움이 생길 것이다. 그러므로 스스로 입주 물량을 분석하는 법을 이해한 후 이런 부동산지인 등 부동산 전문 사이트를 활용하는 게 좋다.

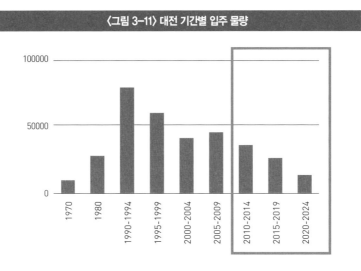

〈그림 3-11〉 대전 기간별 입주 물량

입주 물량에서 한 가지 더 추가하자면 기간별 입주 물량을 같이 보는 게 좋다. 5년 단위로 보면 기간별 누적 입주 물량을 파악할 수 있으며 지역별 아파트 노후화 비율을 파악하면 투자하는 데 많은 도움이 된다. 〈그림 3-11〉은 5년 단위로 대전의 입주 물량을 나타낸 그래프이다. 2010년 이후의 대전의 아파트 누적 물량이 많지 않음을 알 수 있는 대목이다.

미분양 물량을
체크해야 하는 이유

지금까지 공급 물량 중 인허가 물량과 입주 물량에 대해서 살펴봤다. 마지막으로 공급 물량 중 하나인 미분양 물량에 대해 살펴보자.

미분양 아파트는 부동산 침체기에는 미분양 물량으로 남아 있지만, 부동산이 호황기에 접어들기 시작하면 미분양 물량이 먼저 소진되기 시작한다. 그런 의미에서 미분양 물량도 잠재적 공급 물량이라고 생각한다.

다음 〈그림 3-12〉은 울산광역시의 미분양과 아파트 매매지수이다. 미분양이 많았던 2007년부터 2008년까지 울산광역시 부동산 시장은

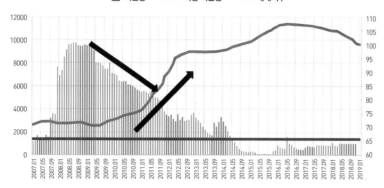

침체기였다. 2009년부터 미분양이 급감되기 시작하면서 울산광역시 부동산 시장이 살아나기 시작했다. 이후 미분양 물량이 더 감소하면서 울산광역시 아파트 가격은 큰 폭으로 오르게 된다. 2014년 상반기에 미분양 물량이 일시적으로 증가하면서 강보합이였으나, 다시 하반기부터 감소하면서 2차 상승기를 맞이하게 된다.

2016년 이후에 미분양 물량은 낮은 수준을 유지했으나, 아파트 가격은 하락하기 시작한다. 그 원인은 2016년부터 울산광역시 입주 물량이 수요 대비 대폭 증가하는 추세였기 때문이다. 이는 미분양 물량 데이터만 갖고 투자지역을 선정하면 안 된다는 것을 의미한다. 다른 데이터를 같이 검토해야 절대 잃지 않는 투자가 될 수 있다. 그리고 미분양 물량도 입주 물량과 마찬가지로 절대 미분양 물량도 중요하지만 미분양 물량 증감 패턴이 더 중요하다. 미분양 물량이 많지 않은 상황에서 증가 패턴으로 돌아서면, 공급 과다로 부동산 침체기로 돌아설 수 있다는 의미가 된다. 반대로 미분양 물량이 많은 상황에서 감소 패턴으로 돌아서면, 부동산 시장이 살아날 가능성이 높다는 것을 의미한다.

미분양 물량 자료 확인 방법

미분양 물량은 한국감정원, 부동산 지인 사이트 등에서 볼 수 있다. 개인적으로는 이 사이트보다 통계누리 사이트(stat.molit.go.kr)의 데이터를 확인해 보기를 강력 추천한다. 통계누리 로우 데이터raw data를 활용하면(통계누리→주택→승인 통계→주택건설 실적(인허가)을 차례대로 선택하면 로우 데이터를 엑셀로 받을 수 있다) 원하는 대로 편집이 가능해 전국의 미분양 물량 흐름을 쉽게 파악 할 수 있다.

투자 심리를 모른다면
성공할 수 없다

    부동산에 심리 데이터가 존재하는 것을 아는 사람은 그리 많지 않다. 이 심리 데이터는 1986년부터 KB부동산에서 통계를 산출해왔다. 우리가 현장에 가지 않아도 그 지역의 현장 분위기를 느낄 수 있게 도와주는 것이 심리지수이다. 심리지수는 아파트 투자를 하는 데 중요한 지표 중 하나이다. 매주 금요일 KB부동산에서 발표되는 심리지수는 반드시 확인해야 한다. KB부동산에 접속하여 주간 부동산 동향을 클릭하고 주간 시계열자료를 다운받으면 된다.

    심리지수는 4가지 데이터를 제공하는데 매수우위지수, 매매거래지수, 전세수급지수, 전세거래지수가 있다. 그중에 매수우위지수가 투자하는 데 가장 중요한 지수이다. 매수우위지수는 전국의 공인중개사 표본을 바탕으로 만든 지표로서 매수자 많음/매도자 많음/비슷함 3가지 중 하나를 공인중개사가 선택하도록 하여 만들어진 지표이기 때문에 현장의 분위기를 가장 빨리 감지할 수 있다.

매수우위지수가 100을 초과할수록 매수자가 많다는 의미이다. 전국에 매수우위지수를 비교하면 어느 지역이 부동산 활황기인지 침체기인지 알 수 있다. 예를 들어 〈그림 3-13〉에 나타난 바와 같이 강북, 강남, 대전 지역의 매수우위지수가 평균 이상으로 부동산 시장이 좋다는 것을 알 수가 있다.

매수심리(매수우위지수)

매도자 많음/매수자 많음/비슷함 3가지 중 하나를 공인중개사가 선택하도록 하여 만들어진 지표

- 매수우위지수 = 100 + '매수자 많음' 비중 − '매도자 많음' 비중
- 100초과할수록 매수자가 많다는 의미

〈그림 3-13〉 전국 아파트 매수심리

	연도별 동향				최근 월별 동향					
	2016 9월	2017 9월	2018 9월	2019 2월	4월	5월	6월	7월	8월	9월
매도자많음 비중	35.5	52.1	49.7	78.1	78.1	77.6	74.8	69.0	65.5	61.7
매수자많음 비중	19.9	4.1	24.0	1.5	1.7	1.5	2.3	4.5	5.4	4.8
비슷함 비중	44.6	43.9	26.2	20.4	20.2	20.8	22.9	26.4	29.1	33.6
매수우위 지수	84.4	52.0	74.3	23.4	23.6	23.9	27.5	35.5	40.0	43.1

(비중단위 : %)

출처: KB부동산

또한 매수우위지수를 오랜 기간 관찰하다 보면 상승 시기를 어느 정도 유추해낼 수도 있다. 개략적으로 매수우위지수가 상승 패턴일 때 100이상에서 한 지역의 아파트 가격이 상승되는 것을 목격할 수 있다.

그렇다면 부동산 시장이 상승할 때 매수자와 매도자 중에는 누가 먼저 움직일까? 나는 매수자가 먼저 움직인다고 판단하고 있다. 매수자가 매수를 하기 시작하면 '매수자 많음' 비중이 올라가고 눈치 빠른 집주인(매도자)들이 매도하려고 내놨던 매물을 다시 회수하기 시작한다. '매도자 많음' 비중은 매도하려는 매물이 줄어들기 때문에 감소하기 시작한다.

전세심리(전세수급지수)

전세에도 심리가 있다. 바로 전세수급지수이다. 전세 수요에 비해 전세 공급 물량이 어느 정도인지를 공인중개사를 통해 조사한 지표이다. 이 지수를 바탕으로 전국의 전세 시장 분위기를 개략적으로 파악할 수 있으며, 전세수급지수 추이를 모니터링하다 보면 전세가 부족한 지역을 파악할 수 있다. 전세 매물이 부족하다는 의미는 매매가격 대비 전세가격, 즉 전세가율이 높게 형성될 수 있다는 것을 의미한다.

데이터를 보면 강북, 대구, 인천, 광주, 대전 지역의 전세심리가 평균 이상으로 공급이 부족한 지역임을 알 수 있다. 이러한 지역에 전세

가율이 높게 형성될 확률이 높으며, 타 지역에 비해 상대적으로 적은
비용으로 투자할 지역을 찾을 수 있을 것이다.

전세수요에 비해 전세 공급물량이 어느 정도인지를 공인중개사를 통해 조사한
지표
- 전세수급지수 = 100 + '공급부족' 비중 − '공급 충분' 비중
- 100을 초과할수록 공급이 부족함

〈그림 3-14〉 전국 아파트 전세심리

	연도별 동향			최근 월별 동향						
	2016.9	2017.9	2018.9	2019.3월	4월	5월	6월	7월	8월	9월
공급부족 비중	75.2	51.8	42.2	32.2	32.3	32.2	35.0	38.6	44.0	49.1
공급충분 비중	5.2	12.6	16.8	24.8	24.3	22.7	21.2	17.8	14.8	10.6
공급적절 비중	19.6	35.6	41.0	43.0	43.4	45.0	43.8	43.5	41.2	40.3
전세수급지수	170.1	139.3	125.4	107.4	108.0	109.5	113.8	120.8	129.2	138.5

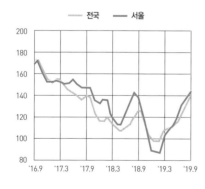

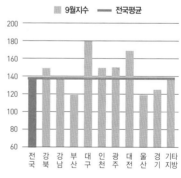

출처: KB부동산

매매거래지수

매매거래지수는 한 지역의 매매거래가 얼마나 활발한지 알 수 있는 지표이다. 거래량은 가격 상승의 선행지표이기 때문에 매매거래지수는 중요하다. 실제 거래량 데이터로 가늠해 볼 수도 있지만 매매거래지수로만으로도 그 지역의 아파트 거래가 얼마나 활발한지 알 수가 있다.

아래 〈그림 3-15〉에서 강북, 강남, 대전의 매매거래지수가 평균 이상으로 거래가 활발히 일어나는 지역임을 알 수 있다. 거래가 활발하다는 의미는 부동산 가격이 상승할 것이라 예측할 수 있다.

> 활발함/보통/한산함의 3가지 중 하나를 공인중개사가 선택하도록 하여 만들어진 지표
> - 매수거래지수 = 100 + '활발함' 비중 – '한산함' 비중
> - 100을 초과할수록 활발함 비중이 높음

〈그림 3-15〉 전국 아파트 매매거래지수

	연도별 동향			최근 월별 동향						
	2016.9	2017.9	2018.9	2019.3월	4월	5월	6월	7월	8월	9월
활발함 비중	2.3	0.2	4.4	0.2	0.1	0.2	0.3	0.7	0.4	0.5
보통 비중	27.0	10.5	19.4	3.9	3.6	4.2	6.0	10.8	11.0	12.2
한산함 비중	70.7	89.3	76.2	95.9	96.3	95.6	93.7	88.4	88.6	87.3
매매거래지수	31.6	10.9	28.1	4.3	3.9	4.7	6.5	12.3	11.7	13.2

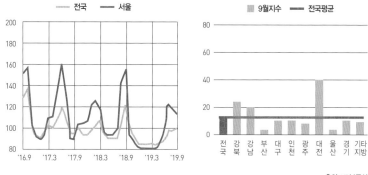

출처: KB부동산

〈그림 3-16〉은 서울 매매거래지수와 매매증감과의 관계를 나타낸다. 매매거래지수가 평균인 15이상일 때 부동산 가격이 상승되는 것을 알 수 있으며, 20이상일 때 부동산 가격이 크게 상승되는 것을 알 수 있다. 또한, 매매거래지수와 매매증감이 유사한 패턴으로 움직이는 것을 알 수 있다. 아래 그림을 보면 매매거래지수가 상승함에 따라 매매증감이 일어나는 것을 확인할 수 있다.

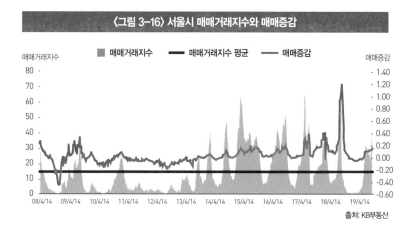

〈그림 3-16〉 서울시 매매거래지수와 매매증감

출처: KB부동산

그리고 매매거래지수가 큰 상승폭을 그리며 상승 꼭지점에 위치할 때, 매매증감도 가장 큰 폭으로 상승함을 확인할 수 있다. 실선이 아파트 매매증감을 나타내고, 면적으로 표시된 그래프는 매매거래지수를 나타낸다. 즉, 매매거래지수 하나만 갖고도 한 지역의 아파트 상승 시점을 유추해낼 수 있다.

전세거래지수

전세거래지수도 다른 지표와 유사하게 활발함/보통/한산함의 3가지 중 하나를 부동산중개업소에서 선택하도록 해서 작성된 지표다. 전세거래지수가 높을수록 전세 거래가 활발하다는 의미다. 지표를 통해 전세거래가 활발히 거래되는 지역을 알 수가 있다. 〈그림 3-17〉 왼쪽 하단에 전세거래지수 추이 그래프를 보면 전통적 이사 시즌인 3월, 9월이 거래가 활발함을 알 수가 있다.

활발함/보통/한산함의 3가지 중 하나를 부동산중개업소에서 선택하도록 하여 작성된 지표
- 전세거래지수 = 100 + '활발함' 비중 – '한산함' 비중
- 100을 초과할수록 활발함

	연도별 동향			최근 월별 동향						
	2016.9	2017.9	2018.9	2019.3월	4월	5월	6월	7월	8월	9월
활발함 비중	2.5	0.9	1.6	0.8	0.6	0.5	0.4	0.7	0.8	1.2
보통 비중	21.9	14.0	23.4	15.8	12.5	10.6	12.9	16.3	17.4	18.8
한산함 비중	75.6	85.1	75.0	83.4	87.0	88.9	86.8	83.1	81.8	80.0
전세거래지수	26.8	15.8	26.6	17.3	13.6	11.6	13.6	17.6	19.0	21.2

〈그림 3-17〉 전국 아파트 전세매거래지수

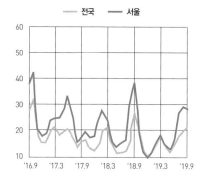
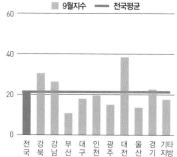

출처: KB부동산

지금까지 살펴본 심리 데이터 중 가장 중요한 데이터는 매수심리 데이터이다. 그중에서도 '매수세 많음' 지수와 '매도자 많음' 지수가 중요하다. 다음 〈그림 3-18〉의 검정색 박스 부분을 보게 되면 '매수자 많음' 비중(회색 실선)이 증가하면서 '매도자 많음' 비중(주황색 실선)이 감소하는 것을 알 수가 있다. 〈표 3-3〉에서도 매수자가 많아지면 공인중개사에 매물을 내놨던 집주인들이 매물을 회수하기 시작하면서 '매도자 많음' 수치가 하락하는 것을 알 수가 있다.

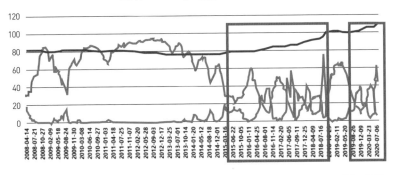

<그림 3-18> 서울시 심리지수와 아파트 매매지수

— 매매지수　— 매도자많음　— 매수자많음

출처: KB부동산

　2020년 6월부터 매수세가 급격히 증가하자 매도세 수치가 크게 하락했다. 이와 동시에 아파트 가격(매매지수)이 급격히 상승했다.

　위의 그래프에서 '매수자 많음', '매도자 많음' 변화에 따른 아파트 가격 상승을 매매지수로 표현했는데, 더 이해하기 쉽게 매매 증감률로 표현해 보도록 하자(<그림 3-19>참조). 면적으로 된 그래프가 '매수자 많음' 수치 변화를 의미하며 실선이 매매 증감률을 의미한다. '매수세 많음' 수치가 증가하면 매매 증감률이 상승하고 '매수세 많음' 수치가 많이 낮은 부분에서는 매매가가 하락함을 알 수가 있다. '매수자 많음' 수치를 통해 현재 전국 지역의 부동산 분위기를 파악할 수 있으면 상승 시점도 더불어 예측할 수가 있다. 특히 부동산 비수기에 '매수자 많음' 수치가 증가하면 부동산 성수기 때 큰 상승이 올 가능성이 높음을 기억하자.

〈표 3-3〉 서울시 매매지수와 매수심리지수

	매매지수	매수자 많음	매도자 많음	매수우위지수
2020.3.2	104.6	19.1	18.3	100.9
2020.3.9	104.8	19.3	17.6	101.7
2020.3.16	104.9	13.2	21.5	91.8
2020.3.23	105.0	9.1	28.0	81.1
2020.3.30	105.0	6.9	32.1	74.8
2020.4.6	105.0	5.9	34.4	71.5
2020.4.13	105.1	4.4	38.3	66.1
2020.4.20	105.1	4.5	36.2	68.3
2020.5.4	105.1	4.4	39.4	65.0
2020.5.11	105.1	4.6	38.8	65.8
2020.5.18	105.1	7.1	35.0	72.1
2020.5.25	105.1	8.1	35.4	72.7
2020.6.1	105.2	11.0	32.0	79.1
2020.6.8	105.4	21.0	22.4	98.7
2020.6.15	105.6	44.6	11.2	133.5
2020.6.22	106.1	47.3	8.3	139.1
2020.6.29	106.6	57.4	8.1	149.3
2020.7.6	107.2	61.6	7.0	154.5
2020.7.13	107.9	44.9	8.4	136.5

출처: KB부동산

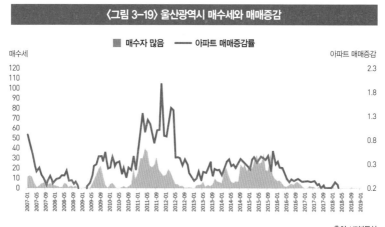

〈그림 3-19〉 울산광역시 매수세와 매매증감

출처: KB부동산

마중물의 키포인트

- 매매지수: 기준 시점(2019년 1월, 주기적으로 변동됨)의 아파트 가격지수를 100으로 설정 후 상대적인 아파트 가치를 나타냄.
- 매매증감률: 전주 또는 전월 대비 매매가 변동률을 나타냄.
- 매수자 많음(매수세): 매수를 원하는 사람이 얼마나 많은지 나타내는 지표.
- 매도자 많음(매도세): 매도를 원하는 사람이 얼마나 많은지 나타내는 지표.
- 매수자가 많을수록 '매수자 많음(매수세)' 증가, 반대로 '매도자 많음(매도세)'은 감소.

상승의 단초,
아파트 거래량

거래량은 상승 초기에 아파트 매매가 상승이 일어나기 위한 전제조건이다. 거래량이 증가하면 시장에 매물이 줄어들고 아파트 가격이 상승할 것을 예측한 집주인들이 매물을 회수하면서 시장에 매물이 더 줄어든다. 아파트 호가가 실거래가로 되면서 아파트 가격이 뛰기 시작한다. 이처럼 거래량을 파악하면, 향후 부동산 시장을 개략적으로 예측할 수 있다.

한 지역의 아파트 거래량은 한국감정원(www.r-one.co.kr) 사이트에 접속해서 몇 번의 클릭만으로도 쉽게 데이터를 얻을 수 있다. 한국감정원 사이트의 단점은 시군구의 거래량 데이터만 제공하고, 동별, 아파트별 데이터는 제공하지 않는다는 점이다. 동별, 아파트별 데이터는 아파트실거래가 앱, 국토교통부 실거래가 사이트 등에서 확인할 수 있다(몇몇 사이트 또는 어플에서 다루는 거래량의 데이터는 국토교통부 실거래가 데이터에서 따온 것임을 알고 있자).

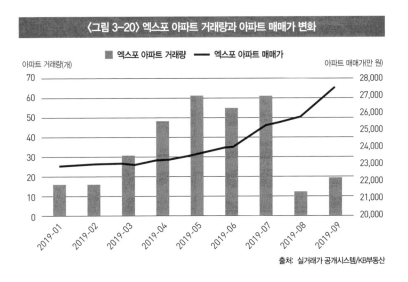

〈그림 3-20〉 엑스포 아파트 거래량과 아파트 매매가 변화

출처: 실거래가 공개시스템/KB부동산

〈그림 3-20〉은 대전 유성구 전민동에 위치한 엑스포 아파트 거래량과 아파트 매매가 변화를 나타낸다.

2019년 3월부터 거래량이 증가하면서 2019년 4월부터 매매가가 상승하기 시작했으며, 2019년 6월부터 매매가가 급상승하기 시작했다. 2019년 8월부터 거래량은 감소했지만 아파트 매매가는 더 크게 상승했다.

여기서 중요한 시사점을 함께 찾아보자. 첫 번째, 아파트 거래량이 증가하는 초기에는 아파트 매매가가 크게 상승하지 않았다. 거래량이 증가하는 아파트는 유심히 살펴보다가 중간에 매수해도 충분히 매매가 상승에 동참할 수 있다는 얘기다.

두 번째, 일정 기간 동안 거래량이 증가 후 큰 폭으로 거래량이 감소하면서 아파트 매매가는 더 크게 상승한다는 것이다. 매물이 많이 소진되고 난 후에 시장에 매물이 잠기고 실제 거래될 수 있는 매물은 급격히 줄어들게 된다는 의미다. 대부분 이런 흐름을 통해 특정 아파트 가치는 상승하게 된다.

'동' 단위의 아파트 흐름 읽기

'동' 단위의 아파트 흐름도 같이 읽어보자. '동' 단위로 범위를 더 넓혀서 아파트 거래량과 매매가의 흐름을 볼 수도 있다. 예를 들어 대전시 유성구 전민동의 ××아파트를 살펴볼 때, 전민동의 단지별 아파트 거래량을 살펴보는 것이다. 특정 '동'의 거래량이 증가한 이후에 그 '동'의 아파트 매매가는 상승하게 된다. 그 지역의 대장 아파트부터 상승하여 점차 그 주변 아파트로 매수심리가 퍼져 나가는 것이다. 이를 잘 살펴보면 투자 진입 시점을 더 구체화할 수 있다. 실제 동단위 거래량이 나타난 표를 보며 살펴보자.

〈표 3-4〉를 보면, 특정 '동'의 아파트 거래량이 9월부터 증가하기 시작해 11월까지 큰 폭으로 증가하는 것을 알 수 있다. 아파트 단지별 거래량을 살펴보면 3단지, 5단지, 6단지, 7단지, 8단지, 9단지, 10단지 위주로 거래량이 증가하는 것을 알 수 있다. 어떤 '동'의 아파트별 거래량을 정리하면 아파트 매수심리가 어느 아파트까지 퍼져 나가는지도 파악할 수 있다. 아파트 거래량의 흐름만 잘 살펴봐도 투자 진입 시점을 판단할 수 있다는 것이다. 관심 지역의 동별 아파트의 거래량을 살펴보는 습관을 들이면 좋다.

〈표 3-4〉 관심 '동'의 단지별 거래량										
	1단지	2단지	3단지	4단지	5단지	6단지	7단지	8단지	9단지	10단지	월 합계
1월	4	4	1	3	4	4	2	2	2	7	33
2월	3	2	3	2	4	0	1	3	2	3	23
3월	11	3	3	4	7	4	5	1	1	6	45
4월	0	3	2	4	2	5	1	1	2	9	29
5월	5	1	7	2	5	2	2	1	2	6	33
6월	7	1	2	2	6	4	4	3	4	4	37
7월	3	1	3	1	6	1	4	5	1	5	30
8월	5	3	6	2	4	4	1	4	4	4	37
9월	8	3	3	3	11	3	1	2	6	10	50
10월	7	6	9	5	10	7	11	8	9	18	90
11월	9	4	13	6	16	9	7	1	5	13	83
12월	1	1	1	2	3	4	1	1	0	4	18
합계	63	32	53	36	78	47	40	32	38	89	508

출처: 실거래가 공개시스템

서울 아파트 가격이 많이 올랐는데, 앞으로 떨어지지 않을까요?

아파트 가격을 결정짓는 요소는 다양합니다. 그중에서도 수요와 공급이 가장 중요하다고 앞서 설명드렸습니다. 수요는 심리, 사회구조변화 등 다양한 요소에 의해 영향을 미치므로 정확한 수치로 판단할 수 없습니다. 단지 기준점을 잡기 위해 약 20년간의 인허가 물량과 착공물량의 평균을 통해 개략적으로 유추해 볼 수 있습니다. 이 수치가 정확하지 않기 때문에 이와 함께 공급물량의 증감패턴을 같이 보면 조금 더 정확히 미래를 예측할 수 있습니다.

공급물량에는 입주 물량, 미분양 물량, 인허가 물량이 있습니다. 일명 공급물량 삼총사입니다. 입주 물량은 가까운 미래(개략적으로 미래 2년까지)의 공급물량이고, 미분양 물량은 바로 공급할 수 있는 물량이 됩니다. 그리고 인허가 물량은 3~4년 이후의 공급물량을 유추하는 데 사용될 수 있습니다. 다시 말해 공급물량 3총사 데이터를 유심히 살펴보면 미래의 부동산 시장을 어느 정도 가늠해 볼 수 있습니다.

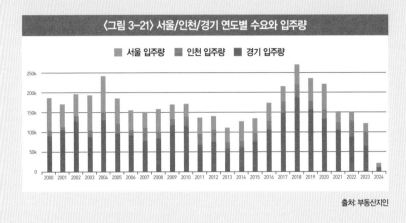

<그림 3-21> 서울/인천/경기 연도별 수요와 입주량

■ 서울 입주량   ■ 인천 입주량   ■ 경기 입주량

출처: 부동산지인

먼저 수도권의 입주 물량을 보면, 2018년에 정점을 찍고 점차 감소 추세로 전환이 되었으며, 2021년부터 급격히 감소됨을 알 수 있습니다.

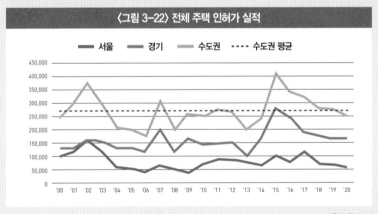

<그림 3-22> 전체 주택 인허가 실적

━ 서울   ━ 경기   ━ 수도권   ┅┅ 수도권 평균

출처: 통계누리

수도권 인허가물량도 유사하게 2015년 정점을 찍고 급격히 감소추세로 돌아섰습니다.

〈그림 3-23〉 수도권 미분양 물량

출처: 한국감정원

마지막으로 수도권 미분양 물량을 보면, 미분양 물량도 유사하게 점차 감소하고 있으며, 약 20년 동안 최소치에 가까운 미분양 물량을 나타나고 있습니다.

이 3가지 데이터 중 하락 시그널을 나타내는 데이터는 없습니다. 만일 한 가지라도 하락 시그널을 보였다면 서울(수도권) 부동산 시장을 마냥 긍정적으로 예측하기는 어렵습니다.

또한 서울을 포함한 수도권 부동산 시장은 정부정책에 의해 부동산 시장이 많은 영향을 받습니다. 만일 정부에서 친(親)시장정책을 펼친다면 양도세 중과 등으로 잠긴 구축 매물이 시장에 많이 풀려 아파트 가격이 잡힐 수도 있습니다. 다시 말해 수도권 부동산 시장은 특히 공급물량 뿐만 아니라 정부 정책변화를 유심히 모니터링 해야 합니다.

4장

한눈에
부동산 시장을
파악하는 법

시계열 자료로
전국 부동산 시장 흐름 읽기

앞서 3장에서 아파트 가격 변동 요인을 살펴보았다. 변동 요인에 따라 아파트 매매가/전세가는 영향을 받는다. 좀더 정확히 말해서 아파트 매매증감, 전세증감, 매매지수, 전세지수에 영향을 미치는 것이다. 이런 지표를 확인하는 방법은 매주 발표되는 KB부동산과 한국감정원 사이트에서 확인할 수 있다. KB부동산과 한국감정원 주간동향자료는 매주 금요일 해당 홈페이지에서 확인할 수 있다.

KB시계열 자료는 1986년부터 통계를 집계하고 있으며, 전국 표본 수가 3만 개 이상으로 한국감정원보다 조금 더 정확하다. 한국감정원 시계열 자료 특징은 KB시계열 자료에서 다루지 않는 소도시, 군지역까지 다루고 있어 그 범위가 넓은 특징이 있다.

나는 KB시계열 자료를 메인으로 분석하고 KB에서 다루지 못하는 도시는 한국감정원 자료를 보는 편이다. 여기서는 KB시계열 보는 방법에 대해서만 다루도록 하겠다.

서울 부동산 흐름 읽기

우리가 현장에 직접 가보지 않아도 KB시계열 자료만 갖고 있다면 전국의 부동산 시장 흐름을 파악할 수 있다. 다음 〈그림 4-1〉은 서울시의 2018년 7월부터 2019년 4월까지의 아파트 매매증감률을 나타낸 것이다.

주황색은 아파트가 상승한다는 의미이며, 무색은 보합을, 회색은 하락을 나타내고 있다. 색깔이 짙어지면 그만큼 상승률이 높거나 하락률이 높다는 것을 의미한다.

다음 페이지의 〈그림 4-1〉에서 2018년 하반기에 서울시 아파트는 큰 폭으로 상승하는 것을 알 수 있다. 정부의 규제로 부동산이 잡힌 걸까? 2018년 발표된 913대책 및 3기 신도시 발표 이후로 상승률이 감소하기 시작한다. 2018년 11월부터는 일부 '구'가 보합으로 바뀌고 2019년 1월부터 강남구, 강동구 등이 하락하기 시작했다.

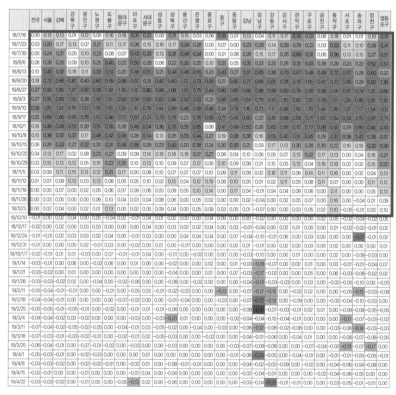

〈그림 4-1〉 서울시 아파트 매매가격증감률(2018~2019년)

출처: KB부동산

하지만 2019년 하반기부터는 〈그림 4-2〉에 나타났듯이 다시 상승을 시작했다. 정부 규제에 의해 약 6개월 동안 집값이 잡히는 것처럼 보였지만 다시 상승하기 시작한 것이다. 그리고 2020년에 617/710정부 부동산 대책이 연달아 발표가 되었는데, 오히려 집값은 잡히지 않고 더 상승하기 시작한다.

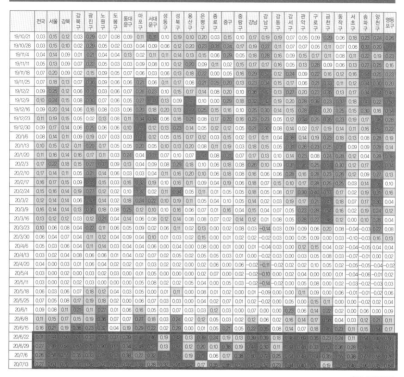

〈그림 4-2〉 서울시 아파트 매매가격증감률(2019~2020년)

출처: KB부동산

그동안 정부에서 710대책까지 22번째 대책을 내놓으면서 집값이 잡히지 않자 일반 국민들이 규제 이후에 더 오를 것이라는 심리에 의해 부동산을 더 자극했던 것으로 보인다. 정부 규제는 부동산 시장에 단기간 영향을 미치지만 중장기적으로는 부동산 수급과 심리 등에 의해 영향을 받는다는 것을 알 수 있는 부분이다.

지방광역시의 부동산 흐름 읽기

이제 지방광역시 KB시계열 자료를 살펴보자. 136쪽의 〈그림 4-3〉은 2018년 하반기부터 2019년까지 시계열 자료를 나타낸다(여기서는 전반적 흐름을 알려주기 위한 설명이기 때문에 디테일한 수치보다는 색깔 변화를 통해 흐름을 파악하자. 구체적인 수치가 궁금한 사람은 KB시계열 자료를 다운 받아서 보길 바란다).

먼저 부산을 보면 2018년부터 2019년 8월까지 회색이 점령한 시기(하락 시기)였음을 쉽게 알 수 있다. 2019년 9월부터 하락되는 지역보다는 보합(무색)으로 바뀐 지역이 많음을 확인할 수 있다. 이 시기부터 일부 대장아파트 또는 호재가 많은 아파트는 상승하기 시작했다. 한 지역의 아파트 상승률을 계산할 때 전체 아파트 상승률에서 평균을 내어 통계를 집계하기 때문에 상승 수치로 표현되지 못했을 뿐이다. 오르는 일부 아파트가 있더라도 하락하는 아파트가 공존하기 때문에 평균 통계에는 잡히지 않는 것이다. 이후 2019년 11월부터 부산의 일부 지역이 상승했다는 것을 알 수 있다. 즉, 상승되는 아파트가 연쇄반응에 의해 점점 더 퍼져가는 시기라고 이해하면 된다. 2020년에도 그 상승 흐름을 꾸준히 이어갔다.

대구는 2018년도에 일부 수성구, 서구를 중심으로 상승장이었으며, 2019년도에도 일부 상승과 보합을 반복하면서 상승 흐름을 유지하였다. 대구광역시는 2010년부터 현재까지 상승 흐름을 이어오고 있는 유일한 도시이다.

대구광역시의 공급 물량을 보면 지나치게 공급 물량이 많았던 기간이 없었다. 공급이 적절히 이루어졌다는 것이다. 입주 물량은 상승 패턴으로 갔다가 2017년부터 곧바로 하락 패턴으로 돌아섰다. 공급 물량이 적정 물량보다 소폭 많은 수준과 하락 패턴으로 바로 돌아선 지역은 아파트 가격이 하락하지 않고 핵심 지역 아파트 중심으로 상승한다는 것을 알 수 있다.

대구광역시를 잘 조사하면 앞으로 다른 도시의 부동산 시장의 미래를 파악할 수 있을 것이다. 또한 대구광역시의 부동산 시장 유형을 따라갈 도시들이 분명 있을 것이다.

광주를 살펴보면 광주광역시는 2018년 하반기까지 많이 상승을 한 지역이다. 점점 아파트 상승률이 감소(주황색이 엷어짐)함으로서 2019년부터 보합(무색)으로 바뀌고 1년 내내 보합 내지 일부 지역은 하락하는 시장이었다. 하지만 2019년 12월부터 일부 지역이 반등하기 시작하면서 시장이 살아날 조짐이 있었다는 것을 알 수 있다.

나는 부동산 투자를 할 때 기본적으로 2가지를 생각한다. 첫 번째는 연속성이다. 부동산 시장은 한 번에 달아오르는 게 아니라 냄비의 물이 끓듯이 서서히 데워지면서 마지막에 증기가 분출하며 상승한다는 것을 알 수 있다. 두 번째는 관성의 힘이다. 광주광역시처럼 상승하기 시작하면 일정 기간 동안 상승할 확률이 높고, 하락하기 시작하면 일정 기간 하락할 확률이 높다.

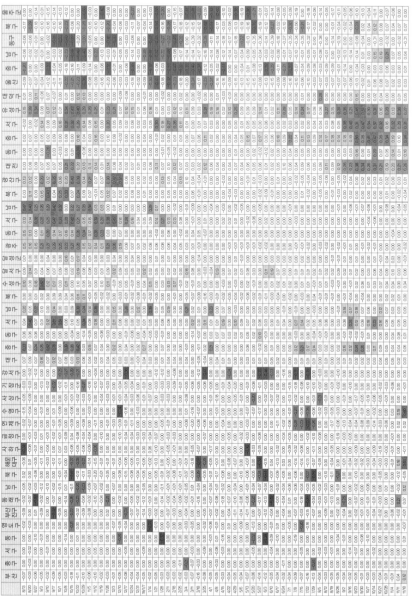

출처 KB시계열 자료

〈그림 4-4〉 광역시 아파트 매매가격증감률(2019~2020년)

	부산	중구	서구	동구	영도구	부산진구	동래구	남구	북구	해운대구	사하구	금정구	연제구	수영구	사상구	기장군	강서구	대구	중구	동구	서구	남구	북구	수성구	달서구	달성군
9/16	-0.02	0.00	-0.14	0.00	0.00	0.00	0.00	0.00	0.00	-0.04	0.00	-0.05	-0.04	0.00	0.00	-0.10	0.00	0.01	0.12	-0.02	0.24	0.17	-0.04	-0.01	0.01	0.00
9/23	-0.05	0.00	-0.07	0.00	0.00	-0.02	-0.07	-0.02	-0.10	-0.02	-0.09	0.00	-0.04	-0.07	-0.17	0.00	0.00	0.02	0.24	-0.02	0.12	0.18	0.00	0.02	0.02	0.01
9/30	-0.01	0.00	0.00	-0.08	0.00	-0.01	0.00	0.00	0.00	-0.02	0.00	0.00	-0.08	-0.01	-0.05	0.00	0.00	0.02	0.26	-0.01	0.08	0.07	-0.04	0.06	0.00	0.00
10/7	-0.03	0.00	0.00	-0.10	0.00	-0.01	-0.01	-0.08	0.00	-0.03	0.00	0.00	-0.09	0.00	-0.19	0.00	0.00	0.02	0.00	0.01	0.18	0.06	0.00	0.01	0.03	0.00
10/14	-0.03	0.00	-0.02	0.00	0.00	-0.04	-0.01	0.00	0.00	-0.04	-0.09	0.00	-0.14	-0.02	-0.06	0.00	0.00	0.03	0.11	0.00	0.23	0.00	0.00	0.03	0.06	0.01
10/21	-0.04	0.00	0.00	0.00	0.00	-0.02	-0.03	0.00	-0.05	-0.03	-0.19	0.00	-0.03	0.00	-0.05	-0.02	0.00	0.04	0.09	0.00	0.16	0.12	0.00	0.07	0.04	-0.01
10/28	-0.01	0.00	0.00	0.00	0.00	0.00	0.00	0.01	0.00	-0.03	-0.02	0.00	-0.06	0.00	-0.01	-0.03	0.00	0.05	0.05	0.00	0.08	0.07	0.02	0.04	0.09	0.04
11/4	-0.01	0.00	0.00	0.00	0.00	-0.06	0.00	0.00	0.00	-0.01	-0.01	-0.01	0.00	0.03	0.00	-0.06	0.00	0.05	0.04	0.04	0.05	0.03	0.02	0.04	0.10	0.03
11/11	0.04	0.00	0.00	0.00	0.00	-0.02	0.27	-0.02	-0.12	0.18	0.00	0.00	0.02	0.19	0.00	0.00	0.00	0.02	0.04	0.08	0.05	0.03	0.01	0.00	0.03	0.00
11/18	0.12	0.00	0.00	0.01	-0.07	-0.01	0.07	0.12	-0.05	0.63	-0.11	0.00	0.02	0.60	0.00	-0.01	0.00	0.03	0.06	0.01	0.00	0.05	0.00	0.04	0.06	-0.01
11/25	0.14	0.00	0.00	0.00	-0.02	0.00	0.32	0.13	-0.06	0.69	-0.05	0.00	0.08	0.26	0.01	0.00	0.00	0.04	0.13	0.00	0.14	0.07	0.03	0.06	0.07	-0.01
12/2	0.15	-0.04	0.00	0.05	-0.03	0.02	0.37	0.27	0.00	0.31	0.00	0.00	0.45	0.65	-0.02	0.00	0.00	0.05	0.03	0.04	0.12	0.00	0.06	0.07	0.05	0.04
12/9	0.07	0.00	0.01	0.07	-0.04	0.00	0.08	0.13	0.00	0.27	-0.25	0.00	0.33	0.47	-0.01	0.00	0.00	0.03	0.10	0.00	0.06	0.00	0.00	0.04	0.07	0.00
12/16	0.11	0.00	0.01	0.00	0.00	0.00	0.44	0.00	0.00	0.38	0.00	0.00	0.16	0.29	-0.04	0.00	0.00	0.07	0.00	0.00	0.20	0.00	0.10	0.03	0.07	0.12
12/23	0.08	0.00	0.03	0.00	0.00	0.00	0.19	0.21	0.00	0.16	0.00	0.02	0.16	0.27	0.00	0.00	0.00	0.03	0.04	0.00	0.08	0.37	0.00	0.03	0.02	0.01
12/30	0.04	0.00	0.00	0.00	-0.01	0.00	0.02	0.06	0.00	0.19	0.00	0.00	0.02	0.08	0.00	0.00	0.00	0.05	0.03	0.04	0.12	0.00	-0.01	0.02	0.11	0.03
20/1/6	0.01	0.00	0.00	0.00	-0.03	0.00	0.01	0.03	0.00	0.07	0.00	0.00	0.00	0.00	0.00	0.00	0.00	0.07	0.00	0.14	0.17	0.00	0.00	0.12	0.06	0.02
1/13	0.03	0.00	0.03	0.00	0.00	0.00	0.00	0.06	0.00	0.12	-0.01	0.00	0.00	0.04	0.00	0.00	0.00	0.12	0.01	0.26	0.33	0.03	0.04	0.16	0.13	0.04
1/20	0.02	0.00	0.01	0.00	0.00	0.00	0.00	0.03	0.00	0.14	0.00	0.00	0.00	0.06	-0.03	0.00	0.00	0.09	0.00	0.01	0.03	0.00	0.03	0.03	0.25	0.03
2/3	0.04	0.00	0.00	0.00	0.00	0.00	0.07	0.12	-0.08	0.20	-0.02	0.07	0.03	0.25	-0.10	0.00	0.00	0.08	0.15	0.06	0.08	0.00	0.00	0.07	0.20	0.00
2/10	0.04	0.00	0.00	0.00	-0.05	0.04	0.05	0.10	0.00	0.12	0.00	0.00	0.03	0.07	0.00	0.00	0.00	0.13	0.00	0.12	0.15	0.01	0.15	0.15	0.19	0.00
2/17	0.04	0.00	0.00	0.00	0.00	0.02	0.06	0.22	-0.07	0.10	-0.05	0.00	0.08	0.15	0.00	-0.01	0.00	0.07	0.04	0.10	0.06	0.12	0.04	0.04	0.09	0.10
2/24	0.02	-0.01	0.00	0.00	0.00	0.02	0.06	0.20	-0.17	0.03	-0.05	0.04	0.08	0.23	0.00	-0.09	0.00	0.07	0.00	0.00	0.12	0.00	0.10	0.14	0.07	0.00
3/2	-0.01	0.00	0.00	0.00	-0.17	0.01	0.06	0.03	-0.18	0.07	-0.04	0.00	0.12	0.21	-0.22	-0.05	0.00	0.02	0.00	0.00	0.00	0.00	0.00	0.07	0.03	0.00
3/9	0.04	0.00	0.00	0.00	-0.02	0.00	0.03	0.15	0.00	0.12	0.00	0.00	0.00	0.30	-0.02	-0.05	0.00	0.02	0.06	0.00	0.18	0.03	0.00	0.03	0.03	0.00
3/16	0.05	0.00	0.08	0.00	-0.01	0.00	0.07	0.17	0.00	0.07	0.00	0.00	0.07	0.45	0.00	-0.03	0.00	0.03	0.02	0.00	0.27	0.12	-0.07	0.11	0.02	0.00
3/23	0.05	0.00	0.00	0.00	0.00	0.00	0.04	0.01	0.00	0.12	0.00	0.00	0.13	0.36	0.00	0.00	0.00	0.03	0.00	0.09	0.19	0.03	-0.08	0.10	0.00	0.02
3/30	0.01	0.00	0.00	0.00	-0.03	0.01	0.03	0.00	0.00	0.07	0.00	0.01	0.04	0.08	0.00	-0.14	0.00	0.01	0.02	0.00	0.14	0.02	-0.01	0.03	0.00	0.00
4/6	0.02	0.00	0.00	0.00	-0.03	0.02	0.01	0.04	0.00	0.09	0.00	-0.11	0.09	0.13	0.00	0.00	0.00	0.00	0.03	0.06	0.11	0.21	-0.07	-0.02	0.00	0.00
4/13	0.00	0.00	0.00	0.00	-0.02	0.00	0.02	0.01	0.00	0.01	0.00	0.00	0.00	0.00	0.00	0.00	0.00	0.01	0.00	0.06	0.11	0.00	0.00	0.00	0.00	0.00
4/20	0.00	0.00	0.00	-0.09	0.00	0.00	0.03	0.00	-0.08	0.02	0.00	-0.03	0.00	0.03	0.00	0.00	0.00	0.03	0.08	0.02	0.15	0.11	0.00	-0.01	0.06	0.03
5/4	-0.02	0.00	0.00	0.00	-0.16	0.00	0.00	0.00	-0.05	0.02	-0.04	0.00	0.00	0.00	-0.03	-0.07	-0.06	0.02	0.00	0.00	0.12	0.00	0.00	0.04	0.03	0.00
5/11	-0.02	0.00	0.00	-0.06	0.00	-0.06	0.00	0.03	-0.08	0.03	-0.11	-0.02	0.03	0.10	0.00	-0.07	0.00	0.03	0.00	0.01	0.13	0.00	0.00	0.06	0.04	0.00
5/18	-0.02	0.00	0.00	0.00	-0.16	0.00	0.00	-0.04	-0.08	0.03	0.00	0.00	0.00	0.00	-0.10	-0.07	0.00	0.04	0.09	0.02	0.27	0.00	-0.05	0.06	0.08	0.00
5/25	0.02	0.00	0.00	0.00	-0.09	-0.05	0.07	-0.03	0.00	0.15	-0.01	0.00	0.00	0.16	-0.02	0.00	0.00	0.08	0.08	0.17	0.13	0.03	0.00	0.13	0.09	0.00
6/1	0.01	0.00	0.00	0.00	0.00	0.00	0.03	0.00	0.00	0.00	-0.01	0.00	0.04	0.19	0.01	-0.05	0.00	0.04	0.21	0.00	0.14	0.00	0.00	0.04	0.09	0.00
6/8	0.02	-0.02	0.00	0.00	-0.05	0.01	0.00	0.00	0.00	0.11	-0.03	0.01	0.00	0.27	-0.04	0.00	0.00	0.08	0.06	0.10	0.18	0.02	0.00	0.11	0.11	0.07
6/15	0.03	0.00	0.00	0.00	0.00	0.00	0.09	0.00	-0.06	0.19	0.00	0.00	0.03	0.18	-0.03	-0.03	0.00	0.09	0.05	0.02	0.08	0.04	0.00	0.13	0.21	0.01
6/22	0.12	0.00	0.00	0.13	-0.06	0.12	0.36	0.10	0.00	0.11	0.00	0.03	0.31	0.78	0.00	-0.10	0.14	0.15	0.37	0.05	0.42	0.00	0.00	0.27	0.22	0.03
6/29	0.13	0.00	-0.02	0.00	0.00	0.09	0.06	0.19	0.00	0.40	-0.03	0.09	0.31	0.38	-0.01	0.00	0.00	0.14	0.09	0.20	0.17	0.04	0.00	0.27	0.20	-0.01
7/6	0.11	0.00	0.00	0.00	0.00	0.22	0.04	0.05	0.02	0.32	0.05	0.00	0.09	0.28	0.00	0.00	0.00	0.22	0.13	0.08	0.00	0.01	0.00	0.17	0.63	0.00
7/13	0.07	0.00	0.08	0.00	0.00	0.00	0.04	0.36	0.06	0.13	0.00	0.00	0.14	0.14	0.00	0.00	0.00	0.15	0.18	0.01	0.53	0.31	0.00	0.30	0.19	0.07

	인천	중구	동구	미추홀구	연수구	남동구	부평구	계양구	서구	광주	동구	서구	남구	북구	광산구	대전	동구	중구	서구	유성구	대덕구	울산	중구	남구	동구	북구	울주군
9/16	0.02	0.00	-0.02	-0.01	0.05	0.00	0.00	0.00	0.05	0.01	0.00	0.00	-0.06	0.02	0.04	0.23	0.03	0.19	0.40	0.21	0.00	-0.06	0.00	-0.14	0.00	-0.04	-0.06
9/23	0.04	0.00	0.00	0.00	0.17	0.00	0.01	0.08	0.02	0.00	0.00	0.00	-0.01	0.00	0.00	0.38	0.16	0.80	0.31	0.45	0.15	-0.13	-0.04	-0.14	-0.08	-0.23	-0.10
9/30	0.01	0.00	-0.02	0.00	0.02	0.00	0.00	0.03	0.00	-0.01	0.00	0.00	-0.07	0.00	0.02	0.34	0.00	0.28	0.47	0.51	0.00	-0.02	-0.03	0.01	-0.04	0.02	-0.13
10/7	0.03	0.00	0.00	0.00	0.08	0.00	0.04	0.02	0.02	-0.02	0.00	-0.04	-0.06	0.00	0.00	0.26	0.01	0.41	0.34	0.30	0.00	0.01	0.00	0.03	0.00	0.04	-0.04
10/14	0.02	0.00	0.00	-0.02	0.07	0.01	0.02	0.00	0.01	-0.01	0.00	-0.06	-0.01	0.00	0.03	0.31	0.20	0.47	0.37	0.31	0.02	0.06	0.03	0.15	-0.01	0.12	-0.11
10/21	0.07	0.00	-0.05	-0.06	0.03	0.07	0.03	0.11	0.19	0.00	0.00	0.00	0.00	0.00	0.01	0.21	0.07	0.28	0.32	0.16	0.04	0.08	0.03	0.19	0.00	0.08	0.00
10/28	0.01	0.00	0.00	0.00	0.00	0.00	0.04	0.00	0.00	0.00	0.00	0.00	-0.08	0.01	0.02	0.19	0.05	0.34	0.16	0.28	0.00	0.07	0.06	0.21	-0.02	0.07	-0.07
11/4	0.02	0.00	0.00	0.00	0.02	0.03	0.00	0.04	0.04	0.00	-0.04	0.00	0.00	0.00	0.00	0.20	0.14	0.19	0.32	0.13	0.00	0.02	0.03	0.07	0.00	0.04	-0.06
11/11	0.01	0.00	0.00	0.00	0.01	0.00	0.03	0.00	0.04	0.00	0.00	0.00	-0.04	-0.02	0.03	0.21	0.01	0.10	0.28	0.36	0.01	0.03	0.00	0.05	-0.02	0.07	0.00
11/18	0.03	0.02	0.00	-0.01	0.03	0.03	0.02	0.04	0.06	-0.02	0.00	0.00	-0.05	-0.04	0.01	0.26	0.16	0.34	0.31	0.27	0.05	0.03	0.01	0.04	-0.01	0.07	0.00
11/25	0.02	0.00	-0.02	0.00	0.02	0.03	0.03	0.02	0.00	0.00	0.00	0.00	0.00	0.01	-0.02	0.27	0.00	0.40	0.35	0.32	0.01	0.06	0.01	0.04	0.00	0.20	0.00
12/2	0.02	0.06	0.00	0.00	0.00	0.00	0.01	0.02	0.07	-0.01	0.00	0.00	0.00	-0.03	0.01	0.31	0.28	0.16	0.56	0.19	0.00	0.09	0.13	0.09	-0.03	0.17	0.05
12/9	0.03	0.07	-0.02	0.00	0.03	0.06	0.02	0.02	0.02	-0.02	0.00	-0.03	-0.08	0.00	0.00	0.40	0.06	1.24	0.43	0.18	0.01	0.06	0.03	0.12	0.00	0.05	0.01
12/16	0.05	0.02	0.00	0.00	0.06	0.08	0.05	0.09	0.01	0.00	0.00	0.00	0.00	0.00	0.02	0.34	0.26	0.32	0.57	0.19	0.05	0.10	0.07	0.24	0.00	0.06	0.00
12/23	0.07	0.13	0.00	0.02	0.03	0.09	0.04	0.06	0.12	0.01	0.00	0.00	0.00	0.00	0.02	0.45	0.15	0.82	0.69	0.22	0.08	0.09	0.01	0.20	0.01	0.07	0.06
12/30	0.05	0.04	0.00	0.00	0.22	0.00	0.00	0.01	0.05	0.03	0.00	0.03	0.00	0.00	0.08	0.41	0.00	0.67	0.74	0.11	0.13	0.06	0.03	0.04	0.00	0.18	0.00
20/1/6	0.06	0.07	0.00	0.05	0.06	0.14	0.05	0.03	0.01	0.03	0.00	0.00	-0.01	-0.01	0.12	0.17	0.06	0.14	0.29	0.14	0.00	0.10	0.03	0.20	0.00	0.14	0.02
1/13	0.06	0.17	0.00	0.23	0.02	0.00	0.01	0.07	0.06	0.03	0.00	0.00	-0.04	0.13	0.00	0.55	0.24	0.27	1.06	0.16	0.47	0.12	0.30	0.16	0.00	0.06	0.07
1/20	0.09	0.04	0.00	0.00	0.14	0.28	0.04	0.04	0.04	0.00	0.00	-0.05	0.00	0.03	0.02	0.27	0.07	0.13	0.42	0.34	0.00	0.03	0.04	0.04	0.00	0.05	0.00
2/3	0.11	0.10	0.00	0.05	0.14	0.17	0.11	0.04	0.10	0.02	0.00	0.02	0.00	0.00	0.05	0.45	0.07	0.54	0.45	0.66	0.21	0.21	0.00	0.41	-0.01	0.25	0.14
2/10	0.20	0.18	0.00	0.00	0.29	0.29	0.10	0.21	0.25	0.00	0.04	-0.08	-0.01	0.00	0.06	0.37	0.53	0.44	0.59	0.05	0.12	0.10	0.15	0.19	0.00	0.10	0.00
2/17	0.21	0.08	0.00	0.03	0.44	0.22	0.14	0.13	0.29	0.01	0.10	-0.02	0.00	0.00	0.04	0.29	0.27	0.18	0.42	0.27	0.10	0.15	0.09	0.25	0.00	0.23	0.04
2/24	0.27	0.15	-0.01	0.16	0.56	0.25	0.01	0.15	0.46	0.04	-0.01	0.00	0.02	0.01	0.11	0.24	0.22	0.13	0.32	0.29	0.02	0.15	0.04	0.23	0.04	0.31	0.00
3/2	0.27	0.12	0.00	0.01	0.42	0.42	0.30	0.00	0.34	0.06	0.00	0.06	0.10	0.00	0.13	0.10	0.21	0.09	0.13	0.03	0.06	0.15	0.08	0.20	0.00	0.31	0.04
3/9	0.37	0.14	-0.02	0.15	0.71	0.55	0.30	0.03	0.44	0.03	0.00	0.02	0.04	0.00	0.07	0.38	0.38	0.24	0.48	0.46	0.07	0.13	0.02	0.29	0.00	0.19	0.00
3/16	0.36	0.20	-0.01	0.41	0.46	0.66	0.33	0.03	0.27	0.04	0.00	0.09	0.00	-0.07	0.16	0.36	0.43	0.07	0.65	0.20	0.11	0.01	0.07	0.01	-0.05	0.03	0.00
3/23	0.28	0.13	0.00	0.34	0.48	0.35	0.38	0.12	0.11	0.00	0.00	0.02	-0.01	-0.03	0.02	0.29	0.20	0.22	0.54	0.11	0.03	0.06	0.12	0.08	0.00	0.09	0.02
3/30	0.22	0.14	-0.02	0.02	0.37	0.53	0.11	0.15	0.11	-0.02	0.00	0.02	0.00	-0.01	-0.08	0.20	0.33	0.14	0.28	0.13	0.08	0.03	0.04	0.05	-0.04	0.01	0.04
4/6	0.21	0.26	-0.02	0.05	0.29	0.53	0.18	0.08	0.03	-0.01	0.00	0.00	0.00	0.00	-0.03	0.17	0.24	0.30	0.26	0.00	0.00	0.09	0.04	0.04	0.00	0.23	0.11
4/13	0.03	0.00	-0.03	0.04	0.06	0.04	0.02	0.06	0.01	0.00	0.00	0.00	0.00	0.00	0.00	0.12	0.13	0.16	0.15	0.09	0.00	0.02	0.00	0.01	0.00	0.06	0.00
4/20	0.13	0.06	-0.11	0.09	0.12	0.17	0.24	0.17	0.05	0.00	0.00	0.00	-0.03	0.00	0.00	0.14	0.29	0.07	0.15	0.13	0.04	0.06	0.08	0.01	-0.04	0.14	0.09
5/4	0.12	0.13	-0.02	0.15	0.18	0.18	0.13	0.04	0.04	-0.01	0.00	0.00	-0.04	-0.03	0.02	0.08	0.12	0.06	0.16	0.00	0.00	0.01	0.00	0.03	-0.04	0.01	0.03
5/11	0.15	0.02	0.00	0.06	0.37	0.19	0.05	0.02	0.20	-0.04	0.06	-0.02	0.00	-0.09	-0.03	0.11	0.18	0.17	0.14	0.04	0.01	0.07	0.07	0.13	-0.06	0.02	0.11
5/18	0.09	0.04	0.00	0.07	0.21	0.12	0.06	0.01	0.09	-0.02	0.12	-0.02	-0.01	-0.04	-0.03	0.27	0.16	0.17	0.58	0.05	0.02	0.12	0.08	0.23	0.00	0.17	0.00
5/25	0.17	0.11	0.00	0.00	0.32	0.33	0.10	0.02	0.17	0.00	0.00	0.00	0.00	0.00	0.00	0.12	0.00	0.08	0.21	0.11	0.01	0.09	0.24	0.15	-0.10	0.07	0.03
6/1	0.16	0.05	0.00	0.02	0.21	0.25	0.06	0.04	0.31	-0.01	0.00	0.00	0.06	-0.04	-0.01	0.16	0.09	0.16	0.22	0.05	0.28	0.09	-0.01	0.18	-0.04	0.07	0.11
6/8	0.11	0.07	0.00	0.13	0.18	0.13	0.09	0.12	0.07	0.00	0.00	0.00	0.00	0.00	0.00	0.23	0.19	0.27	0.34	0.15	0.03	0.05	0.28	0.15	-0.31	0.02	0.00
6/15	0.18	0.09	0.00	0.09	0.50	0.05	0.10	0.09	0.28	0.01	0.06	0.00	0.03	0.00	0.00	0.18	0.32	0.12	0.25	0.11	0.01	0.12	0.30	0.23	0.00	0.04	0.00
6/22	0.40	0.09	0.00	0.41	0.80	0.23	0.40	0.12	0.52	-0.03	0.13	-0.01	0.00	0.00	-0.12	0.40	0.57	0.15	0.41	0.55	0.21	0.11	0.37	0.14	-0.06	0.04	0.03
6/29	0.26	0.06	0.00	0.06	0.54	0.07	0.47	0.05	0.34	0.03	0.00	0.00	0.15	0.00	0.02	0.21	0.26	0.19	0.24	0.22	0.00	0.14	0.09	0.18	0.03	0.19	0.12
7/6	0.15	0.02	0.00	0.05	0.39	0.11	0.11	0.05	0.16	0.00	0.00	-0.01	0.00	0.00	0.00	0.30	0.07	0.13	0.23	0.60	0.32	0.14	0.23	0.17	0.00	0.23	0.01
7/13	0.10	0.12	0.00	0.06	0.08	0.04	0.27	0.15	0.02	0.00	0.00	0.00	0.00	0.00	0.00	0.20	0.63	0.15	0.07	0.21	0.17	0.14	0.18	0.33	-0.01	0.04	-0.01

출처: KB시계열 자료

대전광역시는 2018년 상반기부터 본격적인 상승 흐름을 탄 지역이다. 2018년 하반기에는 서구와 유성구를 중심으로 상승폭을 키우고 있었으나, 동구와 대덕구는 하락 또는 보합하는 지역이었다. 그 이후에도 상승세를 이어갔고, 2019년 하반기에는 5개구가 동시에 상승을 하면서 대세상승장으로 넘어가는 시기였다.(참고로 대덕구는 상승률이 높지 않았다.) 대전 시계열 자료를 유심히 보다 보면 모든 구가 동시다발적으로 오르는 게 아니라 '서구 → 유성구 → 중구 → 동구 → 대덕구' 순으로 오르는 것을 알 수가 있다. 한 지역을 투자할 때 투자 기회가 한 번만 오는 것이 아니다. '구'별 부동산 사이클에 의해 여러 번 투자기회를 맞을 수 있다는 것을 잊지 않았으면 한다.

지방 광역시 중 마지막으로 울산의 부동산 시장을 살펴보도록 하자. 울산은 2016년부터 하락하기 시작하여 2019년 9월까지 하락하는 시장이었다. 이후 점차 하락률이 감소(회색이 옅어짐)되었다. 〈그림 4-4〉를 보면, 2019년 10월부터 울산광역시 남구 지역이 상승하는 시장(주황색)으로 전환되는 시기였다. 이 시기에는 일부 대장아파트 중심으로 상승하고 있다고 봐도 무방하다. 2019년 10월 이후 상승폭과 상승 지역(남구뿐만 아니라 북구, 중구, 울주군)을 확대하면서 상승이 되는 것을 볼 수 있다. 상승시장으로 전환되는 시기(주황색이 나타나는 시기)에 대장급 아파트 위주로 투자하면 괜찮은 투자이며, 대장아파트 투자 기회를 놓쳤다면 대장급 주변 아파트 또는 2급지의 아파트에 투자해도 나쁘지 않은 투자이다.

지방 도시 부동산 흐름 읽기

지금부터는 광역시 외에 지방도시의 KB시계열 자료를 간단히 살펴보겠다. 강원도는 2018년~2019년 11월까지 하락하는 시장(회색 유지)이었다. 2019년 12월에 일부 지역이 보합지역(무색)으로 나타나다가 이후 보합지역(무색)이 확대되고 있다는 것을 알 수 있다. 그리고 2020년 6월부터 상승하는 지역(주황색)으로 바뀌었다. 이후 시장은 상승폭과 상승 지역이 확대될 것이라는 점을 예상할 수 있다.

충청북도 역시 짙은 회색에서 점차 옅은 회색으로 바뀌었고, 2019년 7월부터 무색(보합)으로 바뀌었음을 알 수 있다. 2020년 3월에 흥덕구가 상승을 시작하면서 상승장에 진입하는 시장임을 이해할 수 있다. 2020년 5월에는 갑자기 큰 상승(짙은 주황색)으로 바뀌었는데, 이때 방사광가속기 유치 소식이 들리면서 투자자와 실수요자의 매수심리가 올라가는 시기였다.

충청남도도 충청북도와 유사하게 시장이 흘러가는 것을 볼 수 있다. 전라북도는 2018년 상반기까지 하락 시장을 보이다가 2019년 하반기부터 보합이 되는 지역이 많아지는 것을 알 수 있다. 2020년 상반기에는 강보합시장(무색)으로 바뀌면서 상승장을 준비하는 모습이다. 전라남도는 여순, 순천, 광양시가 지속적인 상승을 기록하는 지역이며, 목포는 하락을 유지하는 시장이다. 하락이 유지되는 시장이 언제 상승장으로 바뀔지 모르지만 이런 지역들은 유심히 모니터링 해야 할 지역이 된다(그림 〈4-5〉, 그림 〈4-6〉 참조).

〈그림 4-7〉을 보면 경상북도는 2019년 10월까지 하락하는 시장에서 2019년 11월부터 보합시장으로 바뀐 지역임을 알 수 있다. 2020년 2월

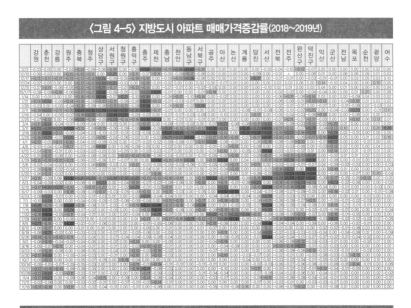

〈그림 4-5〉 지방도시 아파트 매매가격증감률(2018~2019년)

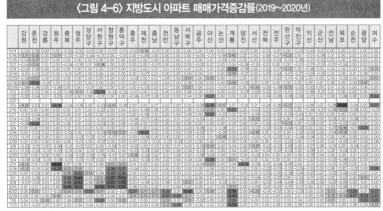

〈그림 4-6〉 지방도시 아파트 매매가격증감률(2019~2020년)

출처: KB시계열 자료

포항시 북구 지역에서 상승하기 시작하면서 본격적인 상승장을 준비하는 시장이었다. 2020년 6월부터 포항시 남구, 북구, 구미시를 중심으로 상승장이 반전된 것을 알 수가 있다. 경상남도 역시 경상북도와 비슷한 패턴으로 흘러가고 있다. 2019년 하반기에 보합시장으로 바뀌면서 2019년 11월부터 창원시 성산구와 의창구가 상승시장으로 전환된 것을 알 수 있다. 2020년 6월부터는 강한 상승장으로 상승률과 상

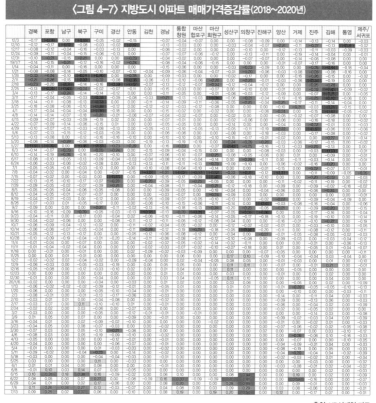

〈그림 4-7〉 지방도시 아파트 매매가격증감률(2018~2020년)

출처: KB시계열 자료

승 지역을 확대하는 시장으로 바뀐 것을 이해할 수 있다. 제주도는 보합과 하락시장을 반복하는 시장이다. 이런 지역이 언제 상승장으로 바뀔지 모르기 때문에 유심히 봐야 한다.

시계열로 본 전국의 부동산 흐름

지금까지 KB시계열 자료를 통해 시장 흐름을 파악하는 법에 대해 설명했다. 놀랍지 않은가? KB시계열의 매매증감률 데이터만 보아도 전국의 부동산 시장 흐름을 알 수가 있으며, 또한 진입 시점을 개략적으로 유추할 수 있다. 이제부터 매주 금요일에 발표되는 KB시계열 자료를 유심히 살펴보자. 이런 데이터를 실제 시장과 연동시켜보면 많은 인사이트를 얻을 수 있다.

〈표 4-1〉 상승/하락 형태에 따른 지역 분류		
지역	지역 특징	해당 지역
상승지역	–	서울, 대전
보합지역	상승 이후에 보합하는 지역	광주, 대구, 전남
	하락 이후에 보합하는 지역	–
하락지역	하락률이 높아지는 지역	강원도, 제주도
	하락률이 감소하는 지역	부산, 울산, 충북, 충남, 전북, 경북, 경남

2019년 11월 기준

〈표 4-1〉에는 상승과 하락 형태를 도시별로 분류했으니 천천히 살펴보길 바란다. 2019년 11월 기준 상승 지역은 서울, 대전이었다. 하락 지역 중 하락률이 감소하는 지역은 부산, 울산, 충북, 충남, 전북, 경북, 경남이었다. 하락률이 높아지는 지역은 강원도, 제주도였다. 여기서 주목해야 할 지역은 하락률이 감소하는 지역이다. 하락률이 감소한다는 의미는 극히 일부 아파트가 강보합 또는 상승하고 있다는 의미이며, 대부분의 다른 아파트는 여전히 하락하고 있다고 볼 수 있다. 물론 이런 지역들은 현장에서 부동산 흐름을 확인하여야 정확한 시장을 알수 있다.

〈표 4-2〉 상승/하락 형태에 따른 지역 분류		
지역	지역 특징	해당 지역
상승지역	–	서울, 대전, 부산, 울산, 충북, 충남, 대구, 광주, 전남, 강원도
보합지역	상승 이후에 보합하는 지역	–
	하락 이후에 보합하는 지역	전북
하락지역	하락률이 높아지는 지역	–
	하락률이 감소하는 지역 제주도	제주도

2020년 7월 기준

2020년 7월 기준을 보면, 2019년 11월에 하락률이 감소하는 지역들이 상승하는 지역으로 분류가 된다. 대표적으로 부산, 울산, 충북, 충남 등이 있다. 일부 지역은 하락률이 감소하는 기간을 짧게 거치고 바로 상승하는 지역으로 올라오는 경우도 있다. 하지만 대부분 지역은 하락률이 감소하는 기간을 우리가 인지할 만큼의 시간을 거치고 상승하는 지역으로 올라온다.

2020년 7월에 제주도가 하락률이 감소하면서 상승 지역으로 올라가기 위한 준비를 하고 있다는 것을 볼 수 있다. 만약 지금 분석한 제주도 부동산 시장의 흐름이 현재 어떻게 연계되어 이어지고 있는지 확인하고 싶다면 직접 KB부동산에 들어가 비교를 해보자. 이러한 공부를 통해 끊임없이 변하는 부동산 시장 안에서 어떻게 예측해야 할지 그림을 그려나갈 수 있을 것이다.

현재 상승하고 있는 지역을 유심히 살펴보는 것도 중요하지만, 하락률이 감소하는 지역을 유심히 살펴보면 우리에게 더 많은 투자 기회를 제공할 것이다.

시계열 자료로
전국 부동산 상승 순서 읽기

시계열 자료를 통해 지역별 부동산 상승 순서를 알 수가 있다. 매번 똑같은 순서로 상승된다고 단언할 수는 없지만, 수십 년간 걸쳐 만들어진 부동산 사이클이기 때문에 이 상승 순서는 쉽게 바뀌지 않는다. 경상남도 지역을 보면, 2009년 11월에 부산이 먼저 상승하고 2010년 3월부터 창원/김해로 흐름이 이어져 갔다. 그리고 2011년 2월부터 대구/울산이 상승하기 시작했으며 경북지역인 포항, 구미로 그 흐름이 이어져 간 것을 알 수 있다. 충청도 지역도 마찬가지이다. 2009년 11월에 대전광역시가 상승을 시작으로 2010년 11월 청주, 그 이후 천안, 아산으로 부동산 흐름이 확대되었다.

수도권도 마찬가지다. 강남4구가 먼저 상승하면 그 흐름은 용산구, 성동구, 마포구, 양천구 등으로 확대된다. 그리고 광명, 과천, 분당, 평촌, 군포, 수원 등의 경기권으로 흐름이 퍼져나가는 것을 알 수 있다. 역시 경기도 동부권인 하남, 구리, 남양주까지 그 흐름이 확대된다.

한 지역의 핵심 도시가 상승하기 시작하면 그 주변 도시의 부동산 시장을 살펴보는 것이 좋다. 예를 들어 서울시 아파트의 투자 기회를 놓쳤다면 서울시와 인접한 경기권을 검토하면 나쁘지 않은 선택이 될 수 있다. 다시 한번 강조하지만 이 흐름 순서는 매번 똑같이 나타나지 않는다. 앞으로 부동산 시장 흐름이 어떻게 바뀔지는 아무도 속단할 수 없다. 그러나 수십 년 동안 만들어진 사이클이므로 이 상승 순서는 분명히 참고할 만하다.

년월	지방 상승 순서			
	\<표 4-3\> 시계열로 살펴본 아파트 상승 순서			
09.11~	부산	대전	춘천	
09.03~				전주
10.03~	창원			
10.04~	김해			
10.11~		청주		
11.02~	대구/울산			광주
11.04~	구미/포항	천안	원주	
...		아산	강릉	
...		...	...	...

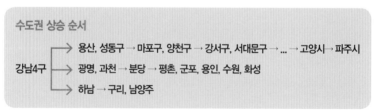

수도권 상승 순서

강남4구
→ 용산, 성동구 → 마포구, 양천구 → 강서구, 서대문구 → ... → 고양시 → 파주시
→ 광명, 과천 → 분당 → 평촌, 군포, 용인, 수원, 화성
→ 하남 → 구리, 남양주

시계열 자료로
부동산 상승 시점 읽기

먼저 시계열 자료를 가공해서 아래 매수심리의 '매수자 많음' 데이터(앞으로 매수세라고 표현하겠다)와 관심 지역의 주간 매매증감률/전세증감률과 같은 표로 나타내어 보자. 다음 〈표 4-4〉은 대전 지역의 과거 흐름을 나타낸 표이다.

2009년 4월 20일에 매수세 수치가 5.4(증가추세)와 대전 매매증감률이 0.14를 나타내며, 2009년 6월 8일에 매수세 수치가 6.3(증가추세), 대전 매매증감률이 0.16으로 표시되었다.

그 이후 대전시 아파트의 매매증감률은 2011년 10월까지 지속적으로 상승하였다.

	매수세	대전 매매 증감	동구 매매증감	중구 매매증감	서구 매매증감	유성구 매매증감	대덕구 매매증감
2009.4.6	0.0	−0.01	0.04	0.02	−0.02	−0.05	0.03
2009.4.13	1.3	0.01	−0.01	0.05	0.00	0.00	0.00
2009.4.20	5.4	0.14	0.13	0.00	0.25	0.13	0.02
2009.4.27	4.1	0.02	0.05	0.01	0.03	−0.02	0.00
2009.5.4	3.2	0.03	0.01	0.00	0.04	0.04	0.04
2009.5.11	4.1	0.08	0.03	0.01	0.11	0.13	0.08
2009.5.18	1.9	0.06	0.23	0.18	0.01	0.01	0.00
2009.5.25	4.8	0.07	0.04	−0.01	0.09	0.07	0.12
2009.6.1	3.0	−0.01	0.00	0.06	−0.08	0.09	−0.04
2009.6.8	6.3	0.16	0.14	0.01	0.30	0.13	0.00
2009.6.15	5.8	0.17	−0.03	0.00	0.36	0.09	0.08
2009.6.22	4.2	0.14	0.00	0.04	0.30	0.03	0.03
2009.6.29	7.6	0.07	0.11	0.01	0.19	−0.12	0.01
2009.7.6	5.7	0.20	0.07	0.30	0.21	0.27	0.14
2009.7.13	7.2	0.09	0.01	0.00	0.10	0.15	0.18
2009.7.20	7.6	0.08	0.02	0.00	0.10	0.07	0.16
2009.7.27	15.7	0.15	0.08	0.03	0.24	0.12	0.07
2009.8.3	9.7	0.10	0.14	0.12	0.05	0.00	0.27
2009.8.10	14.7	0.23	0.33	0.28	0.24	0.21	0.12
2009.8.17	18.1	0.16	0.11	0.01	0.33	0.00	0.08
2009.8.24	26.5	0.25	0.11	0.01	0.40	0.38	0.06
2009.8.31	27.6	0.24	−0.01	0.29	0.33	0.17	0.20
2009.9.7	31.4	0.34	0.49	0.24	0.37	0.33	0.28
2009.9.14	26.8	0.19	0.63	0.09	0.20	0.06	0.09
2009.9.21	32.3	0.20	0.10	0.04	0.23	0.26	0.27
2009.9.28	26.7	0.15	0.17	0.36	0.07	0.10	0.23
2009.10.5	20.0	0.40	0.10	0.08	0.81	0.05	0.19
2009.10.12	21.3	0.23	0.10	0.02	0.34	0.38	0.07
2009.10.19	16.5	0.27	0.11	0.00	0.58	0.04	0.09
2009.10.26	15.3	0.28	0.14	0.49	0.37	0.02	0.22
2009.11.2	16.4	0.16	0.17	0.16	0.22	0.07	0.10

출처: KB부동산

반대로 〈표 4-5〉를 보면 2011년 10월 24일 매수세 수치가 3.6(감소추세), 매매증감률이 0.04였다. 이후 매수세 수치는 점차 감소하여 2011년 11월 21일에는 0.8까지 하락하였다. 그에 따른 아파트 매매증감률 역시 2011년 10월 24일에 0.04%를 기록한 후 점차 감소하여 2011년 11월 21일에는 -0.03%로 부동산 가격이 하락하기 시작하였다.

여기서 우리는 중요한 사실 한 가지를 알 수가 있다. 매수세 수치가 점차 증가하는 상승패턴이거나 매매증감률이 0.1이상(KB시계열에서 색

	매수세	대전 매매 증감	동구 매매증감	중구 매매증감	서구 매매증감	유성구 매매증감	대덕구 매매증감
2011.4.25	14.9	0.27	0.16	0.45	0.14	0.10	0.71
2011.5.2	15.4	0.18	0.11	0.17	0.19	0.02	0.35
2011.5.9	15.9	0.23	0.12	0.15	0.32	0.09	0.27
2011.5.16	16.3	0.31	0.51	0.06	0.18	0.46	0.58
2011.5.23	19.1	0.44	0.09	0.21	0.35	0.99	0.50
2011.5.30	21.6	0.57	0.38	0.32	0.54	1.07	0.40
2011.6.6	29.1	0.61	0.69	0.30	0.67	0.94	0.19
2011.6.13	28.9	0.60	0.42	0.42	0.76	0.65	0.46
2011.6.20	26.5	0.62	0.55	0.66	0.61	0.62	0.67
2011.6.27	23.0	0.63	0.36	0.73	0.66	0.52	0.91
2011.7.4	20.7	0.52	0.60	0.70	0.60	0.33	0.26
2011.7.11	11.7	0.46	0.33	0.39	0.54	0.51	0.39
2011.7.18	20.3	0.51	0.41	0.95	0.33	0.69	0.33
2011.7.25	13.4	0.27	0.09	0.64	0.23	0.35	0.04
2011.8.1	11.2	0.36	0.56	0.65	0.31	0.17	0.21
2011.8.8	15.3	0.38	0.40	0.59	0.34	0.39	0.20
2011.8.15	16.7	0.31	0.19	0.34	0.42	0.14	0.36
2011.8.22	11.0	0.30	0.48	0.08	0.48	0.16	0.11
2011.8.29	13.5	0.27	0.22	0.34	0.40	0.12	0.08
2011.9.5	11.7	0.34	0.42	0.35	0.31	0.20	0.54
2011.9.12	10.4	0.49	0.25	0.35	0.80	0.11	0.62
2011.9.19	9.0	0.36	0.40	0.47	0.37	0.18	0.43
2011.10.3	10.0	0.36	0.60	0.33	0.32	0.05	0.69
2011.10.10	7.2	0.26	0.60	0.26	0.30	0.01	0.12
2011.10.17	6.2	0.14	−0.01	0.23	0.25	−0.07	0.21
2011.10.24	3.6	0.04	0.22	0.20	−0.13	0.05	0.07
2011.10.31	4.6	0.00	0.00	0.12	−0.11	0.04	0.09
2011.11.7	3.3	0.02	−0.09	0.12	0.03	0.04	0.00
2011.11.14	2.3	0.00	−0.06	0.06	−0.01	0.03	0.01
2011.11.21	0.8	−0.03	0.01	0.03	−0.10	−0.03	0.03
2011.11.28	1.6	−0.06	−0.04	0.05	−0.11	−0.08	−0.04

출처: KB부동산

깔이 주황색으로 바뀌는 수치)이 나타나면, 그 이후에는 상승폭과 상승 기간이 확대된다는 것이다. 한 지역을 투자할 때 이 데이터를 유심히 보면 진입 시점을 알 수가 있는 것이다.

매수세가 일정 수치 이상 유지 또는 점차 증가하거나, 매매증감률이 0.1이상으로 유지되거나 상승하면 그 이후 지속적으로 상승할 확률이 높은 곳이기 때문에 이런 수치를 나타내는 지역은 데이터를 볼 때 유심히 살펴봐야 한다.

〈표 4-6〉 대전시 매수세와 매매증감률

	매수세	대전 매매 증감	동구 매매증감	중구 매매증감	서구 매매증감	유성구 매매증감	대덕구 매매증감
2016.6.13	3.5	-0.01	0.01	0.00	0.00	-0.06	0.00
2016.6.20	4.6	-0.04	0.06	0.00	-0.07	-0.07	0.00
2016.6.27	5.8	0.00	0.00	0.04	-0.02	0.00	0.00
2016.7.4	3.1	0.00	0.00	0.01	0.00	0.00	0.00
2016.7.11	6.3	0.02	0.03	0.06	0.01	0.00	0.00
2016.7.18	4.6	0.01	0.01	0.05	0.00	-0.01	0.00
2016.7.25	4.0	0.01	0.02	0.03	0.01	0.00	0.00
2016.8.1	4.4	0.02	0.02	0.04	0.02	0.01	0.00
2016.8.8	6.2	0.03	0.01	0.06	0.04	0.00	0.00
2016.8.15	5.5	0.02	0.01	0.04	0.00	0.06	0.00
2016.8.22	5.9	0.02	0.08	0.00	0.02	0.00	0.00
2016.8.29	10.4	0.01	0.00	0.00	0.03	0.00	0.00
2016.9.5	11.1	0.02	0.00	0.02	0.00	0.07	0.00
2016.9.19	13.5	0.02	0.01	0.00	0.01	0.04	0.06
2016.9.26	13.9	0.02	0.00	0.02	0.03	0.00	0.06
2016.10.3	17.8	0.04	0.01	0.04	0.06	0.05	0.00
2016.10.10	16.9	0.04	0.04	0.02	0.08	0.03	0.00
2016.10.17	19.9	0.06	0.07	0.05	0.00	0.05	0.01
2016.10.24	14.7	0.06	0.10	0.05	0.09	0.00	0.06
2016.10.31	9.1	0.03	0.12	0.01	0.03	0.00	0.02
2016.11.7	11.3	0.04	0.00	0.08	0.05	0.00	0.08
2016.11.14	9.0	0.04	0.08	0.02	0.07	0.00	0.00
2016.11.21	8.2	0.04	0.00	0.00	0.11	0.02	0.00
2016.11.28	7.0	0.02	0.06	0.00	0.01	0.03	0.00
2016.12.5	6.4	0.03	0.08	0.02	0.05	0.00	0.02
2016.12.12	5.3	0.03	0.00	0.00	0.03	0.07	0.00
2016.12.19	6.5	0.01	0.01	0.03	0.01	0.02	0.00
2016.12.26	5.2	0.01	0.00	0.03	0.02	0.01	0.00
2017.1.2	5.3	0.02	0.00	0.04	0.03	0.00	0.00
2017.1.9	5.3	0.01	0.00	0.03	0.00	0.00	0.00
2017.1.16	3.2	0.01	0.02	0.02	0.01	0.00	0.00
2017.1.23	6.5	0.01	0.00	0.04	0.00	0.00	0.00
2017.1.30	1.8	0.03	0.00	0.00	0.05	0.04	0.00
2017.2.6	5.0	0.01	0.03	0.00	0.00	0.03	0.00

출처: KB부동산

다시 대전의 최근 부동산 흐름을 살펴보자. 2016년 6월 20일부터 2016년 8월 22일까지 매수세 수치가 4~6으로 유지되었고, 그 이후 수치가 점점 증가됨을 알 수가 있다. 같은 기간 매매증감률은 -0.07에서 0.08로 그리 높은 상승을 보이지는 않았다. 이 기간에 대전의 모든 아파트가 다 오른 것은 아니고 일부 대장아파트 또는 입지가 우수한 지역의 아파트 일부만 상승하는 시기였다. 이후에도 성수기에 '매수세'

수치가 높아지고, 비수기에는 낮아지는 것을 반복하다가 2018년 8월 20일에 유성구 상승률이 0.15로 주황색으로 색깔이 바뀌면서, 2018년 10월 8일에 대전 전체가 0.21%로 상승했다.

〈표 4-7〉 대전시 매수세와 매매증감률

	매수세	대전 매매 증감	동구 매매증감	중구 매매증감	서구 매매증감	유성구 매매증감	대덕구 매매증감
2018.3.5	4.4	0.02	0.01	−0.02	0.04	0.00	−0.06
2018.3.12	5.9	0.04	0.05	0.00	0.05	0.00	0.00
2018.3.19	6.2	0.04	0.00	0.00	0.08	0.03	0.00
2018.3.26	7.0	0.01	0.06	−0.02	0.04	0.11	−0.06
2018.4.2	7.8	0.01	0.00	0.00	0.02	0.00	0.00
2018.4.9	8.3	0.01	0.08	0.03	0.00	0.00	0.00
2018.4.16	2.3	0.00	0.05	0.04	0.00	0.00	0.00
2018.4.23	3.6	−0.01	0.02	0.09	−0.02	−0.02	0.00
2018.4.30	3.6	0.01	0.04	0.01	0.00	−0.01	−0.14
2018.5.7	4.1	0.01	0.01	0.05	0.00	0.00	0.00
2018.5.14	2.1	0.01	0.05	0.06	0.00	0.00	0.00
2018.5.21	0.7	0.01	−0.02	0.12	0.00	0.00	−0.04
2018.5.28	0.0	0.02	0.06	0.02	0.00	−0.01	0.00
2018.6.4	0.7	0.02	0.04	0.05	0.00	0.01	0.00
2018.6.11	0.0	0.01	−0.02	0.12	0.00	0.02	0.00
2018.6.18	0.0	0.03	−0.03	0.09	0.01	0.00	0.00
2018.6.25	1.4	0.01	−0.01	0.14	0.03	0.00	0.00
2018.7.2	3.3	0.02	0.02	0.03	0.05	−0.06	0.00
2018.7.9	2.5	−0.01	0.13	0.05	−0.04	0.05	0.01
2018.7.16	2.2	0.04	0.04	−0.02	0.00	−0.05	0.00
2018.7.23	1.5	−0.01	0.00	0.05	0.06	0.05	0.02
2018.7.30	0.8	0.01	0.03	0.05	0.02	−0.06	−0.07
2018.8.6	3.1	−0.02	0.00	0.00	0.02	−0.01	0.00
2018.8.13	6.0	0.03	−0.03	−0.06	−0.03	0.00	0.04
2018.8.20	5.3	0.08	0.00	0.02	−0.02	0.15	0.01
2018.8.27	4.4	0.09	0.03	0.07	0.00	0.28	0.00
2018.9.3	17.1	0.07	0.00	0.00	−0.02	0.34	0.11
2018.9.10	13.1	0.05	0.00	0.05	0.14	0.08	−0.06
2018.9.17	11.2	0.07	−0.26	0.02	0.08	0.17	0.07
2018.10.1	18.6	0.05	0.03	0.09	0.09	0.12	−0.07
2018.10.8	17.6	0.21	−0.03	0.00	0.16	0.01	0.00
2018.10.15	19.1	0.22	0.00	0.08	0.31	0.34	0.01
2018.10.22	16.9	0.20	0.01	0.00	0.32	0.42	0.00
2018.10.29	18.6	0.13	−0.30	0.16	0.29	0.40	0.12
2018-11-05	11.0	0.11	−0.06	0.04	0.14	0.29	0.13

출처: KB부동산

이후 대전은 현재에도 계속 오르고 있다. 즉 상승하는 아파트가 확대되고 상승률이 높아진다는 의미이다(〈표 4-8〉 참조).

〈표 4-8〉 대전시 매수세와 매매증감률(2019~2020년)

	매수세	대전 매매 증감	동구 매매증감	중구 매매증감	서구 매매증감	유성구 매매증감	대덕구 매매증감
2019.3.25	1.6	0.12	0.00	0.06	0.01	0.03	−0.02
2019.4.1	2.6	0.06	0.00	0.11	0.07	0.31	0.00
2019.4.8	4.2	0.04	0.00	0.02	0.03	0.18	0.00
2019.4.15	6.8	0.00	0.00	0.00	0.00	0.16	0.01
2019.4.22	4.8	0.04	0.00	0.00	0.00	0.02	−0.03
2019.4.29	6.3	0.07	0.00	0.00	0.05	0.10	−0.01
2019.5.6	4.8	0.04	0.00	0.05	0.01	0.09	0.00
2019.5.13	6.3	0.06	0.00	0.15	0.05	0.09	0.00
2019.5.20	4.2	0.05	0.02	0.07	0.05	0.09	0.00
2019.5.27	7.9	0.06	−0.02	0.17	0.00	0.14	0.00
2019.6.3	8.4	0.01	−0.12	0.00	0.06	0.01	0.00
2019.6.10	8.0	0.02	0.02	0.06	0.00	0.02	0.00
2019.6.17	6.7	0.05	0.00	0.16	0.00	0.11	0.00
2019.6.24	7.1	0.10	0.00	0.09	0.02	0.29	0.00
2019.7.1	6.8	0.06	0.04	0.22	0.03	0.05	0.00
2019.7.8	10.7	0.04	0.00	0.04	0.00	0.14	0.00
2019.7.15	10.8	0.09	0.05	0.11	0.02	0.24	0.01
2019.7.22	15.0	0.06	0.00	0.13	0.00	0.17	0.00
2019.7.29	16.4	0.05	0.00	0.09	0.04	0.08	0.00
2019.8.5	21.0	0.08	0.00	0.14	0.04	0.06	0.28
2019.8.12	15.8	0.11	0.05	0.17	0.03	0.27	0.00
2019.8.19	14.1	0.09	0.00	0.18	0.08	0.15	0.00
2019.8.26	20.4	0.12	0.00	0.14	0.05	0.31	0.00
2019.9.2	15.4	0.26	0.03	0.18	0.38	0.35	0.00
2019.9.16	17.2	0.23	0.03	0.19	0.40	0.21	0.00
2019.9.23	22.4	0.38	0.16	0.80	0.31	0.45	0.15
2019.9.30	15.2	0.34	0.00	0.28	0.47	0.51	0.00
2019.10.7	18.9	0.26	0.01	0.41	0.34	0.30	0.00
2019.10.14	23.2	0.31	0.20	0.47	0.37	0.31	0.02
2019.10.21	21.3	0.21	0.07	0.28	0.32	0.16	0.04
2019.10.28	18.3	0.19	0.05	0.34	0.16	0.28	0.00
2019.11.4	23.0	0.20	0.14	0.19	0.32	0.13	0.00
2019.11.11	22.4	0.21	0.01	0.10	0.28	0.36	0.01
2019.11.18	17.5	0.26	0.16	0.34	0.31	0.27	0.05
2019.11.25	18.5	0.27	0.00	0.40	0.35	0.32	0.01
2019.12.2	12.8	0.31	0.28	0.16	0.56	0.19	0.00
2019.12.9	19.8	0.40	0.06	1.24	0.43	0.18	0.01
2019.12.16	21.8	0.34	0.26	0.32	0.57	0.19	0.05
2019.12.23	21.8	0.45	0.15	0.82	0.69	0.22	0.08
2019.12.30	26.0	0.41	0.00	0.67	0.74	0.11	0.13
2020.1.6	20.0	0.17	0.06	0.14	0.29	0.14	0.00
2020.1.13	17.4	0.55	0.24	0.27	1.06	0.16	0.47
2020.1.20	20.4	0.27	0.07	0.13	0.42	0.34	0.00
2020.1.27	30.0						
2020.2.3	28.4	0.45	0.07	0.54	0.45	0.66	0.21
2020.2.10	26.4	0.37	0.53	0.44	0.59	0.05	0.12
2020.2.17	29.9	0.29	0.27	0.18	0.42	0.27	0.10
2020.2.24	12.8	0.24	0.22	0.13	0.32	0.29	0.02
2020.3.2	31.7	0.10	0.21	0.09	0.13	0.03	0.06
2020.3.9	25.6	0.38	0.38	0.24	0.48	0.46	0.07
2020.3.16	20.7	0.36	0.43	0.07	0.65	0.20	0.11

출처: KB부동산

이제 대구의 부동산 시장 흐름 살펴보자. 2009년 5월 18일에 달서구가 상승하기 시작하면서 대세 상승 조짐을 보였다. 2009년 8월 17일 매수세 수치는 7.8을 기록하면 매수심리가 높아졌고, 동구/서구 매매증감률이 0.43, 0.11로 비교적 높은 상승률을 보였다. 2009년 8월 31일 이후에는 매수세 수치가 증가하고 매매증감률도 0.1이상으로 높은 상승을 기록하였다.

〈표 4-9〉 대구시 매수세와 매매증감률(2009년)

	매수세	대구 매매증감	중구 매매증감	동구 매매증감	서구 매매증감	남구 매매증감	북구 매매증감	수성구 매매증감	달서구 매매증감	달성군 매매증감
2009.4.13	1.5	−0.04	0.00	0.06	0.01	0.00	−0.03	−0.09	−0.07	0.00
2009.4.20	0.0	0.02	0.00	0.00	−0.02	0.00	−0.01	−0.01	0.01	0.10
2009.4.27	0.0	0.02	0.00	−0.05	0.02	0.00	0.00	−0.01	0.06	0.10
2009.5.4	0.5	0.02	0.00	−0.04	0.00	0.00	0.00	0.00	0.08	−0.02
2009.5.11	1.2	−0.02	−0.02	−0.08	0.20	0.00	0.00	−0.12	0.01	0.00
2009.5.18	0.4	0.05	0.00	−0.13	0.11	0.00	0.00	−0.06	0.23	−0.03
2009.5.25	1.2	0.01	0.00	0.00	−0.11	−0.07	0.05	−0.05	0.03	0.09
2009.6.1	0.0	−0.07	0.00	−0.31	0.00	0.05	−0.17	−0.03	0.02	0.01
2009.6.8	0.7	0.02	0.00	0.00	−0.02	0.07	0.03	−0.06	0.11	−0.09
2009.6.15	0.9	−0.04	−0.07	0.00	−0.11	0.00	−0.03	−0.02	−0.01	−0.31
2009.6.22	0.4	0.00	−0.17	0.01	−0.09	−0.07	−0.03	−0.08	0.11	−0.11
2009.6.29	0.7	0.05	0.17	−0.04	−0.01	−0.42	−0.02	−0.13	0.33	−0.14
2009.7.6	1.5	0.01	0.00	−0.02	−0.13	−0.12	0.00	−0.09	0.13	−0.04
2009.7.13	2.0	0.03	0.00	−0.07	−0.05	−0.08	0.07	0.01	0.05	0.08
2009.7.20	0.0	0.00	0.00	0.06	0.09	0.00	0.00	−0.10	0.01	0.00
2009.7.27	0.4	0.01	0.00	−0.01	0.04	−0.01	0.02	−0.12	0.08	0.04
2009.8.3	2.0	0.00	0.00	0.00	0.05	0.00	0.00	0.10	−0.05	−0.01
2009.8.10	1.8	0.06	0.08	−0.01	0.15	0.00	0.11	−0.08	0.13	0.09
2009.8.17	7.8	0.04	0.06	0.43	0.11	0.00	0.04	−0.01	−0.10	0.03
2009.8.24	3.8	0.13	0.05	0.03	0.03	0.00	0.01	−0.02	0.40	0.05
2009.8.31	4.4	0.14	0.06	0.19	0.00	0.06	0.13	0.07	0.21	0.06
2009.9.7	8.6	0.06	0.31	0.06	0.00	0.00	0.12	−0.06	0.10	0.07
2009.9.14	6.5	0.11	0.00	0.04	0.06	0.06	0.12	0.05	0.20	−0.02
2009.9.21	7.7	0.10	0.02	0.04	0.15	0.07	0.06	0.02	0.16	0.24
2009.9.28	5.9	0.10	0.00	0.00	0.02	0.05	0.04	0.02	0.23	0.12
2009.10.5	7.3	0.06	0.00	0.06	0.07	0.07	0.05	0.01	0.09	0.11
2009.10.12	4.3	0.15	0.00	−0.02	0.23	0.00	0.26	0.04	0.23	0.13
2009.10.19	5.0	0.06	0.06	−0.02	0.15	0.34	0.00	0.07	0.07	0.09
2009.10.26	5.3	0.06	−0.07	0.00	−0.06	0.00	0.00	0.15	0.10	0.05
2009.11.2	4.6	0.02	0.00	−0.01	−0.01	0.00	0.00	0.14	0.18	−0.82
2009.11.9	5.0	0.08	0.00	0.01	0.01	0.05	0.07	0.01	0.16	0.11
2009.11.16	5.6	0.07	0.00	0.00	0.03	0.10	0.02	0.10	0.12	0.04
2009.11.23	1.4	0.10	0.00	0.03	0.04	0.00	0.18	0.02	0.15	0.00
2009.11.30	2.6	0.07	0.00	0.00	0.14	0.00	0.12	0.00	0.08	0.21
2009.12.7	3.8	0.09	0.00	−0.01	0.22	0.00	0.21	0.06	0.08	0.04

출처: KB부동산

이 이후에는 상승 지역과 상승폭을 확대하면서 2015년 11월까지 상승을 하였다. 대전시 부동산 흐름과 유사하게 흘러갔음을 알 수 있다.

〈표 4-10〉 대구시 매수세와 매매증감률(2015~2016년)

	매수세	대구 매매증감	중구 매매증감	동구 매매증감	서구 매매증감	남구 매매증감	북구 매매증감	수성구 매매증감	달서구 매매증감	달성군 매매증감
2015.5.4	21.8	0.24	0.10	0.08	0.26	0.28	0.21	0.42	0.22	0.07
2015.5.11	21.2	0.28	0.10	0.27	0.28	0.15	0.28	0.40	0.23	0.23
2015.5.18	15.0	0.28	0.15	0.11	0.25	0.27	0.23	0.46	0.32	0.09
2015.5.25	16.4	0.25	0.07	0.18	0.28	0.16	0.02	0.46	0.26	0.32
2015.6.1	14.2	0.20	0.22	0.23	0.22	0.28	0.20	0.28	0.13	0.10
2015.6.8	12.8	0.25	0.00	0.05	0.20	0.25	0.32	0.42	0.24	0.06
2015.6.15	12.0	0.25	0.48	0.33	0.12	0.11	0.30	0.21	0.29	0.03
2015.6.22	15.4	0.20	0.37	0.21	0.21	0.17	0.23	0.23	0.19	0.00
2015.6.29	19.4	0.25	0.43	0.22	0.03	0.11	0.23	0.28	0.32	0.16
2015.7.6	19.7	0.32	0.11	0.29	0.15	0.38	0.37	0.44	0.29	0.17
2015.7.13	23.2	0.26	0.13	0.28	0.02	0.17	0.20	0.18	0.42	0.29
2015.7.20	22.8	0.31	0.33	0.26	0.02	0.12	0.36	0.16	0.44	0.34
2015.7.27	23.1	0.27	0.23	0.39	0.04	0.25	0.24	0.37	0.23	0.17
2015.8.3	22.5	0.17	0.00	0.28	0.13	0.13	0.08	0.29	0.10	0.23
2015.8.10	19.6	0.27	0.10	0.33	0.21	0.15	0.31	0.20	0.31	0.28
2015.8.17	17.0	0.22	0.38	0.07	0.11	0.07	0.19	0.29	0.33	0.03
2015.8.24	17.6	0.24	0.05	0.11	0.06	0.14	0.24	0.33	0.31	0.07
2015.8.31	11.9	0.26	0.08	0.23	0.17	0.14	0.18	0.32	0.35	0.09
2015.9.7	12.4	0.26	0.15	0.21	0.05	0.00	0.40	0.12	0.35	0.26
2015.9.14	11.9	0.22	0.23	0.17	0.00	0.07	0.37	0.15	0.26	0.10
2015.9.21	10.2	0.20	0.18	0.12	0.10	0.21	0.22	0.11	0.28	0.05
2015.10.5	9.1	0.19	0.27	0.25	0.07	0.15	0.22	0.14	0.23	0.06
2015.10.12	5.2	0.18	0.28	0.08	0.18	0.06	0.23	0.05	0.28	0.22
2015.10.19	4.2	0.14	0.26	0.11	0.00	0.11	0.13	0.13	0.18	0.11
2015.10.26	3.2	0.08	0.00	0.14	0.14	0.30	0.01	0.02	0.16	0.04
2015.11.2	1.9	0.14	0.00	0.34	0.20	0.28	0.18	0.03	0.13	0.01
2015.11.9	0.9	0.12	0.21	0.25	0.02	0.02	0.01	0.16	0.17	0.00
2015.11.16	1.8	0.11	0.04	0.10	0.25	0.14	0.16	0.20	0.07	0.04
2015.11.23	1.4	0.08	0.13	0.03	0.00	0.24	0.02	0.16	0.02	0.25
2015.11.30	0.9	0.03	0.07	-0.10	0.00	0.14	0.13	0.02	0.00	0.09
2015.12.7	0.5	0.00	0.00	-0.05	0.00	0.20	0.02	0.02	-0.02	-0.09
2015.12.14	0.5	-0.01	0.00	0.00	0.00	0.05	0.00	-0.05	-0.01	0.00
2015.12.21	1.3	0.00	0.00	-0.05	0.01	0.14	0.13	-0.09	-0.03	-0.02
2015.12.28	0.0	-0.07	0.00	-0.05	-0.01	0.00	-0.17	-0.09	-0.01	-0.03
2016.1.4	0.5	-0.06	0.00	-0.04	0.00	-0.03	-0.02	-0.06	-0.09	-0.10

출처: KB부동산

KB시계열 자료만 매주 유심히 보아도 전국의 부동산 흐름이 어느 정도는 이해가 되고 진입 시점도 파악할 수 있다. 또한 이런 데이터 흐름을 추적하다 보면 미래의 부동산 시장도 예측이 가능하다. 이런 자료를 매주 보는 습관을 들여야 하고 이런 데이터 확인 없이 한 지역의 아파트를 투자하는 우를 범해서는 안 된다.

KB시계열에 제공되지 않는 도시의 데이터는 어디서 봐야 할까요?

　　전국 부동산 시세를 볼 수 있는 사이트는 KB부동산과 한국감정원(www.r-one.co.kr)이 있습니다. 두 기관에서 부동산 시세 조사가 이뤄지는 방식은 전국의 공인중개사 표본을 산정하고 해당 공인중개사 전산에 입력하는 방식으로 만들어집니다.

　　KB부동산의 표본은 31,800(아파트만)호로 한국감정원 표본인 17,190호보다 개수가 더 많아 KB부동산이 더 정확하다고 볼 수 있습니다. 반면 한국감정원은 KB부동산에 포함되지 않는 인구수가 적은 지역까지 다루기 때문에 두 사이트의 데이터를 같이 보는 게 좋습니다. 저의 경우는 KB데이터를 우선적으로 보고, KB부동산에서 다루지 않는 지역들은 한국감정원을 통해 데이터를 확인하는 편입니다. 특히 한국감정원 데이터는 비교적 인구수가 적은 소도시의 부동산 흐름을 파악할 때 유용하게 사용될 수 있습니다. 예를 들어 경상북도 지역을 보면, KB부동산에서는 포항, 구미, 경산, 안동, 김천 지역까지만 다루고 있는 반면, 한국감정원에서는 영주, 영천, 상주, 문경, 경산, 칠곡까지 다루고 있습니다. 앞으로 독자들은 KB부동산에서 관심있는 지역의 데이터가 없다고 실망하지 말고 한국감정원 자료를 살펴보면 됩니다.

〈표 4-4〉 KB부동산과 한국감정원 비교

KB부동산				한국감정원		
서울	25	구		서울	25	구
부산	15	구		부산	16	구
대구	8	구		대구	8	구
인천	8	구		인천	8	구
광주	5	구		광주	5	구
대전	5	구		대전	5	구
울산	5	구		울산	5	구
세종	1	시		세종	1	시
경기	26	시		경기	28	시
	17	구			17	구
강원	3	시		강원	7	시
충북	3	시		충북	3	시
	4	시			4	시
	0	군			1	군
충남	7	시		충남	8	시
	2	구			2	구
	0	군			2	군
전북	3	시		전북	6	시
	2	구			2	구
전남	4	시		전남	5	시
	0	군			1	군
경북	5	시		경북	10	시
	2	구			2	구
	0	군			1	군
경남	6	시		경남	8	시
	5	구			5	구
제주	1	시		제주	2	시
기타지방	1					

5장

나에게 적합한
투자 지역,
어떻게 찾을
것인가

투자 지역
찾는 방법

지금까지 아파트 가격 상승 요인과 아파트 가격 변동 요인에 대해 설명했다. 또한 KB시계열 데이터를 어떻게 해석해야 하는지도 살펴봤다. 아파트의 가격 변동 요인으로는 입주 물량, 인허가 물량에 대해 강조하였고, KB시계열 자료를 통해 전국적인 부동산 흐름을 어떻게 데이터로 이해할 수 있는지도 설명했다. 이를 통해 우리는 데이터로 부동산의 흐름을 읽고 부동산 시장을 해석하는 기본적인 방법을 배웠다. 이제 실전에 돌입해보자.

이제부터는 이런 데이터를 바탕으로 실제 투자 지역을 어떻게 선정할 수 있는지 살펴보도록 하겠다. 이해를 잘 하기 위해서는 책 앞부분으로 돌아가서 데이터 해석 방법을 복습하면 많은 도움이 될 것이다.

우선 투자 지역을 선정하는 키팩터^{Key-factor}를 4가지로 정해서 투자 지역을 선정하고 추가적으로 지역 평단가 비교, 인구수 등을 기준^{criteria}으로 삼아 최종 투자 지역을 선정한다.

〈그림 5-1〉 향후 유망 투자 지역 선정 방법

Key Factor	Province
인허가 감소 패턴	부산, 대구, 울산, 충북, 충남, 전북, 경북, 경남
입주 물량 감소 패턴	부산, 광주, 대전, 울산, 강원도, 충북, 충남, 전북, 경북, 경남, 제주도
미분양 감소 패턴	부산, 대구, 광주, 대전, 울산, 충남, 충북, 경북, 경남, 전북
하락율 감소지역	부산, 울산, 충북, 충남, 전북, 경북, 경남

4가지 키팩터는 현재까지 설명했던 인허가 물량, 입주 물량, 미분양 물량, KB시계열 데이터를 말한다. 2019년 11월 자료 기준으로 하나씩 살펴보면 인허가 물량이 감소되는 지역은 부산, 대구, 울산, 충북, 충남, 전북, 경북, 경남 지역이었다. 입주 물량이 감소되는 지역은 부산, 광주, 대전, 울산, 강원도, 충북, 충남, 전북, 전남, 경북, 경남, 제주도

지역이었다. 미분양 물량이 감소하는 지역은 부산, 대구, 광주, 대전, 울산, 충남, 충북, 경북, 경남, 전북 등의 지역이었다. 그리고 KB시계열을 통해 알 수 있는 하락률이 감소하는 지역은 부산, 울산, 충북, 충남, 전북, 경북, 경남 지역이었다.

이제 4가지 팩터(factor, 요인)에 의해 지역이 선정되었다. 4가지 팩터를 오버랩시켜서 공통으로 만족하는 지역을 선정해 보자.

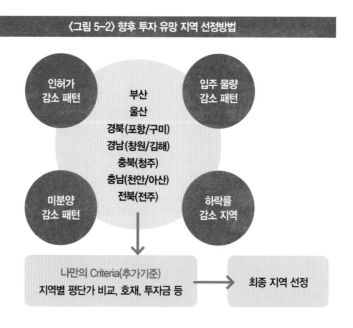

〈그림 5-2〉 향후 투자 유망 지역 선정방법

인허가 감소 패턴

입주 물량 감소 패턴

부산
울산
경북(포항/구미)
경남(창원/김해)
충북(청주)
충남(천안/아산)
전북(전주)

미분양 감소 패턴

하락률 감소 지역

나만의 Criteria(추가기준)
지역별 평단가 비교, 호재, 투자금 등

최종 지역 선정

공통으로 만족시키는 지역은 부산, 울산, 경북, 경남, 충북, 충남, 전북이었다. 실제는 경상북도 등 '도' 기준으로 검토하는 것보다 포항시, 구미시 등 '시' 기준으로 검토하는 게 더 정확하다. 이렇게 선정된 7개

지역(부산, 울산, 경북, 경남, 충북, 충남, 전북)을 전부 다 투자할 수는 없다. 추가로 본인에게 맞는 크리테리아(기준)을 선정해 한 번 더 투자지역을 걸러낸다. 예를 들어 나의 경우는 저평가 지역을 찾기 위한 지역별 평단가 비교, 인구수, 투자금 등을 추가로 고려해 최종 투자지역을 선정한다. 수년간 이 방법을 통해 상승할 만한 투자지역을 선정하여 투자했고, 실패 없이 성공적인 투자를 할 수 있었다.

참고로 상기 유망지역 선정에서 수도권은 제외했다. 수도권까지 포함하면 너무 많은 지역이 선정되어 설명이 복잡해질 것 같다. 그리고 나의 특성상 이미 상승하는 지역보다는 앞으로 상승할 지역을 선점해서 투자하는 편이기 때문에 KB시계열에서 하락률 감소 지역만 포함시켰다. 상승 지역까지 확대하여 투자할 경우 KB시계열에서 '하락률 감소 지역'과 '상승 지역'을 같이 넣으면 된다.

나만의 크리테리아,
지역별 인구수를 잡아라

　대부분의 사람들은 투자금에 한계가 있기 때문에 여러 지역의 아파트를 투자할 수 없다. 그렇기 때문에 자기만의 크리테리아를 적용해 본인의 성향과 맞는 투자 지역을 선정할 필요가 있다. 첫 번째로 인구수가 있다. 전국 도시 중 인구수로 투자할 지역을 한정 짓는 방식이다. 예를 들어 전국 도시 중에 50만 이상의 도시만 투자한다고 생각하면 상기 투자처 중 부산, 울산, 포항, 창원, 충북, 천안, 전주 지역이 내 투자 지역이 되는 것이다.

　인구수가 많으면 많을수록 그만큼 수요가 많다는 의미이기 때문에 더 안정적으로 투자가 가능하다. 광역시급(인구 100만 이상)으로 한정 지으면 부산, 울산, 창원 지역이 내 투자 지역이 되는 것이다. 인구수가 적은 지역이라고 해서 투자 가치가 없다는 말은 아니다. 그렇지만 인구수가 작은 지역일수록 외부 변수에 취약한 것이 사실이다. 전국 시군구별 인구수를 확인하는 방법은 행정안전부(www.mois.go.kr) 주민등록통계에 들어가면 확인할 수 있다. 로우 데이터(Raw-data, 미가공 데이터)를 다운받아 본인 방식대로 편집할 수 있다.

우선 일정 인구수별로 도시를 분류한다. 왜냐하면 지역별 평단가 비교를 통해 어느 지역이 저평가 지역인지 파악이 가능하기 때문이다. 지역별 비교를 할 때 인구수를 통해 평단가를 내는 이유도 있다. 인구수가 유사하면 수요가 유사하다고 가정할 수 있기 때문이다. 이 인구수에 따른 평단가 비교는 가정이기 때문에 정확히 맞다고 볼 수는 없지만 인구수가 유사한 지역의 아파트 가격이 비슷하게 가는 것을 보면 꽤 신뢰성이 있는 방법이라고 생각한다(〈표 5-1〉 참조).

인구 100만 명 이상 도시(부산, 대구, 대전, 광주, 울산, 창원), 인구 50만 명에서 100만 명 미만 도시(청주, 전주, 천안, 김해, 포항), 인구 20만 명에서 인구 50만 명 미만 도시(구미시, 양주시, 진주시, 원주시, 아산시, 익산시 등), 인구 20만 명 미만으로 나눈다. 제주도는 인구수가 약 67만 명으로 인구 50만 명에서 인구 100만 명 미만 도시에 포함되지만, 관광지역이고 고도 제한이 있는 지역이므로 특수성을 고려해야 한다. 제주도는 '시'로 구분해 인구를 보지 않고 '도' 전체 인구로 구분했다. 왜냐하면 제주도 면적이 크지 않고 다른 지역과 육로로 단절되어 있기 때문이다.

〈표 5-1〉 인구수에 따른 도시 분류

인구 100만 이상 도시(2020.6월 기준)

지역	인구수	세대수
부산	3,404,423	1,513,956
대구	2,427,954	1,046,585
대전	1,471,040	644,764
광주	1,455,048	626,386
울산	1,142,190	472,983
창원	1,040,118	437,060

인구 50만 이상~ 100만 미만

지역	인구수	세대수
청주	842,821	368,270
제주	671,316	297,669
전주	655,472	278,954
천안	657,514	287,440
김해	542,842	220,580
포항	504,461	223,485

인구 20만~50만 미만 도시

지역	인구수	세대수
경상북도 구미시	417,480	177,824
경상남도 양산시	351,596	147,498
경상남도 진주시	347,462	151,567
강원도 원주시	352,201	157,676
충청남도 아산시	313,054	136,567
전라북도 익산시	284,217	127,407
전라남도 여수시	281,121	125,458
강원도 춘천시	281,400	124,658
전라남도 순천시	281,054	119,301
전라북도 군산시	268,356	119,323
경상북도 경산시	263,034	117,601
경상남도 거제시	246,878	103,260
전라남도 목포시	228,231	103,228
충청북도 충주시	210,173	96,748
경상북도 경주시	253,758	119,945
강원도 강릉시	212,863	100,084

인구 10만~20만 미만 도시

지역	인구수	세대수
충청남도 서산시	174,884	78,063
충청남도 당진시	166,084	76,642
경상북도 안동시	158,526	75,761
전라남도 광양시	152,016	65,237
경상북도 김천시	140,651	66,194
충청북도 제천시	133,395	63,595
경상남도 통영시	129,711	59,648
충청남도 논산시	117,696	57,626
경상북도 칠곡군	115,345	52,754
전라남도 나주시	114,448	56,817
경상남도 사천시	111,184	52,841
전라북도 정읍시	109,503	53,998
충청남도 공주시	105,440	50,592
경상남도 밀양시	105,133	52,167
경상북도 영주시	104,003	49,480
충청남도 보령시	100,647	48,949
경상북도 영천시	101,601	52,037

출처: 행정안전부

나만의 크리테리아,
지역 평단가 비교로 선정하라

앞서 인구수가 비슷한 그룹으로 지역을 묶었다. 이제 해야할 것은 지역별 평단가 비교를 통해 투자 지역을 선정하는 것이다. 사실 지역별 평단가를 주기적(분기에 한 번)으로 추적하면 저평가 지역이 눈에 쉽게 들어오기 때문에 이 자체 하나만 갖고도 투자 지역을 선정할 수 있다. 그만큼 중요한 데이터라고 말할 수 있다. 인구수에 의해 분류된 도시들의 평단가를 계산하여 저평가 지역을 찾을 수 있다. 광역시급 도시(인구 100만 명 이상)를 예로 들어보자.

다음 〈표 5-2〉에서 볼 때, 2020년 6월 기준 광역시급 평단가 순위 1위는 부산광역시 수영구이다. 그리고 2, 3위는 대구광역시 수성구, 대

〈표 5-2〉 2020년 6월 광역시급 도시 평단가 순위

순위	시	구	매매가(m2)	매매가(평)	전세가(m2)	전세가(평)	전세가율(%)
1	부산광역시	수영구	517	1706	237	782	46%
2	대구광역시	수성구	424	1399	269	888	63%
3	대구광역시	중구	395	1304	285	941	72%
4	부산광역시	해운대구	393	1297	222	733	56%
5	부산광역시	동래구	373	1231	237	782	64%
6	부산광역시	연제구	367	1211	235	776	64%
7	부산광역시	남구	359	1185	236	779	66%
8	대전광역시	유성구	354	1168	229	756	65%
9	창원시	의창구	347	1145	191	630	55%
10	부산광역시	금정구	335	1106	235	776	70%
11	부산광역시	동구	331	1092	222	733	67%
12	대전광역시	서구	327	1079	215	710	66%
13	부산광역시	서구	317	1046	220	726	69%
14	대구광역시	서구	313	1033	200	660	64%
15	부산광역시	부산광역시	311	1026	201	663	65%
16	대전광역시	대전광역시	306	1010	201	663	66%
17	울산광역시	남구	305	1007	205	677	67%
18	대구광역시	대구광역시	301	993	217	716	72%
19	부산광역시	강서구	298	983	190	627	64%
20	대전광역시	중구	295	974	183	604	62%
21	광주광역시	동구	290	957	204	673	70%
22	울산광역시	중구	290	957	207	683	71%
23	대구광역시	달서구	281	927	210	693	75%
24	대구광역시	남구	279	921	202	667	72%
25	부산광역시	부산진구	277	914	202	667	73%
26	대구광역시	동구	274	904	202	667	74%
27	광주광역시	남구	273	901	181	597	66%
28	창원시	성산구	262	865	185	611	71%
29	대구광역시	북구	259	855	205	677	79%
30	부산광역시	북구	257	848	185	611	72%
31	광주광역시	서구	256	845	190	627	74%
32	부산광역시	기장군	254	838	171	564	67%
33	울산광역시	울산광역시	250	825	172	568	69%
34	대전광역시	동구	243	802	173	571	71%
35	광주광역시	광주광역시	241	795	175	578	73%
36	대구광역시	달성군	239	789	176	581	74%
37	광주광역시	광산구	237	782	172	568	73%
38	창원시	창원시	232.4	767	161	531	69%
39	울산광역시	북구	222	733	148	488	67%
40	광주광역시	북구	213	703	161	531	76%
41	대전광역시	대덕구	210	693	143	472	68%
42	부산광역시	사상구	208	686	155	512	75%
43	울산광역시	동구	205	677	149	492	73%
44	울산광역시	울주군	205	677	145	479	71%
45	부산광역시	사하구	198	653	143	472	72%
46	창원시	마산회원구	196	647	158	521	81%
47	부산광역시	중구	191	630	138	455	72%

출처: 조인스랜드

구광역시 중구이다. 대전광역시 유성구는 현재 8위이다. 그럼 이 광역시급 도시들의 평단가 순위가 어떻게 바뀌어왔는지 살펴보면 현재 어느 지역이 저평가 지역인지 파악이 가능하겠다.

시	구	2006	2016 7월	2018 11월	2019 2월	2019 8월	2019 11월	2020 2월	2020 7월
대전	대전 유성구	1	16	18	12	11	9	9	8
	대전 서구	4	–	27	27	25	14	10	12
	대전 중구	14	–	32	34	31	27	21	17
부산	부산 해운대	8	2	4	4	4	4	4	4
	부산 수영구	3	3	1	1	2	1	1	1
	부산 동래구	7	5	5	5	6	5	5	5
	부산 연제구	12	4	7	6	7	6	6	6
대구	대구 수성구	2	1	2	2	1	2	2	2
	대구 중구	14	6	3	3	3	3	3	3
	대구 달서구	13	12	16	18	14	15	16	20
울산	울산 남구	4	7	12	13	16	14	13	15
	울산 중구	11	14	13	14	20	21	20	19
광주	광주 남구	–	–	21	15	13	18	19	24
	광주 동구	–	–	25	23	19	20	22	18
창원시	의창구	–	–	–	20	24	24	15	9

〈표 5-3〉 인구 100만 이상 지방도시 평단가 순위

■ 상승   유지   ■ 하락

대전 유성구는 2006년까지만 해도 1위인 지역이었다. 세종시 과다 물량 영향으로 인해 2016년 7월에는 16위, 2018년 11월에는 18위까지 하락했다. 이때 저평가 지역이라는 것을 간파하고 대전 유성구 아파트를 투자했으면 괜찮은 수익을 봤을 것이다. 1년이 지난 2019년 11월에는 9위, 2020년 7월에는 8위까지 상승했다.

울산광역시 남구의 경우 2006년에는 4위까지 기록했었다. 이후

2016년 7월에 7위, 2019년 2월에는 13위까지 하락했다. 2016년까지 하락했다가 이후 상승을 하여 2020년에는 13위까지 상승했다.

〈표 5-4〉 인구 50~100만 이하 지방도시 평단가 순위			
	2018.05	2019.03	2020.06
천안시 서북구	1	1	1
김해시	2	3	5
청주시 흥덕구	3	2	2
천안시	4	4	3
청주시 서원구	5	9	13
청주시	6	7	7
전주시 덕진구	7	5	4
포항시 남구	8	8	9
청주시 청원구	9	10	6
전주시	10	6	8
천안시 동남구	11	13	12
전주시 완산구	12	11	11
청주시 상당구	13	12	10
포항시	14	14	14
포항시 북구	15	15	15

50만 이상에서 100만 이하 도시를 살펴보자. 이 분류 도시에서는 도시별 평단가 순위 변동이 크지 않다. 전주시 덕진구가 2018년 7위에서 2020년 6월 4위까지 약진했다. 전주시 덕진구 전주혁신도시에 새아파트가 대거 입주를 하면서 평단가 순위가 높아진 것으로 보인다. 포항시는 2018년부터 2020년까지 평단가 14위를 그대로 유지했다. 겉으로 보았을 때, 순위 변동이 없다.

〈표 5-5〉 인구 50~100만 이하 지방도시 평단가 흐름		
지역	19년~18년 매매평단가	20년-18년 매매평단가
천안시 서북구	17	89
전주시 덕진구	30	73
청주시 흥덕구	−23	66
포항시	−20	−5
천안시	−13	35
전주시	10	33
포항시 북구	−33	−20
청주시 청원구	−17	49
포항시 남구	−3	13
청주시	−26	17
청주시 상당구	−13	23
전주시 완산구	−13	−7
천안시 동남구	−40	−17
김해시	−53	−40
청주시 서원구	−50	−66

이렇게 순위 변동이 크지 않을 경우에는 현재 대비 1년 전, 2년 전 가격 변동을 파악하면 한 지역의 저평가 여부를 알 수 있다. 단적인 예로 〈표 5-5〉를 보면 포항시 2019년과 2018년 매매 평단가 차이와 2020년과 2018년 매매 평단가 차이는 마이너스로 여전히 이전 가격을 회복하지 못하는 것을 알 수 있다. 타도시 대비 저평가 지역이라고 말할 수 있겠다. 또한 마이너스가 줄어들면서 점차 저평가된 상태가 회복되고 있다는 것도 예측해 볼 수 있다.

〈표 5-6〉 인구 20~50만 지방도시 평단가 순위 (단위: 만 원)			
	2018.05	2019.03	2020.06
경상남도 진주시	1	1	1
전라남도 여수시	8	5	2
경상남도 양산시	2	2	3
전라남도 순천시	9	7	4
경상북도 경산시	4	3	5
강원도 춘천시	3	4	6
충청남도 아산시	7	9	7
경상남도 거제시	5	8	8
강원도 원주시	6	6	9
전라북도 익산시	11	10	10
경상북도 경주시	10	12	11
전라남도 목포시	13	11	12
경상북도 구미시	12	13	13
충청북도 충주시	14	14	14
전라북도 군산시	15	15	15

〈표 5-6〉에서 에서 20만에서 50만 미만 도시 평단가 순위를 살펴보면, 전라남도 여수시와 순천시가 많이 상승한 것을 알 수가 있는데, 지난 2016년부터 전라남도 여수시와 순천시는 부동산 호황이었고, 지금도 여전히 상승하고 있다. 반면, 춘천시, 거제시, 경주시, 구미시 등 강원도 지역과 경상도 지역 도시들의 평단가 순위는 하락했다. 지난 3~4년간 이 지역은 부동산 침체기였고, 아파트 매매가격이 지속 하락해왔다.

평단가 순위를 보면 경상남도 진주시가 1위를 고수하고 있지만,

지역	19년-18년 평단가	20년上-18년 평단가
	〈표 5-7〉 인구 20~50만 지방도시 평단가 흐름	
전라남도 여수시	33	112
전라남도 순천시	26	99
경상남도 양산시	0	0
충청북도 충주시	−7	−26
충청남도 아산시	−13	−10
경상남도 진주시	−30	−36
경상북도 경산시	13	0
경상북도 구미시	−13	−50
경상북도 경주시	−26	−33
전라북도 군산시	−40	−3
강원도 원주시	0	−23
강원도 춘천시	−10	−30
전라북도 익산시	−3	−13
전라남도 목포시	−3	−23
경상남도 거제시	−40	−59

〈표5-7〉의 2019년~2018년 평단가와 2020년~2018년 평단가 차이를 보았을 때는 마이너스로 이전 가격을 회복하지 못하고 있다. 이 지역도 마찬가지로 저평가 지역이라고 말할 수 있겠다.

인구수별 도시 분류와 지역별 평단가 순위를 바탕으로 저평가 지역을 찾을 수 있다. 저평가가 되었다는 것은 상승 조건이 맞으면 그만큼 아파트 가격이 더 많이 오를 수 있다는 반증이다. 그러므로 투자 수익을 극대화하기 위해 저평가 지역을 지속적으로 찾아야 한다.

투자금을 줄이고 싶은데
어떻게 해야 하나요?

　부동산 투자를 할 때 전세가율이 낮은 지역보다는 전세가율이 높은 지역을 투자하는 게 투자금 측면에서 더 유리합니다. 전세가율이 높다는 것은 실수요장이 강한 시장이라는 뜻이며, 몇 년간 어떤 이유(주로 과공급에 의한 하락장)에 의해 사람들이 매매보다는 전세를 더 선호하는 지역이라는 것을 의미합니다.

　이런 지역의 아파트에 투자하게 될 경우 투자금이 적게 들기 때문에 비교적 안정적인 투자가 가능하죠. 이런 지역에서 전세가율이 높은 아파트를 찾아 투자한다면 비교적 적은 비용으로 매력적인 투자가 될 수 있습니다.

　그런 반면 한번 상승장을 맞은 지역에서 매매와 전세 차이가 줄어들어 전세가율이 다시 높아지는 경우도 있으니, 전세가율을 유심히 관찰하는 것은 중요합니다.

그럼 전세가율이 높은 아파트를 찾는 간단한 방법을 살펴보겠습니다. 대부분 조인스랜드, 닥터아파트 등 부동산 전문 사이트에서 전세가율이 높은 아파트 목록을 제공합니다. 조인스랜드에 접속해서 시세 → 테마별 시세 검색 → 전세 비율 높은 아파트 순으로 클릭하면 전세가율 높은 아파트를 쉽게 찾을 수 있습니다.

〈그림 5-3〉 조인스랜드에서 전세가율 높은 아파트 찾기

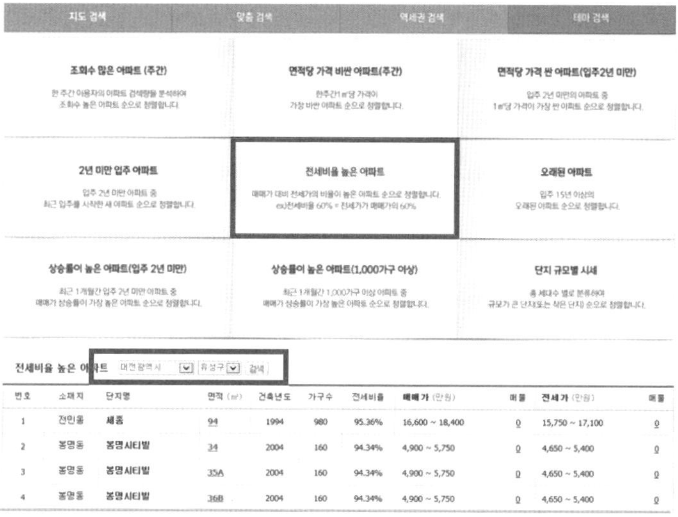

조인스랜드와 마찬가지로 닥터아파트에서도 유사한 방법으로 전세가율이 높은 아파트를 쉽게 찾을 수가 있습니다. 닥터아파트는 매매가 및 면적을 추가해 검색 범위를 더 좁힐 수 있는 기능도 있으니 참고하면 좋습니다.

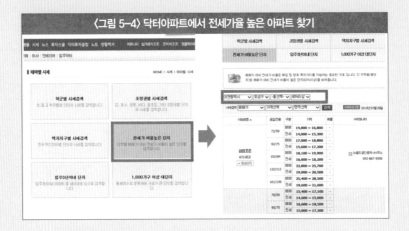

〈그림 5-4〉 닥터아파트에서 전세가율 높은 아파트 찾기

간단하지만 저도 가끔 쓰는 방식입니다. 전세가율이 높은 아파트 투자는 적은 금액으로 가능하기 때문에 매력적이지만, 전세가율이 높은 아파트는 주로 외곽지역 아파트인 경우가 많습니다. 이런 외곽지역 아파트 투자는 조심해야 합니다. 상승 초기에 외곽지역의 아파트를 투자하게 되면 상승할 때까지 시간이 많이 걸리고, 상승 흐름이 외곽지역의 아파트까지 가지 못하는 경우도 발생할 수 있어 시장 흐름을 잘 모니터링하면서 진입해야 합니다.

6장

저평가 아파트 찾기와 실전 투자 사례

저평가 아파트
어떻게 찾을까?

투자할 지역이 결정되었다면 이제 어떻게 투자 아파트를 찾아야 하는 것일까? 대부분의 사람들이 알고 있는 자연현상 2가지를 예로 들어보자.

첫 번째 자연현상은 "물은 높은 곳에서 낮은 곳으로 떨어진다"는 것이다. 자연현상을 예로 드는 이유는 아파트 흐름도 거의 유사하게 움직이기 때문이다. 즉, 물이 높은 곳에서 낮은 곳으로 떨어지는 것처럼 아파트 역시 평단가가 높은 아파트부터 가격이 상승해 평단가가 낮은 아파트로 구매하려는 사람들의 심리가 전파되어 가격이 상승한다.

서울시의 재건축 아파트가 상승할 때 가장 먼저 상승하는 아파트는 대치동 은마아파트, 잠실 주공5단지, 압구정 현대아파트다. 이 아파트가 상승하기 시작하면 주변 재건축 아파트에 영향을 미칠 뿐 아니라, 목동의 재건축 아파트, 상계동의 재건축 아파트, 분당의 일부 구축 등까지 영향을 미친다. 한 도시의 신축 아파트나 구축이지만 입지가 우수한 대장급 아파트의 가격이 상승하면 주변뿐만 아니라 그 다음 평단가가 높은 동네의 아파트가 상승하기 시작한다.

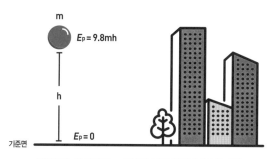

〈그림 6-1〉 위치에너지로 본 부동산 아파트 상승 원리

m
$E_P = 9.8mh$

h

기준면 $E_P = 0$

평단가 높은 아파트 → 평단가 낮은 아파트 순으로 상승
(예외 있음: 연쇄반응 아파트)
평단가 높은 아파트가 더 많이 오름

두 번째 자연현상은 "높은 곳에 위치한 물체가 낮은 곳에 위치한 물체보다 위치에너지가 높다"는 것이다. 위치에너지가 높다는 것은 물체가 떨어졌을 때 주변에 큰 충격을 줄 수 있다는 뜻이다. 〈그림 6-1〉처럼 중학교에서 과학 시간에 위치에너지를 배웠다. 물체의 무게가 동일

하다고 했을 때 위치에너지(Ep)는 높이(h)와 비례하기 때문에 높을수록 위치에너지가 더 높다. 유사하게 평단가가 높은 아파트가 평단가가 낮은 아파트보다 상승 시기에 아파트 가격이 더 많이 오르게 된다. 우리 주변의 아파트를 보면 신축이거나 선망의 대상인 아파트의 상승 금액이 그렇지 않은 아파트보다 더 높음을 쉽게 관찰할 수 있다.

　하지만 대부분 사람들은 아파트 상승 시기에 평단가가 낮은 아파트가 평단가가 높은 아파트에 비해 상승 금액이 낮으면 그만큼 저평가된 아파트라고 생각해 투자하는 데 실패하기도 한다. 예를 들어보자. 어떤 지역에 A와 B라는 아파트가 있다고 가정하자. A아파트는 현재 시세가 5억 원으로 1년 후에 아파트 가격이 상승하여 7.5억 원이 되었다. B아파트는 현재 시세가 2억 원으로, 1년 후에 3억 원이 되었다. A아파트 상승 금액 2.5억 원으로 B아파트 상승 금액인 1억 원보다 1.5억 원 더 많이 상승하였다. 그렇다면 1.5억 원이 덜 오른 B아파트가 저평가라고 생각할 수 있겠지만, 그렇지가 않다.

〈표 6-1〉 A, B아파트의 상승 금액 비교			
	현재 시세	오른 시세	상승 금액
A아파트	5억	7.5억	2.5억
B아파트	2억	3억	1억

　아파트 저평가 여부를 판단할 때 단순히 오른 금액보다는 상승 비율로 우리는 계산해야 한다. A아파트, B아파트 둘 다 상승률이 50%로

동일하다. 즉 B아파트가 1.5억 원 덜 올랐지만 상승률이 동일하기 때문에 저평가 아파트라고 이야기할 수 없다.

〈표 6-2〉 A, B아파트의 상승률 비교				
	현재 시세	오른 시세	상승 금액	상승률
A아파트	5억	7.5억	2.5억	50%
B아파트	2억	3억	1억	50%

간단하지만 우리는 이 2가지 현상을 잘 기억하고 아파트 투자에 임해야 한다. 이 현상을 이해하면 저평가 아파트를 찾을 수 있고, 부동산 흐름에 대해서도 이해할 수 있으니 다시 한번 잘 기억하면 좋겠다.

 마중물의 키포인트

1. 한 지역의 아파트 상승 시기가 오면 대체로 평단가가 높은 아파트부터 가격이 상승한다.
2. 평단가가 높은 아파트가 평단가가 낮은 아파트보다 상승 시기에 더 크게 오른다.

아파트 평단가 보는 방법

그럼 아파트 평단가는 어떻게 알 수 있을까? 바로 KB부동산, 조인스랜드, 부동산뱅크 등 부동산 사이트에 접속해서 해당 동을 클릭하면 아파트 리스트와 현재 시세를 알 수 있다. 이 데이터를 복사해서 엑셀로 붙여넣기 후 편집하면 평단가별 아파트 리스트를 파악할 수 있다. 여러 부동산 사이트 중 한 군데 접속해서 평단가를 정리하는 방법을 알아보겠다. 조인스랜드에 접속해서 시세를 클릭하면 지역을 선정할 수 있다. 지역 선정을 선정한 후 '동'을 클릭하면 해당 동에 위치한 아파트 리스트와 시세를 파악할 수 있다. 그 다음 아파트 리스트와 시세를 복사해서 엑셀에 붙여넣기 후 편집하면 〈그림 6-3〉과와 같은 데이터를 얻을 수 있다.

〈그림 6-2〉 부동산 조인스랜드 아파트 매매/전세가

≡ Ⓙ 조인스랜드부동산

충청남도 천안시 서북구 두정동

단지명	면적 (㎡)	매매가 (만원)	매물	전세가 (만원)	매물
경남아너스빌 (아파트)	81	16,000 ~ 17,750	0	13,500 ~ 15,000	0
	108	18,150 ~ 20,500	1	15,000 ~ 17,000	0
계룡리슈빌 (아파트)	100	19,000 ~ 20,750	0	16,500 ~ 17,750	0
	112	21,250 ~ 23,500	0	18,000 ~ 19,000	0
극동늘푸른 (아파트)	80	14,750 ~ 16,500	2	14,450 ~ 16,200	0
	106	16,500 ~ 18,750	0	16,200 ~ 18,450	0
	48	9,750 ~ 10,650	0	8,900 ~ 9,500	0
	78A	15,000 ~ 16,900	1	13,000 ~ 13,750	0
대우 (아파트)	87	15,500 ~ 16,750	0	13,500 ~ 14,250	0
	88	16,000 ~ 17,850	0	14,000 ~ 14,750	0
	105	17,800 ~ 21,000	2	15,500 ~ 16,750	0
	109	16,250 ~ 18,750	0	14,500 ~ 16,000	0
대주파크빌 (아파트)	105A	16,250 ~ 18,750	0	14,500 ~ 16,000	0
	112B	16,250 ~ 18,750	0	14,500 ~ 16,000	0

출처: 조인스랜드부동산

〈그림 6-3〉 천안시 아파트 평단가 순위

천안 '동'기준 평단가 순위

	구	동	매매가	전세가	전세가율
2					
3	천안시 서북구	불당동	1208	792	66%
4	천안시 서북구	성성동	947	620	66%
5	천안시 서북구	백석동	746	584	78%
6	천안시 동남구	청당동	739	538	73%
7	천안시 서북구	차암동	706	601	85%
8	천안시 서북구	천안시 서북구	686	521	76%
9	천안시 서북구	두정동	657	551	84%
10	천안시 동남구	용곡동	653	492	75%
11	천안시 동남구	신부동	650	528	81%
12	천안시 서북구	와촌동	650	482	74%
13	천안시 서북구	성정동	627	452	72%
14	천안시	천안시	614	474	77%
15	천안시 서북구	신당동	587	419	71%
16	천안시 동남구	구성동	584	488	84%
17	천안시 서북구	쌍용동	574	479	83%
18	천안시 동남구	안서동	571	452	79%
19	천안시 동남구	천안시 동남구	541	426	79%
20	천안시 동남구	청수동	518	409	79%
21	천안시 동남구	신방동	515	439	85%
22	천안시 동남구	다가동	492	330	67%
23	천안시 동남구	원성동	479	360	75%
24	천안시 동남구	쌍용동	469	403	86%
25	천안시 동남구	봉명동	462	376	81%
26	천안시 서북구	성거읍	432	340	79%
27	천안시 서북구	성환읍	396	300	76%
28	천안시 동남구	목천읍	393	297	76%
29	천안시 동남구	영성동	366	251	68%
30	천안시 서북구	직산읍	356	264	74%
31	천안시 서북구	입장면	337	211	63%
32	천안시 동남구	병천면	307	195	63%
33	천안시 동남구	북면	274	191	70%

천안 아파트 평단가 순위

	동	단지명	면적(㎡)	면적(㎡)	매매가(상위)	매매가(평단가)	전세가(상위)	전세가(평단가)	전세가율
2									
3	불당동	천안불당린스트라우스6단지	160B	160	74,000	1,526	44,500	918	60%
4	불당동	천안불당린스트라우스5단지	160A	160	74,000	1,526	44,500	918	60%
5	쌍용동	파크빌리움하이빌	289	289	74,000	845	47,500	542	64%
6	불당동	천안불당지웰더샵	147	147	73,000	1,639	50,000	1122	68%
7	불당동	천안불당린스트라우스4단지	150	150	73,000	1,606	43,500	957	60%
8	불당동	천안불당지웰더샵	130A	130	72,000	1,828	44,000	1117	61%
9	쌍용동	파크빌리움하이빌	264	264	68,750	859	45,000	563	65%
10	불당동	천안불당지웰시티푸르지오8블록	147A	147	68,000	1,527	42,000	943	62%
11	불당동	천안불당지웰시티푸르지오7단지	146B	146	67,500	1,526	42,000	949	62%
12	불당동	천안불당지웰시티푸르지오6단지	146A	146	67,500	1,526	42,000	949	62%
13	불당동	천안불당지웰더샵	129B	129	66,500	1,701	43,000	1100	65%
14	불당동	불당호반써밋플레이스센터시티	148	148	66,500	1,483	40,500	903	61%
15	불당동	불당호반써밋플레이스	153	153	65,000	1,402	47,000	1014	72%
16	불당동	천안불당린스트라우스3단지	132	132	64,000	1,600	40,000	1000	63%
17	불당동	불당호반베르디움더퍼스트	127A	127	63,500	1,650	39,500	1026	62%
18	불당동	불당호반베르디움더퍼스트	128B	128	63,500	1,637	39,500	1018	62%
19	불당동	천안불당지웰시티푸르지오7블록	129B1	129	63,000	1,612	37,000	947	59%
20	불당동	천안불당지웰시티푸르지오6블록	130A1	130	63,000	1,599	37,000	939	59%
21	불당동	천안불당지웰시티푸르지오5블록	130A	130	63,000	1,599	37,000	939	59%
22	불당동	천안불당지웰시티푸르지오5단지	129C	129	63,000	1,612	37,000	947	59%
23	불당동	천안불당지웰시티푸르지오4단지	128B1	128	63,000	1,624	37,000	954	59%
24	불당동	천안불당지웰시티푸르지오3단지	128B	128	63,000	1,624	37,000	954	59%
25	불당동	천안불당지웰시티푸르지오2단지	129A1	129	63,000	1,612	37,000	947	59%
26	불당동	천안불당지웰시티푸르지오1단지	129A	129	63,000	1,612	37,000	947	59%
27	불당동	불당호반써밋플레이스	131A	131	63,000	1,587	43,000	1083	68%
28	불당동	불당호반써밋플레이스센터시티	129	129	62,000	1,586	38,500	985	62%
29	불당동	천안불당지웰더샵	112A	112	61,500	1,812	39,500	1164	64%
30	불당동	불당호반써밋플레이스	130B	130	61,000	1,548	43,000	1092	70%
31	불당동	천안불당파크푸르지오5단지	144	144	60,500	1,386	40,500	928	67%
32	불당동	천안불당지웰푸르지오	130B	130	60,500	1,536	39,000	990	64%
33	불당동	천안불당지웰푸르지오	130C	130	60,500	1,536	39,000	990	64%
34	불당동	천안불당지웰푸르지오	130A	130	60,500	1,536	39,000	990	64%

이렇게 데이터를 정리하여 '동'별 평단가를 비교하면, 아파트별 평단가 비교 및 전세가율 등 많은 정보를 얻을 수 있다. 천안에서는 동남구보다 서북구 시세가 높으며, 천안시 서북구 중 불당동이 시세가 가장 높음을 확인할 수 있다.

시간과 노력이 많이 필요한 작업으로, 결코 쉽지 않다. 그렇다고 실망하지는 말자. 요즘에는 이런 자료를 얻을 수 있는 부동산 유료·무료 사이트와 어플이 많아지고 있는 추세다. 어플에서 쉽게 확인이 가능하니 데이터를 편집하기 어려운 분들은 부동산 사이트 또는 어플을 활용하기 바란다. 이전 장에서도 언급했지만 사이트 또는 어플에서 가공된 데이터들이 어떤 방법으로 가공이 됐는지 이해하고 사용하는 게 좋다.

부동산은
비율이 중요해

실제적으로 저평가 아파트를 어떻게 찾는지 알아보도록 하자. 앞에서 설명한 바와 같이 부동산은 절대 상승 금액이 아니라 상승률이 중요하다고 설명했다. 아래 예시에 표시된 '문지효성 해링턴 아파트'와 '도룡SK뷰 아파트'를 비교해서 설명해 보겠다.

대전 유성구 문지동에 위치한 '문지효성 해링턴아파트'와 대전 유성구 도룡동에 위치한 '도룡SK뷰 아파트'는 대전 연구단지에 인접한 새 아파트로 공통적인 부분이 많다. 두 아파트 사이의 거리는 3km 정도로 인접한 거리에 위치해 있다.

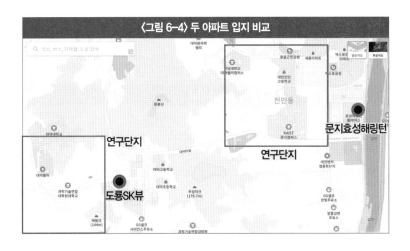

〈그림 6-4〉 두 아파트 입지 비교

〈표 6-3〉 아파트 시세 비교, 2020년 2월 기준				
아파트명	면적	시초가	실거래가 (2월 기준)	상승률
문지효성	전용 59m²	227,000	410,000	181%
도룡SK뷰		342,000	748,000	219%
문지효성	전용 84m²	298,000	630,000	211%
도룡SK뷰		481,000	1,010,000	210%

(단위 : 천 원)

2020년 2월 시세 기준 도룡동 SK뷰 전용 59m²와 전용 84m²은 각각 시초가 대비 219%와 210%가 상승하였고, 문지효성해링턴 전용 59m²와 전용 84m²은 각각 시초가 대비 181%, 211%가 상승하였다.

문지효성해링턴 아파트의 전용 59m² 상승률이 181%로 다른 평형 대비 적게 오른 것을 알 수가 있다. 그 평형대가 저평가라는 이야기다.

따라서 상승 조건이 형성되면 순식간에 상승 비율을 따라잡을 확률이 높다.

〈표 6-4〉 아파트 시세 비교, 2020년 7월 기준					
아파트명	면적	시초가	실거래가(7월 기준)	상승률	상승률 (2월 대비)
문지효성	전용 59m²	227,000	499,000	220%	39%
도룡SK뷰		342,000	830,000	243%	24%
문지효성	전용 84m²	298,000	695,000	233%	22%
도룡SK뷰		481,000	1,200,000	249%	39%

5개월이 지난 2020년 7월의 시세와 비교해 보면, 가장 저평가였던 문지효성해링턴 아파트 전용 59m²가 2월 대비 상승률이 39%로서 가장 많이 올랐다. 그리고 도룡동 SK뷰 84m²도 2월 대비 39%로 올라 나머지 아파트 평형대가 다시 저평가인 상태인 것을 알 수가 있다.

여기서는 설명을 쉽게 하기 위해 2개 단지만 언급했지만, 몇 개 아파트의 시세를 비교해서 상승률을 추적하다 보면 저평가 아파트를 찾을 수 있고 투자하는 데 큰 도움이 된다. 아파트 비교를 어느 아파트 범위까지 할 것인지는 그 지역의 부동산 시장 흐름에 따라 결정해야 한다. 상승 초기에는 입지가 유사한 또는 평단가가 비슷한 아파트끼리 비교하고 부동산 시장 활황기에는 그 주변 아파트까지 범위를 넓혀서 비교해볼 수 있다. 대세 상승장이 왔을 때는 인프라가 떨어지는 입지의 아파트까지 범위를 더 확대하여 비교할 수도 있다.

아파트 시세
흐름을 비교하라

저평가 아파트를 찾기 위해서는 아파트별로 아파트 시세 흐름을 비교해 보는 것이 좋다. 대전의 아파트로 예를 들어보자. 다음 〈그림 6-5〉에서 맨 위의 실선은 대전의 대장아파트 중 하나인 도룡동 스마트시티 전용 84m² 시세 그래프이고, 중앙 실선은 대전 둔산동 크로바 아파트 전용 84m²이며, 맨 하단의 실선은 대전 관평동 10단지 전용 84m²를 나타낸다.

그래프를 살펴보면, 관평동 10단지는 도룡동 스마트시티와 크로바 아파트와 연동이 되어서 뒤따라 오르는 것을 알 수 있을 것이다. 자세히 설명해보면 도룡동 스마트시티와 크로바 아파트가 2016년 하반기

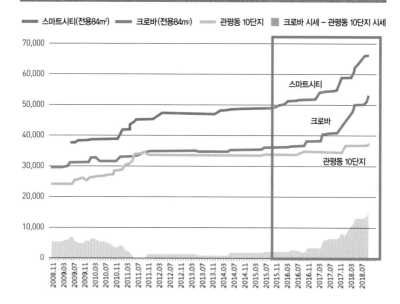

부터 조금 오르더니 2017년 급상승하는 것을 알 수 있다. 관평동 10단
지 아파트는 2017년 하반기에 조금 상승하고 2018년 하반기에도 미약
하게 상승하는 것을 볼 수 있으며, 크로바 아파트 시세와 관평동 아파
트 시세가 크게 벌어진 것을 이해할 수 있다.

관평동 10단지 아파트는 크로바 아파트와 약 1년 간격의 격차를 두
고 따라 올라가는 현상을 그래프를 보고 충분히 이해할 수 있을 것이다.

투자 관점에서 보자면, 이때 크로바 아파트를 매수할 수 있었으면
좋겠지만 투자 기회를 놓쳤다면, 관평동 10단지를 투자하여 선점이 가
능하다.

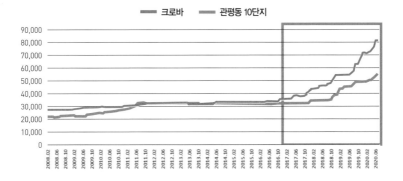

〈그림 6-6〉 대전 크로바 아파트와 관평동 10단지 아파트 시세 흐름 비교

크로바　　　관평동 10단지

　그리고 크로바 아파트가 매매 시세가 올라 매매와 전세 갭이 많이 벌어져 투자금이 많이 들어 투자하기가 꺼려진다면, 이때 관평동10단지를 매수하면 비교적 적은 금액으로 투자할 수가 있음을 알 수 있다. 관평동 10단지 매매가는 아직 본격적인 상승을 하지 못했기 때문에 매매와 전세 갭이 상대적으로 적을 가능성이 높다.

　결과적으로 관평동 10단지 아파트는 크로바 아파트를 뒤쫓아 〈그림 6-6〉처럼 2019년부터 급상승하기 시작한다.

　청주시 아파트를 예로 들어보자. 청주시의 대장아파트는 청주시 흥덕구에 위치한 지웰시티2차 아파트이다. 그리고 청주시 청원구의 대장아파트는 대원3차 아파트이다. 지웰시티2차 아파트(전용 84㎡)가 2019년 10월부터 급상승을 시작했다. 이후 대원3차 아파트는 2020년 1월부터 조금 상승하기 시작하더니 2020년 4월 이후에는 급상승을 했다. 즉 대원3차 아파트는 지웰시티2차 아파트와 약 6개월 정도 후행하

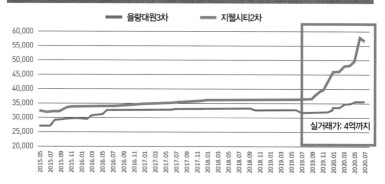

〈그림 6-7〉 청주 지웰시티2차와 청주 율량대원3차 시세흐름 비교

여 상승한다고 볼 수 있다(〈그림 6-7〉은 KB시세 로우 데이터를 바탕으로 만들어진 그래프이다. 급상승하는 시기에는 KB시세가 실제 시세를 따라가지 못하는 경향이 있다. 대원3차 아파트 시세는 3억 5천만 원 수준에 머물러 있었지만 실거래가는 4억 원을 기록했고, 호가는 4억 원 이상이었다).

〈그림 6-8〉 청주 지웰시티2차와 율량대원3차 입지 비교

청주 흥덕구 복대동 지웰시티2차 : 청주시 대장아파트, 학군/학원가/쇼핑 매우 우수
청주 청원구 주중동 대원3차 : 청원구 대장아파트, 학군/학원가 우수한편, 북청주의 핵심지

이 책에서는 노하우를 제대로 전달하기 위해 2개의 아파트만 비교했지만, 여러 개의 아파트를 비교하면 저평가 아파트를 찾는 데 많은 도움을 받을 수 있다. 조건이 유사한 아파트끼리 비교하거나 대장아파트의 주변 아파트 시세를 같이 비교하면 좋다. 아파트 시세 흐름을 비교하는 방법만 갖고도 얼마든지 저평가 아파트를 찾을 수 있고, 그 아파트 투자 진입 타이밍까지 유추할 수 있다. 그리 어렵지 않은 방법이다. 누구나 간편하게 할 수 있는 방법이니 투자처를 찾는 데 어려움이 있는 분들에게 많은 도움이 될 것이다.

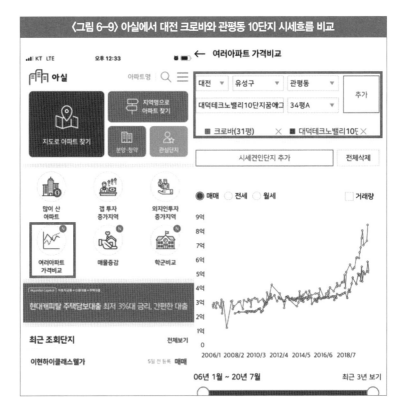

〈그림 6-9〉 아실에서 대전 크로바와 관평동 10단지 시세흐름 비교

세상이 많이 좋아졌다. 요즘에는 부동산 데이터를 손쉽게 찾을 수 있는 방법이 많다. 내가 투자를 시작할 때만 해도 부동산 관련 데이터를 찾는 게 그리 쉽지는 않았다. 환경이 많이 바뀐 만큼 투자를 너무 어렵게 생각하지 말길 바란다. 어플을 통해 이런 저평가 아파트를 충분히 찾을 수 있다. 그 방법 중 아실(아파트실거래가)이라는 앱을 통해 지금까지 설명했던 방법을 그대로 재현해보겠다. 먼저 아실 앱을 휴대폰에 설치한 후, 메인 화면에서 '여러 아파트 가격 비교'를 클릭해보자. 서로 비교를 원하는 단지를 선택하면 아래와 같이 시세 흐름을 비교할

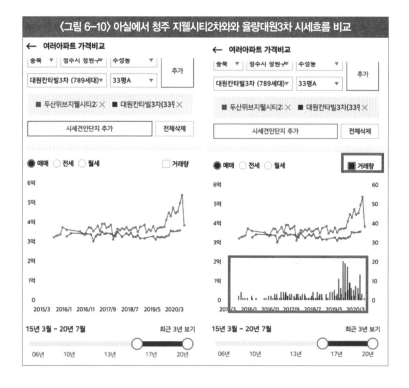

〈그림 6-10〉 아실에서 청주 지웰시티2차와 율량대원3차 시세흐름 비교

수 있다. 간단하지 않은가? 아실 앱이 더 좋은 점은 매매-전세 거래량까지 한 화면에서 파악할 수 있다는 것이다. 어플 화면 오른쪽 상단에 거래량 박스를 체크하면 쉽게 확인이 가능하다(〈그림 6-10〉 참조).

옅은 회색 막대그래프가 지웰시티2차 아파트 거래량이고 짙은 회색 막대그래프는 대원3차 아파트 거래량이다. 거래량은 아파트 가격 상승을 위한 전제조건이라고 언급했었다. 아파트 거래량이 늘면 집주인들이 매물을 거둬들이면서 시장에 매물이 부족해지고, 호가가 실거래가 되면서 아파트 매매가격이 상승하다. 지웰시티2차 아파트와 대원3차 아파트도 마찬가지로, 거래량이 증가한 이후에 매매시세가 큰 폭으로 증가한 것을 알 수가 있다.

다시 한번 강조하지만 누구나 손쉽게 할 수 있는 방법이니 저평가 아파트를 못 찾아 투자를 못한다는 이야기는 하지 말자.

연쇄반응
아파트 투자법

연쇄반응 아파트는 어떤 특정한 아파트가 상승했을 때 그 심리가 다른 아파트로 전이되어 아파트 가격에 영향을 미치는 현상을 말한다. 우리는 고등학교 시절 화학시간에 화학반응에 대해 배운 적이 있다. 다시 그때로 돌아가보면, 대부분 화학반응은 발열 반응이다. 즉 화학반응을 일으키면서 열을 방출한다. 이 방출된 열이 인접분자에 영향을 미쳐 인접분자가 반응하게 되는 추진력 driving force 이 되는 것이다. 인접분자가 반응할 때 역시 열을 방출한다. 이 방출된 열은 다시 인접분자의 반응에 영향을 미친다. 연쇄반응이 일어나는 것이다.

부동산도 유사한 면을 갖고 있다. 어떤 특정 아파트가 상승하면 그 아파트의 심리가 인접 아파트 또는 다른 동의 아파트까지 미친다. 즉 아파트가 상승하면 그 매수심리가 분출되어 다른 아파트에 영향을 미치고, 다른 아파트 심리는 또 다른 아파트에 영향을 미치는 것이다. 그래서 이런 상승 메커니즘을 나는 앞서 연쇄반응 아파트라고 표현했다.

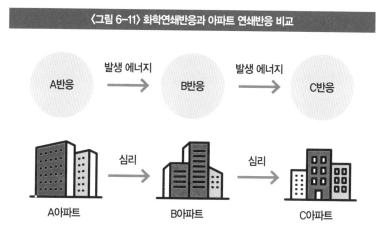

〈그림 6-11〉 화학연쇄반응과 아파트 연쇄반응 비교

그렇다면 연쇄반응 아파트를 미리 알 수 있는 방법은 없을까? 나는 이런 고민을 지속적으로 하면서 많은 노력을 통해 연쇄반응 아파트 투자라는 새로운 투자 방법을 만들어냈다. 연쇄반응 아파트를 알고 있으면 미리 선점하는 투자가 가능하다.

연쇄반응 아파트 투자법

연쇄반응 아파트 투자의 단적인 예를 들어보자. 2018년 1월에 대전 둔산동에 둔산이편한세상 분양이 있었다. 대전 둔산동은 1990년대 만 들어진 택지지구로서 입지는 최고지만 아파트가 노후화되어 입주민 들이 새 아파트에 대한 갈망이 컸다. 그렇기 때문에 둔산이편한세상 청약 경쟁률은 수백 대 일로 매우 치열했다.

이 아파트 분양 이후에 당첨되지 못한 사람들이 어디로 움직이는지 조사하면 다음 상승 시기 때 아파트의 상승 순서를 알아낼 수 있으므 로, 미리 선점하는 투자가 가능하였다. 나는 미리 알아낸 아파트 상승 순서를 바탕으로 비교적 소액으로 선점하는 투자를 할 수 있었다. 이 게 바로 연쇄반응 아파트 투자법이다.

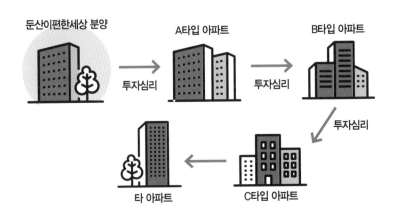

〈그림 6-12〉 둔산이편한세상 분양 이후 연쇄반응 아파트

〈그림 6-12〉에서 보는 것과 같이 둔산이편한세상 분양 이후 투자심리가 특정 아파트에 흘러 들어가 아파트 상승이 일어나는 것이다. 그러나 상승 초기에는 모든 아파트가 다 상승하지는 않는다는 것을 유념해야 한다. 정리하자면, 어떤 이벤트가 발생했을 때 연쇄반응이 일어나는 아파트를 찾아내어 투자하면 성공할 확률이 높다. 여기서 이벤트는 아파트 가격 상승을 일으키는 분양, 호재, 대장급 아파트 상승 등을 이야기할 수 있겠다.

〈그림 6-13〉 둔산이편한세상 분양 경쟁률 기사

동아일보 2018.02.01. 네이버뉴스
e편한세상 둔산, '평균 274대 1' 청약 마감
-최고 **경쟁률** : 전용 84㎡B 796대 1 -당첨자 발표 : 7~8일 -정당계약 : 20~22일 대전 **'e편한세상 둔산'**이 **평균 274대 1**의 청약 **경쟁률**로 1순위 마감됐다. 금융결제...

2018년 1월 대전 둔산이편한세상을 분양할 때 대전 시민들은 많은 관심을 보였다. 대전 둔산이편한세상은 재건축 아파트라 일반 분양물건이 231세대(총 776세대)로 적은 물량이었다. 분양가는 약 1,200만 원 수준으로 그 당시에는 고분양가(격세지감을 느낀다. 지금 기준으로 평당 1,200만 원은 너무나 저렴한 가격으로 느껴진다)로 평가를 받으면서 분양했는데 청약 경쟁률이 274 대 1, 최고 경쟁률이 796 대 1로 경이로운 경쟁률을 기록하였다.

둔산이편한세상 아파트 청약에 실패한 사람들 중 대부분은 대체할 수 있는 아파트를 사려고 할 것이다. 매수 수요가 실수요일 수도 있고

투자수요일 수도 있다. 이런 심리가 어디로 흘러가는지 조사하면, 즉 어떤 아파트를 매수하는지 조사하면 다음 상승 시기에 그 아파트가 최 우선으로 오를 확률이 높다. 또한 평단가는 높지만 어떤 이유에 의해 먼저 오르지 않는 아파트들이 존재한다.

먼저 5장 '저평가 아파트 찾기'에서 자연현상 2가지를 빗대어 아파 트 투자를 설명하였다. 첫 번째로 '물은 높은 곳에서 낮은 곳으로 흐르 듯이 아파트도 평단가가 높은 아파트부터 평단가가 낮은 아파트 순서 로 흐르는 경향'이 있다. 하지만 주변에 물량 공급 과다 등을 이유로 평단가는 높지만 먼저 오르지 못하는 아파트들이 있다.

연쇄반응 아파트에서는 평단가 순위는 높지만 초기 상승 시기에 오 르지 못하는 아파트들까지 찾아낼 수 있다. 이런 아파트는 어떤 조건이 제거되면 순식간에 다른 아파트의 상승률을 따라잡기 때문에 유심히 관찰해야 한다. 다시 설명하면 연쇄반응 아파트와 평단가 높은 아파트 는 상승 양상이 서로 유사한 점이 많으나, 연쇄반응 아파트는 입지 변 화, 호재, 기대심리 등을 반영하여 움직임을 보인다고 말할 수 있겠다.

다음 상승할 아파트

이제 둔산이편한세상 아파트 분양 이후 투자심리가 어느 아파트까 지 흘러갔는지 살펴보도록 하자. 대전 서구, 유성구 아파트를 2018년

1월부터 2018년 6월까지 전수조사해 유사하게 오르는 아파트끼리 그룹핑 Grouping 을 하였다. 5~6개월 동안 상승한 아파트는 A타입으로, 3개월 상승한 아파트는 B타입으로, 1~2개월 상승한 아파트를 C 타입으로 분류했다. 시세를 전수조사하는 방법은 간단하다. KB시세를 보면서 아파트 가격 상승 패턴을 하나씩 하나씩 기록해 나갔다.

<표 6-5> 둔산이편한 세상 분양 이후 아파트 상승 분류

구조	구	소재지	아파트명	면적	입주	세대수	동수	상승패턴	
주상복합	유성구	도룡동	스마트시티5단지	112~344	2008.12	351	3	A 타입	
주상복합	유성구	도룡동	스마트시티2단지	112~344	2008.12	357	3	A 타입	
아파트	유성구	상대동	도안신도시 9BL트리풀시티	127~232	2011.11	1828	24	A 타입	5개월 상승
아파트	서구	둔산동	목련	92~160	1993.05	1166	15	A 타입	
아파트	서구	둔산동	크로바	102~189	1992.12	1632	20	A 타입	
아파트	유성구	문지동	대전문지지구효성 해링턴플레이스	82~114	2017.05	1142	12	B 타입	
아파트	유성구	봉명동	도안신도시7단지 예미지백조의호수	117~118	2014.06	1102	15	B 타입	3개월 상승
아파트	유성구	봉명동	베르디움	111~112	2014.02	970	16	B 타입	
아파트	유성구	죽동	죽동대원칸타빌	100~115	2017.05	1132	11	B 타입	
아파트	유성구	죽동	죽동금성백조예미지	98~135	2016.05	998	13	B 타입	
아파트	유성구	죽동	죽동푸르지오	99~112	2015.06	638	7	B 타입	
아파트	유성구	관평동	대덕테크노밸리 10단지꿈에그린	112~161	2008.01	1001	16	C 타입	
아파트	유성구	원신흥동	인스빌리베라	129~266	2012.07	540	6	C 타입	
아파트	서구	관저동	다온숲3단지	102~115	2016.07	1401	16	C 타입	
아파트	서구	둔산동	녹원	76~103	1994.01	1200	12	C 타입	1~2개월 상승
아파트	서구	둔산동	햇님	91~190	1993.01	660	8	C 타입	
아파트	서구	둔산동	한마루	94~122	1992.12	1400	20	C 타입	
아파트	서구	둔산동	국화한신	99~193	1992.05	450	4	C 타입	
아파트	서구	둔산동	국화라이프	91~175	1992.04	560	5	C 타입	

A타입 아파트의 공통점은 둔산동 및 일부 도안신도시 아파트가 대부분을 차지했으면, B타입 아파트는 비교적 대전의 입지가 좋은 새아파트와 도안신도시의 일부 아파트가 포함되어 있는 것을 알 수 있다.

C타입 아파트는 타 동의 메인 아파트 및 둔산동의 비대장 아파트가 포함되어 있는 것을 이해할 수 있다.

투자금이 여유가 있는 사람은 A타입의 아파트를 투자하면 쉽지만, 투자금이 여유가 없는 사람이 대부분이므로 B타입과 C타입 아파트에서 매매와 전세 차이가 적은 아파트를 투자하면 좋은 투자가 될 수 있었다.

이때만 해도 일반 사람들은 관평동, 관저동의 아파트까지 매수심리가 미쳤다는 것을 아는 사람은 거의 없었다. 이런 데이터를 사전에 파악하고 있었다면 잃지 않는 투자, 즉 안전한 투자가 가능했을 것이다. 그리고 일정 '동'의 아파트가 상승했다는 것은 그 주변 아파트까지 상승할 확률이 높기에 그 주변 아파트까지 투자할 수 있는 기회를 잡을 수 있었다. 그것도 투자금이 많이 들지 않는 소액으로 말이다.

그럼 아파트 평단가와 연쇄반응 아파트 추이가 어떻게 차이가 나는지 살펴보도록 하자. 이미 언급했지만 일반적으로 아파트 평단가가 높은 아파트 순서대로 아파트 가격이 상승한다. 하지만 어떤 이유에 의해 평단가가 높은 아파트인데 먼저 상승하지 못하는 아파트가 존재한다고 언급했었다.

그 당시 대전 유성구와 서구의 아파트를 전수조사를 통해 평단가 순위는 높지만 연쇄반응이 일어나지 않는 지역을 찾을 수 있었다. 지족동 노은리슈빌3, 반석동 반석마을 5단지, 지족동 노은꿈에그린2단

2017년 12월 유성구평단가 순위

	아파트명	평수		가격	평단가
도룡동	스마트시티2단지	112	34	59000	1738
도룡동	스마트시티5단지	112	34	59000	1738
상대동	트리풀시티9단지	127	39	56,000	1453
봉명동	베르디움	111	34	46500	1378
죽동	금성백조예미지	112	34	43500	1284
상대동	한라비발디	133	40	51500	1282
상대동	트리풀시티5단지	113	34	42250	1238
봉명동	도안7단지	117	36	43500	1223
원신흥동	신안인스빌리베라	130	39	48000	1222
죽동	푸르지오	111	34	40750	1211
원신흥동	어울림하트	115	35	39000	1121
봉명동	도안6단지	113	34	37250	1091
문지동	효성해링턴플레이스	113	34	35750	1044
지족동	노은리슈빌3	112	34	35200	1037
죽동	대원칸타빌	114	35	35500	1028
반석동	반석마을5단지	129	39	40000	1023
지족동	노은꿈에그린2단지	114	34	34750	1010
관평동	테크노밸리10단지	113	34	34500	1008
지족동	노은꿈에그린1단지	116	35	35250	1005
용산동	푸르지오하임	161	49	48750	1002
용산동	푸르지오하임2단지	161	49	48750	1002
지족동	반석마을2단지	131	40	39500	998
노은동	열매마을9단지	116	35	33000	940

연쇄반응 아파트

동	아파트명	상승패턴
도룡동	스마트시티5단지	A타입
도룡동	스마트시티2단지	A타입
상대동	도안신도시9BL트리풀시티	A타입
문지동	대전문지구효성해링턴플레이스	B타입
봉명동	도안신도시7단지예미지백조의호수	B타입
봉명동	베르디움	B타입
죽동	죽동대원칸타빌	B타입
죽동	죽동금성백조예미지	B타입
죽동	죽동푸르지오	B타입
관평동	대덕테크노밸리10단지꿈에그린	C타입
원신흥동	인스빌리베라	C타입

지 아파트 등이 평단가가 비교적 높았지만 상승 초기에 연쇄반응이 일어나지 않았다.

주로 지족동, 반석동 등에 위치한 세종시와 거리가 인접한 지역의 아파트임을 확인할 수 있다. 지족동, 반석동은 세종시 3생활권과 불과 11km 남짓한 거리로 가깝다. 입주 물량에도 영향을 받았다. 2017년도에 세종시 입주 물량이 약 1만 6천 세대로 꽤 많은 아파트 입주가 있었다. 이처럼 인접 지역의 영향을 받는 지역을 잘 살펴 투자를 진행해야 한다. 이와 같이 세종시 과다한 입주 물량 영향으로 많은 압박을 받은 지역이 지족동, 반석동이다.

이런 지역들의 아파트는 이 압박 요인이 해소가 되면 다시 제자리를 찾기 위해 짧은 기간에 높은 상승률을 기록할 확률이 높다. 그래서 유심히 봐야 할 아파트라고 할 수 있겠다. 초기 상승 시점에 투자할 때는 연쇄반응이 일어나는 아파트를 투자하거나 그 주변 아파트를 투자하면 빠른 상승 결과를 얻을 수 있다.

또한 평단가는 높지만 초기에 연쇄반응이 일어나지 않는 아파트는 시장을 유심히 지켜보다가 상승 기미가 포착됐을 때 투자로 진입하면 기간 대비 수익률이 아주 높은 결과를 얻을 수 있다. 다음 상승할 아파트를 알고 싶다면 꼭 주변 아파트의 평단가와 상승 패턴 추이를 지켜봐야 한다.

상승 패턴 비교를 놓치지 말자

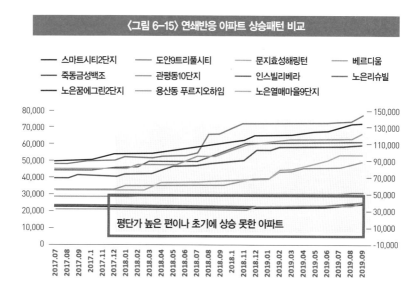

〈그림 6-15〉 연쇄반응 아파트 상승패턴 비교

─ 스마트시티2단지　　─ 도안9트리풀시티　　─ 문지효성해링턴　　─ 베르디움
─ 죽동금성백조　　　─ 관평동10단지　　　─ 인스빌리베라　　　─ 노은리슈빌
─ 노은꿈에그린2단지　─ 용산동 푸르지오하임　─ 노은열매마을9단지

평단가 높은 편이나 초기에 상승 못한 아파트

〈그림 6-15〉는 위에서 언급한 아파트의 시세를 비교한 것이다. 스마트시티2단지, 도안9트리풀시티, 문지효성해링턴, 베르디움, 죽동금성백조, 관평동10단지 등은 상승 기간은 조금 다르지만 유사한 형태로 상승되고 있는 것을 확인할 수 있다.

반면, 노은리슈빌, 노은꿈에그린 등 지족동과 반석동 등에 위치한 아파트들은 초기에 상승을 하지 못했다. 평단가가 높은 편이나 초기에 상승을 하지 못했기에, 저평가 구간에 있는 아파트들이라고 볼 수 있다.

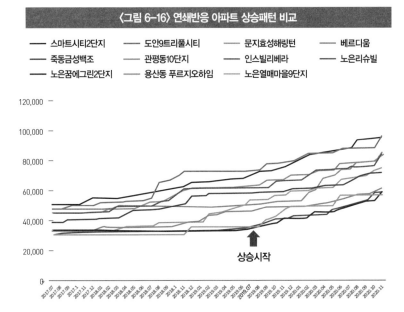

〈그림 6-16〉 연쇄반응 아파트 상승패턴 비교

스마트시티2단지 / 도안9트리풀시티 / 문지효성해링턴 / 베르디움
죽동금성백조 / 관평동10단지 / 인스빌리베라 / 노은리슈빌
노은꿈에그린2단지 / 용산동 푸르지오하임 / 노은열매마을9단지

상승시작

하지만 지족동과 반석동 등의 아파트는 2019년 7월부터 상승하기 시작하여 불과 몇 개월만에 이전 자리를 회복한 것을 알 수 있다. 기간별 수익률을 고려하면 엄청난 상승이다.

몇 번 언급했지만, 이런 투자 방법을 미리 알고 있었다면 적절한 타이밍에 진입해서 안전한 투자를 할 수 있다. 2017년에 초기에 연쇄반응 아파트를 매수하여 2019년에 전세 재계약을 통해 올라간 전세금으로 나중에 오르는 아파트를 투자했다면, 많은 금액을 들이지 않고 엄청난 수익률을 짧은 기간에 확보할 수 있었을 것이다.

아파트 변동 요인 중 한 지역의 부동산 시장은 실수요장에서 유동성장으로 수차례 반복해서 일어난다고 언급했었다. 대전 지역의 투자 기회는 한 번만 있었던 게 아니라 어떤 이벤트(둔산이편한세상, 도안아이 파크 분양 등)가 발생할 때마다 수차례 있었다는 것을 과거로 회귀해보면 알 수가 있다. 개별 아파트를 생각한다면 그 투자 기회는 셀 수 없을 정도로 많았다는 것을 이해할 수 있을 것이다. 어떤 특정 지역의 신규 분양, 호재, 일부 아파트 가격 상승 등의 어떤 이벤트가 발생했을 때, 과거의 데이터를 토대로 연쇄반응이 어디까지 미치는지 조사해보자. 이벤트 이후 미래 부동산시장이 어떻게 흘러갈지 유추할 수 있을 것이다. 과거의 아파트 상승 패턴과 미래의 아파트 상승 패턴의 데이터를 갖고 있다면 절대 잃지 않는 투자가 가능할 것이며, 성공적인 투자로 이어갈 수 있을 것이다. 더 이상 아무 생각없이 남들이 투자하니 몰려가서 투자하지 말길 바란다. 그리고 투자를 실행하는 것이 두려워 아무것도 하지 못하는 상황을 만들지도 말자. 이처럼 자신만의 데이터를 만들다 보면 투자하는 데 두려움이 없어진다.

상승 흐름별
부동산 투자법

지금까지 투자할 때 필요한 여러 데이터를 설명하였다. 투자할 때 앞에서 언급한 데이터를 전부 확인한 후에 투자 여부를 결정하는 것이 가장 좋지만, 일부 데이터만 확인하고도 무리 없는 투자가 가능하다.

부동산 시장에서 한 지역의 부동산 상승 단계를 바닥 다지기, 상승 초기, 상승 진행, 상승 중기로 나누었고, 각 단계별 데이터가 어떻게 바뀌는지, 투자를 어떻게 해야 하는지 설명해보도록 하겠다.

상승 시기 안에서도 세분화된 흐름들을 알 수 있다면, 어떤 아파트를 어느 진입 시점에 투자해야 하는지, 혹은 매도해야 하는지에 대한 정보를 얻을 수 있을 것이다.

바닥 다지기 구간

부동산에 투자하려 할 때 바닥 다지기 구간은 데이터로 잘 포착되지 않는다. 지금 이 시점이 바닥인지 아니면 더 하락할지 알 수 있는 방법은 없다고 생각한다.

다만 부동산 현장에서 느끼는 것을 바탕으로 어느 정도 유추가 가능하다. 한 지역의 아파트 매매가는 보합인데, 전세가가 상승하고 있다거나, 전세수요가 많아 전세가 시장에 많지 않다면 바닥 다지기 구간이라고 생각해도 된다.

그렇다고 해도 이 구간에서 향후 상승 시점을 정확히 맞추는 것은 불가능하다. 곧 상승할 것으로 예상해서 투자했는데, 예상 외로 상승 시점이 길어지는 경우도 있다. 이 바닥 다지기 구간에서는 데이터로 상승 포착을 확인하기란 정말 쉽지 않다. 거의 모든 데이터가 눈에 두드러질 만한 변동이 없는 구간이다.

미래의 공급 물량인 인허가 물량, 입주 물량, 미분양 물량과 과거의 부동산 흐름 등의 데이터를 종합적으로 판단해 향후에 상승 가능성을 예측하고 진입한 것이기 때문에 선점투자를 한다는 생각으로 접근해야 한다. 미래에 상승하게 되면 대장급 아파트가 가장 먼저 오를 확률이 높기 때문에 이 시기에는 대장급 아파트인 1군 아파트에 투자하는 게 좋다.

상승 초기

　한 지역의 부동산 시장이 바닥 다지기를 지나 상승초기에 진입하는 구간이 되면 일부 데이터가 조금씩 움직이기 시작한다. 거래량이 일부 아파트를 중심으로 국부적으로 증가하며, 심리(매수자 많음)가 눈에 띠지는 않지만 소폭 반등하기 시작한다. 심리가 계속 증가할지 아니면 일시적으로 증가했다가 떨어진 상태에서 유지할지는 다른 데이터와 같이 판단해야 한다.

　그리고 KB시계열의 아파트 매매가 상승률이 제로(하락에서 보합)거나 아주 미약하게 상승을 한다. KB시계열로 단순히 수치를 보는 것보다 흐름을 보는 것이 더 중요하다고 언급했었다. 하락하다가 보합하는 지역인지 상승하다가 보합하는 지역인지 반드시 흐름을 파악할 필요가 있다. 하락하다가 보합하는 지역이면 상승할 수 있는 에너지가 축적되고 있다고 이해해도 된다.

　상승 초기 구간에서는 이제 막 바닥 다지기를 벗어나 상승으로 전환되는 시점이기 때문에 1군 아파트를 투자하는 게 좋다. 이때 일부 지역의 1군 아파트의 매매가와 전세가가 극히 미약하게 차이나는 경우도 있지만, 대부분 지역에서 1군 아파트의 매매가와 전세가는 큰 차이를 보인다. 즉 투자금이 많이 들어간다는 게 단점인 반면 가장 안정적으로 투자할 수 있는 대상이 된다. 만일 일부 지역의 1군 아파트 매매가와 전세가가 큰 차이가 없다면 투자로서 좋은 기회를 잡은 것이다.

투자금이 적은 투자자라면 투자를 폭넓게 검토해야 한다. 이 시기에 1.5군~2군 아파트의 매매가와 전세가의 차이가 1군 아파트보다 많이 적은 시기이기 때문이다. 즉, 투자금이 부족한 투자자는 이 시기에 1.5군~2군 아파트에 투자하면 투자금을 줄일 수 있다.

상승 진행 단계

상승 진행 단계에서는 많은 데이터들의 변화가 확연히 보이기 시작한다. 한 지역의 부동산 거래량이 크게 증가되는 것을 확인할 수 있으며, 심리(매수자 많음)지수도 큰 폭으로 증가한다. '매수자 많음' 지수가 증가하면서 매도하려는 사람보다는 매수하려는 사람이 더 많기 때문에 수요-공급 법칙에 의해 아파트 가격은 상승하기 시작한다. 또한 눈치 빠른 실수요자들이 시장에 참여하기 시작한다. 그래서 부동산 시장 참여자가 많아지기 때문에 아파트 매매가 상승은 필연적이다.

또한 상승하는 아파트는 1군 아파트뿐만 아니라 1군 아파트 주변 아파트 및 각 '동'의 핵심 아파트까지 상승하여 그 상승 아파트 범위가 점점 넓어진다. 상승 초기 단계와 유사하게 1군 아파트 투자를 놓치게 되면 1.5군에 투자하면 안정적으로 투자가 가능하고, 투자금이 모자란 투자자는 2군 이상의 아파트에 투자하면 비교적 적은 금액으로 투자할 수 있는 시기이다.

상승 중기 단계

상승 중기 단계에서는 상승 진행 단계의 수치보다 더 큰 폭의 수치 변화가 나타난다. 거래량은 상승 진행 단계보다 더 큰 폭으로 증가하며, 많은 실수요자와 투자자들이 시장에 참여해 매수심리(매수자 많음) 지수가 크게 증가한다.

그에 따라 아파트 매매증감률도 우리가 확연히 인지할 수 있을 정도의 높은 상승률을 기록한다. 이때 아파트를 처분하려고 내놨던 일부 매도자들이 상승을 포착하고 매물을 회수하게 되면 시장에 매물은 점점 부족해지고 그러면 시간이 지날수록 아파트 매매가 상승률은 더 크게 나타나게 된다.

이 시기에 아파트 가격이 많이 오르며, 투자자와 실수요자들은 갑자기 많이 오른 아파트 가격을 인정하지 못한다. 다시 말해서, 불과 몇 개월 전보다 많이 오른 아파트 가격으로 말미암아 선뜻 매수에 나서지 못한다.

그러나 어느 정도 시간이 지나면 주변의 아파트 대부분이 오른 것을 인지하고, 오른 아파트 가격을 인정하기 시작하면서 다시 아파트 매수에 나서는 현상이 나타난다.

보통 한 지역의 위와 같은 부동산 흐름은 한 번만 일어나는 것이 아니라 수차례 반복된다. 주의할 점은 한 지역의 부동산 흐름이 폭넓은 범위의 아파트까지 미치려면 그 지역의 부동산 시장의 성격을 잘 파악해야 한다.

양극화 시장인지, 전반적 상승 시장인지, 대세 상승 시장인지를 잘 파악해야 한다는 말이다.

양극화 시장에서는 1군 아파트 및 그 주변 아파트 위주로 상승할 것이며, 그 외 아파트는 소폭 오르거나 오르지 못하게 된다. 전반적 상승 시장에서는 양극화 시장보다 상승 아파트 범위가 훨씬 넓지만 외곽 또는 오래된 구축의 아파트까지는 상승 흐름을 이어가지 못한다. 대세 상승 시장에서는 오래된 구축과 외곽지역의 아파트까지 상승하게 된다.

이런 상승 형태는 지역별 특징으로 인해 나타나기도 하고, 한 지역의 부동산 시장이 시기별로 '양극화 시장 → 전반적 상승 시장 → 대세 상승장'으로 확대되어 나타나기도 한다.

그래서 시장의 흐름을 유심히 관찰해야 한다. 시장의 정확한 흐름은 데이터로 파악하기에는 한계가 있다. 각종 데이터는 선행지표라기보다는 후행지표이기 때문이다.

시장 안에서 시장을 바라봐야 정확한 부동산 시장 흐름을 알 수가 있다. 시장 밖에서 시장을 바라보면 한 지역의 정확한 시장 흐름을 아는 데 분명 한계가 있다.

Time →				
상승단계	바닥 다지기	상승 초기	상승 진행	상승 중기
공급물량	인허가 물량, 입주 물량, 미분양 물량 : 부족 예상			
거래량	-	국부적 증가	증가	큰 폭으로 증가
심리 (매수자 많음)	-	눈에 띄지 않는 반등	눈에 띄는 상승	증가
아파트 매매 증감	-	상승률 제로 또는 미약 상승	상승 지역 확대	상승률 확대
투자 아파트	1군 그룹	1군 그룹	1.5군 그룹	2군 그룹
갭 아파트	1군 그룹1	1.5~2군 그룹	2군 그룹	2.5군 그룹2

1 몇 년간 어떤 이유에 의해 공급이 절대적으로 부족한 지역은 1군 아파트도 갭이 적은 경우가 있음, 2 2.5군 이상은 확실히 빠져 나올 자신이 있을 경우만 진입.

보유자금 성향에 따른 아파트 투자

이런 부동산 흐름을 이해하면 자연스럽게 본인 성향에 따라 어떤 투자 루트를 따라가야 하는지 알 수 있을 것이다. 보유자금이 많은 투자자라면 급하게 투자하는 것보다 안정적인 투자를 하는 게 더 우선이기 때문에 시장이 움직이는 것을 확인하고 들어가는 게 좋다.

조금 늦게 시장에 진입한다고 해서 크게 문제될 것은 없다. 오히려

〈표 6-7〉 보유자금/투자유형별 투자 아파트

Time				
상승단계	바닥 다지기	상승 초기	상승 진행	상승 중기
투자 아파트 1번	1군 그룹	1군 그룹	1.5군 그룹	2군 그룹
투자 아파트 2번	1군 그룹	1.5~2군 그룹	2군 그룹	2.5군 그룹

	보유자금	유형별
투자 성향 1번	보유자금 많은 투자자	안정형 투자자
투자 성향 2번	보유자금 적은 투자자	공격형 투자자

상승 시그널이 나타난 이후에 진입하는 것이므로 리스크 없는 투자가 가능하다.

반면 투자금이 많지 않은 사람은 〈표 6-7〉의 투자 아파트 2번 루트를 따라 가는 게 좋다. 다른 사람이 진입하지 않을 때 선제 진입하는 것이다. 선제 진입한 만큼 리스크는 존재한다. 남들이 고려하지 않는 시기에 진입하므로 비교적 좋은 매물을 낮은 가격에 매수할 수 있다. 투자금에 상관없이 공격적인 투자자라면 당연히 2번 루트를 따라가는 게 유리하다. 각 단계별 선제진입을 통해 투자금을 낮출 수 있고 여러 채를 매수할 수도 있다. 투자에 정답은 없다고 생각한다. 각자 환경과 추구하는 성향에 맞게 투자하면 되는 것이다.

한 지역의 모든 아파트를
전수조사해야 하나요?

그렇지 않습니다. 처음부터 한 지역의 모든 아파트를 조사하기에는 작업량이 방대합니다. 관심 있는 지역의 몇 개 동을 먼저 해 보시고, 익숙해지면 점점 범위를 동·구·시 등으로 확장하세요.

몇 개 동만 검토해도 투자할 아파트가 결코 적은 숫자가 아닙니다. 거의 모든 사람들이 투자 자금에 한계가 있기 때문에 관심동 몇 개만 하셔도 부족하지 않습니다.

다만 한 지역의 부동산 시장의 전체 흐름을 이해하고 싶으신 분들은 넓은 범위로 확대하여 연쇄반응 아파트를 조사하는 게 좋습니다.

실제로 제가 2015년도에 투자를 감행했던 서울시 아파트를 예로 들어보겠습니다. 2015년 강서구에 9호선 급행선이 신설됐습니다. 강남에 위치한 직장으로 출퇴근 시간이 비약적으로 짧아져 수요가 증가될 것이라 예측하여 그 지역 아파트를 모니터링 했습니다. 강서구의 평단가 높은 동네인 염창동, 가양동 등의 아파트가 상승되는 것을 확인

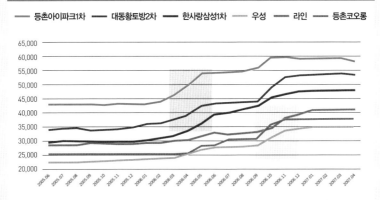

〈그림 6-17〉 등촌동 연쇄반응 아파트 과거 흐름(2005~2007년)

하고 등촌동으로 흐름이 넘어올 것으로 예측을 했습니다. 그래서 강
서구 등촌동의 과거 연쇄반응을 분석해 아파트 상승이 '등촌아이파크
1차=대동황토방〉한사랑삼성1차〉라인=등촌코오롱=우성' 순서로
상승된다는 것을 파악했습니다.

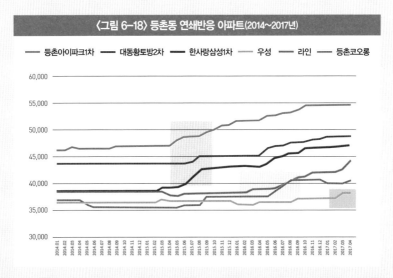

〈그림 6-18〉 등촌동 연쇄반응 아파트(2014~2017년)

특별한 사유가 없다면 과거 연쇄반응이 미래 연쇄반응과 비슷하게 흘러갈 것이기 때문에 등촌동의 대장아파트인 등촌아이파크 1차가 움직이는 것을 확인하고, 소액 투자금으로 접근할 수 있는 등촌코오롱과 우성 아파트를 매수했습니다. 예상과 맞게 등촌아이파크가 상승 후 약 8개월 후에 등촌코오롱과 우성아파트가 급상승하는 것을 볼 수가 있습니다(등촌아이파크1차=한사람삼성1차>대동황토방>라인>등촌코오롱>우성).

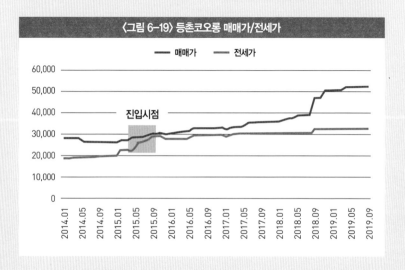

〈그림 6-19〉 등촌코오롱 매매가/전세가

〈그림 6-19〉를 보면 2015년 하반기에 들어 전세가가 크게 올라 매매가와 전세가 차이가 크지 않은 시기가 있었습니다. 이때가 바로 적은 투자금으로 매수할 수 있는 진입시점이 되며, 실제로 저는 이 당시의 투자금은 불과 1~2천 내외에서 투자를 진행할 수가 있었습니다. 이렇게 서울 역세권의 20평대 아파트를 소액으로 투자를 할 수 있었던 이

유는 과거의 연쇄반응 아파트를 이미 파악을 하고 있었기 때문입니다. 이렇듯 과거의 연쇄반응 아파트와 미래의 연쇄반응 아파트를 파악하면 투자할 때 아주 큰 도움이 됩니다.

7장

실전 사례로
살펴보는
지역 분석법

현장조사가
반드시 필요한 이유

　현장조사(임장: 현장에 임하다)는 정말 부동산 투자에 있어서 중요한 단계이다. 임장을 하지 않고도 투자가 가능하긴 하지만 전체적인 흐름을 이해하려면 현장조사가 필수이다. 그래야 추가 투자 기회를 엿볼 수 있고, 매도 기회를 포착할 수가 있다.

　임장이 필요한 첫 번째 이유는 조사한 자료를 바탕으로 판단한 시장 흐름과 실제 현장과의 시장 흐름이 얼마나 매치되는지 확인하기 위해서다. 데이터 조사를 통해 투자 시점이 아직이라고 판단한 지역이 현장에서는 상승을 위한 바닥 다지기를 하는 지역일수도 있다.

　임장이 필요한 두 번째 이유는 사전조사로 파악하지 못한 내용을 현장에서 확인할 수 있다. 개발 호재나 한 지역의 주민들이 선호(입지)하는 아파트를 인터넷으로 조사하는 것은 분명 한계가 있다. 이런 정보들은 현장에서 채우는 것이다.

세 번째 이유는 공인중개사로부터 좋은 매물을 받기 위해서다. 지방 도시로 갈수록 공인중개사들이 좋은 매물을 서로 공유하지 않는 경향이 있다. 직접 현장에 방문해서 신뢰를 줬을 때 공인중개사들이 매물을 소개시켜주는 경우가 종종 있다. 이런 공인중개사들은 한번 신뢰가 쌓이면 발벗고 좋은 매물을 찾으러 다니는 경우가 있으니 현장에 가서 자신과 잘 맞는 공인중개사를 만나는 게 중요하다. 전화상으로 이런 일련의 과정들을 못하는 것은 아니지만, 분명 한계가 존재한다.

 마중물의 키포인트

임장이 필요한 이유

1. 조사한 자료가 현장과 어느 정도 매치가 되는지 확인
2. 사전조사로 파악하지 못한 내용을 현장에서 확인
3. 좋은 매물을 받기 위해서 필요, 공인중개사와의 관계 맺기

왜 나는
이 지역을 선택했는가

    실제 지역분석 사례를 통해 어떻게 지역을 분석하는지 알아보자. 지역을 분석할 때 다음 설명하는 순서로 분석하고 있다. 첫 번째는 그 지역을 투자하기에 앞서 투자 당위성에 대해 조사를 한다. 입주 물량, 인허가 물량, 미분양 물량, KB시계열 등을 통해 그 지역의 기본 데이터를 수집하고 현재 부동산의 흐름을 가늠한다. 그리고 타도시와의 비교를 통해 현재 그 지역의 저평가 여부를 판단한다. 한 지역이 투자 지역으로서 선정이 되었으면 과거 데이터를 분석하는 것이다.

    과거 데이터를 분석해야 하는 이유는 해당 지역의 과거 흐름을 이해하는 것뿐만 아니라 입주 물량에 따른 아파트 가격 흐름 등 시장의 특징을 캐치하기 위한 것이다. 그리고 실제 투자를 진행하기 위해 동별로 평단가를 계산하여 입지가 좋은 동과 발전 가능성이 있는 동을 선별한다. 이후 네이버 지도를 활용해 임장 동선(현장 조사 동선)을 만들고, 그 임장 동선에 의해 현장의 흐름과 데이터를 일치시키려고 노력한다. 부산광역시·창원시와 인접한 경상남도 김해시를 조사하여 예를 들어보겠다.

제일 먼저 입주 물량을 보자

2020년 6월 조사 당시, 김해시는 일부 새 아파트 중심으로 아파트 값이 이미 반등한 상황이었다. 2019년 약 1만 3천 가구로 공급량이 수요 대비 많았고, 2020년에는 약 3,600가구로 그리 적은 편은 아니었다. 하지만 아파트 매매가는 새 아파트 중심으로 조금씩 상승하고 있는 상황이었다.

왜 공급이 많은데 상승하고 있을까? 정답은 임대 물량을 제거하고 입주 물량을 다시 산정해야 한다. 인구가 큰 도시일수록 임대 물량에 거의 영향을 받지 않는다. 경험적으로 인구 30만 명 이상의 도시에서는 임대 물량이 부동산 시장에 큰 영향을 미치지 못한다. 임대 물량을 제외하고 보니 2019년 1만 2천 가구로 과공급이었고, 2020년에는 1,100가구로 수요보다 훨씬 못미치는 가구가 공급되고 있었다. 그래서

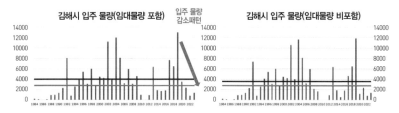

〈그림 7-1〉 김해 지역의 입주 물량

■ 입주 물량 ── 적정물량 ── 평균물량

김해시 입주 물량(임대물량 포함)　　입주 물량 감소패턴　　김해시 입주 물량(임대물량 비포함)

전세가가 상승하고 있었던 것이다. 주변 도시인 부산광역시, 울산광역시, 창원시 등이 상승하고 있었으므로 김해시에 대한 상승 기대감에 선제 진입이 이루어지고 있었다. 이렇듯 사전 데이터 조사를 통해 그 지역의 흐름을 예상하고 현장과 일치시켜보는 과정을 지속적으로 해나가야 한다. 그 과정에서 입주 물량은 아주 중요한 지표가 되어준다.

김해 지역은 2019년 많은 물량이 공급되었지만
1) 입주 물량 감소 패턴 2) 타지역 대비 저평가 3) 투자 트렌드 변화(선진입)에 의해 상승 중이다.

☑ 2020년 임대 물량 비포함 시 입주 물량이 급감.

☑ 2017~2019년에 입주 물량이 많아 가격에 조정을 받았으나, 20년부터 부동산 시장이 살아나고 있음.

☑ 2020년 상반기부터 본격적으로 투자자가 진입하고 있으며, 617 부동산대책으로 인해 현재는 관망세임.

☑ 투자자가 많이 들어간 일부 단지를 제외하면 전세 매물이 소수이며, 투자 진입시기로 판단됨.

기간별 입주 물량과 노후화 비율

<그림 7-2> 김해 지역의 기간별 입주 물량/노후화 비율

		1970 ~1979	1980 ~1989	1990 ~1994	1995 ~1999	2000 ~2004	2005 ~2009	2010 ~2014	2015 ~2019	2020 ~2024
포항	입주량	1,032	5,004	20,724	19,672	14,442	10,171	12,611	16,541	3,464
	비율	1%	5%	20%	19%	14%	10%	12%	16%	3%
	노후화 비율	100%	99.00%	94%	74%	55%	41%	31%	19%	3%
청주	입주량	565	13795	36160	46432	22342	19473	15215	26117	15680
	비율	0%	7%	18%	24%	11%	10%	8%	13%	8%
	노후화 비율	100%	99.70%	93%	74%	50%	39%	29%	21%	8%
김해	입주량	0	2274	14908	21450	35937	24979	10096	30,650	8,009
	비율	0%	2%	10%	14%	24%	17%	7%	21%	5%
	노후화 비율	100%	100%	98%	88%	74%	50%	33%	26%	5%

5년 단위로 끊어서 한 지역의 입주 물량을 살펴보자. 〈그림7-2〉에 표기된 대로 2000~2004년 입주 물량이 큰 폭으로 증가했음을 알 수 있다. 이때 김해시 부동산 시장은 침체기일 확률이 높고, 2010~2014년까지 누적 물량이 감소를 한다. 이 시기에는 반대로 김해시 부동산 시장이 호황이었을 것이다. 2015년부터 2019년까지 누적 입주 물량이 증가하고 다시 2020년 이후에는 입주 물량이 감소한다.

노후화 비율은 전체 입주 물량 중에 한 해에 입주하는 물량의 비로서, 해당 지역에서 새 아파트가 많은지 아님 구축 아파트가 많은지 구분할 수 있는 지표이다. 한 지역을 투자할 때 신축 아파트에 투자할 수 있으면 좋겠지만, 새 아파트 투자 기회를 놓쳤다면 투자 아파트 범위를 넓혀 노후화 비율이 30% 이내에 있는 지역을 초기 투자 시 투자하는 게 좋다. 이후 시장 흐름을 판단하여 노후화 비율이 30% 이상의 아파트를 투자하면 된다. 투자 기회는 한 번만 오는 게 아니라 여러 번의 기회가 있다고 이전에도 언급했다. 김해시 경우 노후화 비율이 30%인 아파트는 2015년식으로 새 아파트 비율이 높다. 김해시 초기 투자 진입 시 새 아파트 위주로 투자를 해야 한다는 말이다.

> 1. 김해시 새아파트 입주 비율은 포항과 청주보다 높다.
> ☑ 김해시는 상승 초기이기 때문에 현재 진입할 시, 노후화 비율이 약 30% 이내 (2015년식 이후 아파트)의 아파트를 투자하는 게 좋음.
> ☑ 노후화 비율 = 해당년도까지 아파트 수/전체 아파트 수 × 100%
> 2. 김해시는 창원시 부동산 지역과 밀접한 관계가 있으며(창원시를 따라가는 양상), 창원시가 급상승 중이어서 김해시도 따라갈 확률이 높음.

다음으로 인허가 물량 및 미분양을 보자

인허가 물량과 미분양 물량을 살펴보도록 하자. 인허가 물량은 국토교통부 통계누리 사이트에서 확인할 수 있다. 경상남도의 인허가 물량은 2016년을 정점으로 점차 감소하는 추이를 확인할 수 있다. 통계누리의 인허가 물량은 '도' 단위의 인허가 물량만 제공한다. '도' 단위의 인허가 물량을 통해 김해시의 인허가 물량을 개략적으로 유추할 수 있지만, 정확한 데이터는 알 수가 없다. 김해시의 인허가 물량 데이터를 확인하기 위해서는 김해시 홈페이지를 통해 물량을 확인할 수 있다. 한 달에 한 번 김해시 홈페이지에서 데이터를 제공한다.

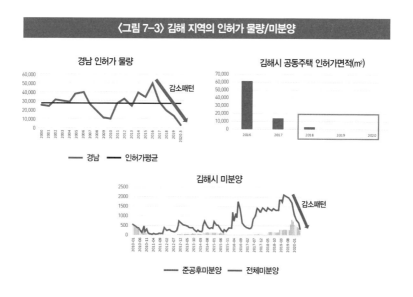

〈그림 7-3〉 김해 지역의 인허가 물량/미분양

김해시 공동주택 인허가 면적이 시간이 지날수록 감소되는 것을 알수 있으며, 2019년과 2020년에는 인허가 물량이 전무하다.

미분양 데이터 역시 국토교통부 통계누리 등 여러 사이트에서 데이터를 제공한다. 2019년 7월에 미분양 물량이 정점이었고 그 이후에 급감하는 것을 알 수가 있다. 한 지역의 부동산 시장이 바닥 다지기를 하는 기간에는 미분양 물량이 급속도로 소진되는 것을 알 수가 있으며, 미분양 물량 감소에 의해 투자 진입 시기를 유추할 수도 있다.

1. 경상남도 인허가 물량은 감소 패턴이다. 향후 미래에 입주 물량이 줄어들 확률이 높음.
2. 김해시 인허가 면적은 2017년 이후로 급감하고 있으며, 2019~2020년에는 전무함.
3. 김해시 아파트 미분양이 감소 패턴임→아파트 재고량 감소.
4. 선제 진입 타이밍을 잡을 때 중요한 것은 미분양 수.
5. 미분양이 감소 패턴이며, 적정 미분양보다 감소되는 시점에 선제 진입 타이밍을 잡을 수 있음.

인접 도시와 유사 입지 도시와 비교를 하자

김해시 인구수는 54만 명으로 50~100만 명 사이에 위치하고 있다. 인구수가 50~100만 사이 되는 다른 도시와 평단가 비교를 통해 김해시의 부동산 저평가 여부를 판단할 수 있다. 2018년 5월에 김해시는 천안시 서북구 다음으로 평단가가 높은 지역이었다. 2019년 3월에는 청주시 흥덕구에 자리를 내어주며 평단가 순위 5위를 차지했다. 2020년 6월에는 평단가 순위가 5위로, 그 순위는 점점 내려가고 있음을 알 수 있다. 1~2년 전 평단가 변화를 보니 김해시는 이전 아파트 가격 대비 가장 많이 하락한 지역임을 알 수 있으며, 상승 흐름이 오면 이전 위치로 돌아올 가능성이 높다.

사실 나는 저평가 지역은 있지만 고평가 지역은 없다고 생각한다. A라는 지역의 아파트 상승률보다 B라는 지역이 더 높은 상승률을 기록하면 'B지역이 고평가'라기보다는 'A라는 지역이 저평가' 지역이 되는 것이다. 한 번 오른 가격은 쉽게 하락하지 않기 때문에 B라는 지역이 고평가 지역이라고 말할 수 없다. 나중에 자세히 언급하겠지만 이런 것이 '지역 간 심리'이다. 한 도시 내에서 A 아파트가 오르면 B가 아파트가 상대적으로 저렴해 보이는 현상이 나타난다. 그래서 상승 기조가 왔을 때 B라는 아파트는 A아파트가 오른 비율만큼 올라갈 확률이 높다. 이런 현상을 '지역 내 심리' 라고 이야기할 수 있다.

〈표 7-1〉 김해 지역의 인접도시와 유사입지 도시와 비교

금액: 백만원

2018.5월 기준				2019.3.1기준				2020.6.1기준						
순위	지역	매매가(평)	전세가(평)	순위	지역	매매가(평)	전세가(평)	순위	지역	매매가(평)	전세가(평)	지역	19년~18년 매매평단가	20년~18년 매매평단가
1	천안시 서북구	677	518	1	천안시 서북구	766	568	1	천안시 서북구	693	525	천안시 서북구	17	89
2	김해시	673	492	2	청주시 흥덕구	719	535	2	청주시 흥덕구	630	495	전주시 덕진구	30	73
3	청주시 흥덕구	653	508	3	천안시	665	508	3	김해시	620	452	청주시 흥덕구	-23	66
4	천안시	630	479	4	전주시 덕진구	660	525	4	천안시	617	475	청주시 청원구	-17	49
5	청주시 서원구	620	515	5	김해시	634	446	5	전주시 덕진구	617	492	천안시	-13	35
6	청주시	607	485	6	청주시 청원구	634	465	6	전주시	594	479	전주시	10	33
7	전주시 덕진구	587	472	7	청주시	624	484	7	청주시	581	469	청주시 상당구	-13	23
8	포항시 남구	584	449	8	전주시	617	500	8	포항시 남구	581	446	청주시	-26	17
9	청주시 청원구	584	449	9	포항시 남구	597	488	9	청주시 서원구	571	482	포항시 남구	-3	13
10	전주시	584	472	10	청주시 상당구	587	469	10	청주시 청원구	568	442	포항시	-20	-5
11	천안시 동남구	581	439	11	천안시 완산구	574	475	11	천안시 완산구	568	465	전주시 완산구	-13	-7
12	전주시 완산구	581	472	12	천안시 동남구	564	449	12	청주시 상당구	551	449	천안시 동남구	-40	-17
13	청주시 상당구	564	469	13	청주시 서원구	554	469	13	천안시 동남구	541	426	포항시 북구	-33	-20
14	포항시	554	429	14	포항시	549	441	14	포항시	535	413	김해시	-53	-40
15	포항시 북구	521	409	15	포항시 북구	502		15	포항시 북구	488	380	청주시 서원구	-50	-66

대장 아파트를 비교하자

〈그림 7-4〉 김해 지역의 인접도시와 유사입지 도시와 비교

인구 50만 이상~100만 미만

지역	인구수	세대수
청주	838,651	354,258
제주	667,337	287,576
전주	651,640	267,142
천안	646,701	274,624
김해	534,231	209,202
포항	509,964	217,173

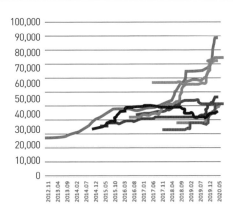

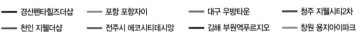

—— 경산펜타힐즈더샵   —— 포항 포항자이   —— 대구 우방타운   —— 청주 지웰시티2차
—— 천인 지웰더샵   —— 전주시 에코시티데시앙   —— 김해 부원역푸르지오   —— 창원 용지아이파크

　또한, 한 도시의 부동산 저평가를 아는 가장 확실히 방법은 각 도시의 대장 아파트의 가격을 비교하는 것이다. 김해시 대장 아파트인 김해부원역푸르지오 아파트는 유사 인구를 갖는 도시의 대장 아파트(천

안시 지웰 더, 전주시 에코시티데시앙, 경산시 펜타힐즈더샵, 청주시 지웰시티2차)와 인접 도시의 대장 아파트(대구시 우방타운, 창원시 용지아이파크 등)의 가격보다 상당히 저렴한 것을 알 수 있다. 2016~2017년도에는 아파트 가격이 유사했었는데, 지금은 타 아파트가 많이 올라 김해부원역푸르지오 아파트는 상대적으로 상당히 저평가로 보인다.

인접도시 대장 아파트와 시세 비교

☑ 김해 기입주 대장 아파트인 부원푸르지오(현재 분양권 상태인 김해연지푸르지오가 실제 대장임)는 청주지웰시티2차, 천안지웰더샵, 경산 펜타힐드더샵, 대구우방타운보다 시세가 유사 또는 동등했었으나, 현재는 이 아파트들보다 한참 시세가 떨어져 있는 상태임.

☑ 창원시 대장 아파트인 용지아이파크는 최근에 급상승하여 김해시 대장아파트와 격차를 벌리고 있음.

→ 김해 아파트는 과거 시세를 회복 못한 상태이며, 앞으로 타 지역 아파트들을 따라갈 확률이 높음.

과거는
미래의 거울

과거의 부동산 흐름을 보는 것은 중요하다. 미래의 부동산 흐름이 과거의 부동산 흐름과 유사하게 흘러갈 확률이 높기 때문이다. 또한, 과거 흐름을 통해 다른 지역과는 다른 그 지역의 특징을 알 수도 있다.

입주 물량과 매매/전세 지수

2003년도부터 김해시의 입주 물량과 아파트 매매/전세 지수가 어떻게 변해왔는지 살펴보자.

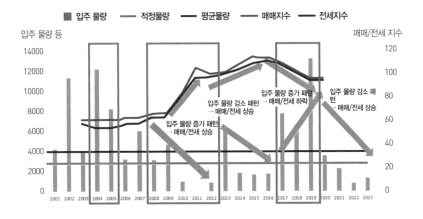

〈그림 7-5〉를 보면 김해시의 2004~2005년 입주 물량은 수요 대비 과다 기간으로 아파트 가격은 보합을 유지하였고, 2008년부터 2012년까지 아파트 공급이 감소 패턴으로 바뀌면서 이 시기에 아파트 매매/전세 지수가 급상승하는 것을 볼 수 있다. 2013년에 일시적으로 입주 물량이 많아 아파트 매매지수가 일시적으로 하락했으나(전세지수는 상승), 2014년도부터 다시 감소 패턴으로 바뀌면서 2014~2016년까지 이 지역의 부동산 가격이 많이 상승한 것을 알 수 있으며, 2017년부터 입주 물량이 증가 패턴으로 바뀌면서 아파트 가격도 급락하는 것을 알 수 있다.

여기서 중요한 포인트 2가지를 캐치할 수 있다. 첫 번째는 아파트 매매/전세 지수는 입주 물량과 밀접한 관련이 있다는 것이다. 두 번째는 1년 동안 입주 물량이 많아도, 그 이후 입주 물량이 적다면 소폭 하락하거나 보합을 유지하다가 다시 상승하는 한다는 것을 이해할 수 있다. 1년 동안 입주 물량이 많고 이후 입주 물량이 감소 패턴으로 돌아서는 경우, 오히려 그 시기가 투자 기회였다는 것을 알 수 있다.

미분양과 매매/전세 지수

〈그림 7-6〉을 보면 김해시의 미분양이 2010년부터 감소하면서 아파트 매매/전세 지수는 상승하는 것을 알 수가 있다. 2017년 6월부터 2019년 10월까지 미분양이 급격히 증가하면서 아파트 매매/전세 지수는 하락한다. 미분양이 증가했다는 의미는, 다른 말로 하면 그만큼 수

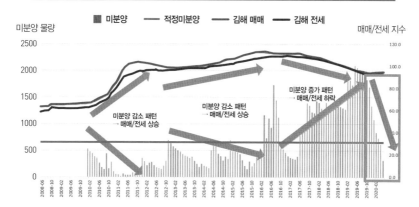

요 대비 공급량이 많았다는 것을 의미한다. 하지만 2019년 11월부터 2020년 상반기까지 미분양이 급격히 감소하고 있다. 미분양이 급격히 감소한다는 것은 그 지역의 부동산 흐름이 다시 좋아지고 있다는 것을 의미하기 때문에 이때를 1차 투자 기회로 삼을 수 있다.

1. 미분양과 매매/전세 지수
☑ 2010년부터 미분양이 감소하면서 매매/전세 상승하기 시작함.
☑ 2017년부터 미분양이 증가하고 이후 2019년 상반기까지 미분양 증가 패턴이 지속됨으로 인해 매매/전세가 하락함.
2. 2019년 하반기부터 미분양 감소하기 시작하며, 발 빠른 투자자는 2019년 하반기부터 진입하기 시작함.
3. 2020년 들어서 미분양 감소가 급격히 빨라지고 있음.

거래량과 매매/전세지수

거래량과 아파트 매매/전세 지수와의 관계를 알아보자. 거래량은 한 지역의 아파트 가격에 큰 영향을 미치며, 부동산 가격 상승의 선행지수라고 표현한 바 있다. 아래 〈그림 7-7〉을 보면 거래량이 많은 구간에서 아파트 가격이 상승하고, 거래량이 적은 구간에서 아파트 상승률이 적어지는 관계가 잘 나타난다.

한 지역의 아파트 거래량이 많아지면 시장에 매물이 감소하고, 일부 집주인들이 시장에 내놨던 매물을 다시 회수하기 때문에 시장에 매물이 더 부족하게 되어 아파트 가격이 상승된다.

김해시의 경우 2019년 하반기부터 거래량이 평균보다 증가하면서 아파트 매매증감률이 반등하는 모습을 보이고 있다. 이렇듯 거래량은

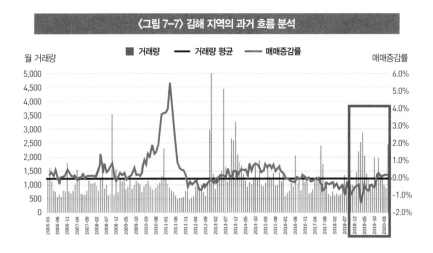

〈그림 7-7〉 김해 지역의 과거 흐름 분석

아파트 상승 흐름을 예측하는 중요한 지표가 된다. 앞으로 한 지역 또는 특정 아파트의 거래량을 유심히 살펴보자.

> 1. 아파트 거래량과 매매/전세 증감
> ☑ 아파트 거개량과 매매/전세 증감이 100%으로 일치하지는 않지만 아파트 거래량과 매매증감률은 비례관계를 보임
>
> > 아파트 거래량 증가 → 시장 매물 감소 → 집주인 매물 회수 → 시장 매물 감소 → 아파트 가격 상승
>
> ☑ 검정색 실선이 거래량 평균이며, 평균이상으로 거래량이 나타나면 매매가 증가율이 높아짐.
> 2. 2019년 하반기부터 거래량이 평균 이상으로 증가하면서 매매증감률이 반등하는 모습임.

과거 흐름 분석

2009년도부터 경상남도 창원시, 양산시, 거제시, 진주시, 김해시가 동시 다발적으로 상승(주황색)하기 시작했다. 상승 순서를 보면 창원시 → 김해시 → 거제시 = 진주시 → 양산시 순으로 상승하였다.

2019년 하반기에는 하락률이 점차 감소되다가 11월 25일에 창원시가 상승하기 시작하고 그 다음주에 김해시가 상승하기 시작했다. 10년 전 흐름과 상승 순서가 유사하게 가고 있다. 창원시와 김해시는 인접도

시로 경제와 인구 교류가 활발하기 때문에 부동산 역시 유사 흐름으로 간다고 이해해도 좋겠다(〈그림 7-8〉 참조).

김해시는 2019년 하반기에 하락률이 감소되다가 보합으로 바뀌고, 드디어 2019년 12월 9일 주에 상승률 0.21%를 기록했다. 대장아파트 또는 일부 아파트가 반등을 시작했다는 의미다. 김해시 상승 이후 거제시가 상승을 하면서 신기하게도 10년 전과 유사한 흐름으로 가고 있다. 경상남도의 핵심 도시인 창원시는 성산구, 의창구를 중심으로 높은 상승률로 다시 전환되었다. 즉, 주변 도시인 김해시 등이 10년 전과 유사하게 흘러갈 확률이 높다고 볼 수 있겠다.

〈그림 7-8〉 김해지역의 과거 흐름 분석(2009/2019~2020년)

	경남	통합창원	진해구	양산	거제	진주	김해
09/3/9	0.08	0.15	-0.12	0.00	0.00	-0.11	0.13
3/16	0.05	0.11	-0.06	0.00	0.00	0.05	-0.02
3/23	0.06	0.08	-0.55	0.00	0.00	-0.04	0.14
3/30	0.00	0.03	-0.01	-0.23	0.00	-0.10	0.11
4/6	0.01	0.05	-0.02	-0.17	0.00	-0.05	0.05
4/13	0.04	0.10	0.00	0.01	0.00	-0.01	-0.02
4/20	0.06	0.02	0.00	0.06	0.12	0.19	0.04
4/27	-0.04	0.00	0.01	0.03	0.00	0.00	-0.23
5/4	0.06	0.01	0.01	0.00	0.46	0.02	0.03
5/11	0.03	0.05	-0.02	0.03	0.00	-0.01	0.03
5/18	0.03	0.06	0.00	-0.03	0.00	0.03	0.02
5/25	0.06	0.16	0.00	-0.07	0.00	0.00	-0.03
6/1	0.06	0.05	0.00	0.01	0.09	0.18	0.01
6/8	0.05	0.07	0.00	0.00	0.00	0.04	0.04
6/15	0.02	0.05	0.05	0.04	0.30	0.32	0.01
6/22	0.00	-0.06	0.07	-0.01	0.58	-0.27	0.01
6/29	0.01	0.03	0.01	0.01	0.00	-0.06	0.00
7/6	-0.01	0.01	0.00	0.00	0.00	-0.21	0.04
7/13	0.02	0.00	0.21	0.04	0.00	0.06	0.03
7/20	0.03	0.05	0.18	0.04	0.00	-0.01	-0.01
7/27	0.04	-0.01	0.00	0.10	0.15	0.02	0.07
8/3	0.05	0.04	0.01	0.02	0.10	0.00	0.08
8/10	0.08	0.09	0.17	0.14	0.14	0.00	0.03
8/17	0.06	0.04	0.01	0.00	0.12	0.01	0.12
8/24	0.08	0.09	0.01	0.09	0.24	0.06	0.01
8/31	0.13	0.13	0.07	0.04	0.08	0.19	0.17
9/7	0.18	0.16	0.00	0.06	1.02	0.00	0.01
9/14	0.21	0.08	0.01	0.12	0.99	0.07	0.24
9/21	0.10	0.15	0.06	0.02	0.15	0.02	0.05
9/28	0.16	0.04	0.26	0.21	1.14	-0.02	0.03
10/5	0.14	0.08	0.36	0.05	0.89	0.02	0.03
10/12	0.08	0.04	0.10	0.08	0.43	-0.03	0.06
10/19	0.21	0.13	0.16	0.10	1.14	0.22	0.00
10/26	0.16	0.31	0.00	0.00	0.08	0.13	0.01
11/2	0.09	0.08	0.09	0.00	0.46	0.02	0.02
11/9	0.11	0.08	0.00	0.05	0.53	0.02	0.04
11/16	0.27	0.44	0.00	0.21	0.00	0.11	0.15
11/23	0.17	0.28	0.09	0.15	0.07	0.07	0.07
11/30	0.01	0.03	0.10	0.00	0.04	0.00	-0.01

	경남	통합창원	마산합포구	마산회원구	성산구	의창구	진해구	양산	거제	진주	김해
10/21	-0.06	-0.08	-0.12	0.00	-0.04	0.00	-0.27	-0.01	-0.05	-0.08	-0.05
10/28	-0.06	-0.08	-0.11	-0.12	-0.10	-0.08	0.00	-0.09	-0.03	0.00	-0.03
11/4	-0.02	-0.05	-0.02	-0.14	-0.02	-0.11	0.00	0.00	0.00	-0.01	0.00
11/11	-0.03	-0.07	-0.02	-0.10	-0.07	-0.18	0.00	0.01	0.00	-0.05	0.01
11/18	-0.02	-0.03	-0.09	0.00	0.00	0.00	-0.07	-0.05	0.00	0.00	0.00
11/25	0.00	0.06	0.00	0.00	0.17	0.10	-0.09	-0.10	-0.04	-0.04	0.03
12/2	0.00	0.02	-0.04	-0.05	0.08	0.05	0.00	-0.01	-0.03	0.00	0.01
12/9	0.05	0.05	0.00	0.00	0.11	0.11	0.00	-0.07	0.00	-0.01	0.21
12/16	0.01	0.04	0.00	0.00	0.11	0.00	0.00	0.00	-0.05	0.00	0.00
12/23	0.01	0.01	0.00	0.00	0.03	0.00	0.00	-0.01	0.00	0.00	0.02
12/30	0.03	0.04	-0.05	0.00	0.11	0.10	0.00	0.00	0.00	-0.02	0.00
20/1/6	0.00	0.04	0.00	0.03	0.06	0.00	0.00	0.00	-0.05	0.00	0.00
1/13	-0.05	0.01	0.00	0.00	0.01	0.01	0.00	-0.01	-0.29	-0.05	-0.05
1/20	-0.01	0.00	0.00	0.00	0.01	0.00	0.00	0.00	-0.10	0.00	0.00
1/27	–	–	–	–	–	–	–	–	–	–	–
2/3								-0.14		-0.11	0.06
2/10	-0.02	0.00	0.00	0.00	0.00	0.00	0.00	-0.09	0.00	-0.13	0.06
2/17	-0.01	0.00	0.00	0.00	0.03	0.00	0.00	-0.06	0.00	-0.04	0.02
2/24	0.00	0.00	0.00	0.00	0.00	0.00	0.00	-0.02	0.00	-0.05	0.02
3/2	-0.01	0.00	-0.01	0.00	0.00	0.00	0.00	0.00	0.00	-0.14	0.03
3/9	-0.01	0.00	0.00	0.00	0.00	0.00	0.00	-0.09	-0.02	-0.03	0.04
3/16	0.00	0.00	0.00	-0.02	0.00	0.00	0.00	-0.01	0.00	-0.02	0.01
3/23	-0.02	0.00	0.00	0.00	0.00	0.00	0.00	-0.07	-0.06	-0.02	0.02
3/30	0.00	0.00	0.00	0.00	0.00	0.00	0.00	0.02	0.00	-0.07	0.03
4/6	-0.02	0.00	0.00	0.00	0.00	0.00	0.00	0.00	-0.26	-0.06	0.10
4/13	-0.01	0.00	0.00	0.00	0.00	0.00	0.00	0.00	-0.07	0.00	0.00
4/20	-0.01	0.00	0.00	0.00	0.00	0.00	0.00	-0.04	-0.09	-0.01	0.04
5/4	-0.02	0.00	0.00	0.00	0.00	0.00	0.00	-0.08	-0.19	0.00	0.05
5/11	-0.02	0.00	0.00	0.00	0.00	0.00	0.00	-0.20	-0.04	0.00	0.04
5/18	-0.01	0.00	0.00	0.00	0.00	0.00	0.00	-0.02	-0.03	-0.02	0.01
5/25	0.00	0.00	0.00	0.00	0.00	0.00	0.00	0.00	0.00	0.00	0.00
6/1	0.00	0.00	0.00	0.00	0.00	0.00	0.00	-0.03	-0.08	-0.01	0.02
6/8	0.00	0.00	0.00	0.00	0.00	0.00	0.00	-0.07	0.00	0.00	0.02
6/15	0.06	0.10	0.00	0.00	0.08	0.44	0.00	0.00	0.19	0.00	0.00
6/22	0.16	0.33	-0.09	-0.09	0.70	0.81	0.00	0.00	0.59	-0.16	0.00
6/29	0.08	0.20	0.00	0.00	0.28	0.69	0.00	0.00	0.09	-0.01	0.00

1. 2009년에 경상남도는 전체적으로 동시 다발적으로 상승함
2. 2019년도 하반기에 하락률이 점차 감소되다가 상승불이 들어오기 시작함
3. 2020년 6월에 경상남도 대장인 창원은 강한 상승불이 들어오기 시작함

→ 경상남도 전체 상승의 신호탄일까? Yes, 그럴 가능성 높음 : 김해는 2020년
　하반기부터 강한 상승불(주황색)이 나타나기 시작할 확률이 높음

어떤 아파트에
투자해야 하는가

한 도시의 아파트를 투자할 때 안정적으로 투자하기 위해서는 핵심 '동', 즉 평단가 높은 '동' 위주로 투자하는 게 좋다. 구축을 투자하는 경우에도 너무 외곽 '동'의 아파트보다는 평단가 순위가 높은 '동'의 아파트 위주로 투자를 해야 안정적인 투자가 된다. 그래서 전체 '동'의 평단가를 계산하여 순위를 정렬해서 평단가 상위 '동'의 아파트만 투자로 검토한다.

한 지역의 모든 아파트를 투자 대상으로 둘 필요는 없다. 그 많은 아파트를 투자할 필요도 없으며, 대부분 사람들은 투자금도 그리 많은 수준이 아니기 때문에 상위 '동' 위주로 투자하는 게 현명한 방법이다.

〈표 7-2〉 김해시 지역 이해

순위	동	매매가(평)	전세가(평)	전세가율	6개월전 대비상승률	비고 1	비고 2
1	부원동	1205	818	68%	8.00%	김해시청, 부원역, 김해시청역, 부원역 아이스퀘어몰, 김해부봉지구 인접	김해부원역푸르지오(14년식), 그린코아더센텀(18년식), 역세권 아파트
2	장유동	1135	660	58%	6.80%	김해율하2지구, 18년 이후의 새아파트	김해율하시티프라디움, 원메이저힐스, 원메이저푸르지오, 율하자이 (18~19년식)
3	봉황동	1119	792	71%	6.90%	김해부봉지구(소규모, 1개단지), 봉황역, 신세계, 이마트 인접	e편한세상 봉황역(17년식)
4	주촌면	1000	624	62%	9.00%	주촌선천지구	김해센터큐씨티(18), 김해센텀두산위브더제니스(19), 김해외동 인접
5	율하동	878	594	68%	5.10%	율하1지구, 율하2지구 인접, 김해외고 존재, 학군/학원가 우수	2008.12~14년식 아파트, 율하e편한세상 등
6	내덕동	710	492	69%	-2.30%	김해내덕지구, 장유역(21년예정), 부전마산선 공사중, 김해골든루트산업단지 인접	장유서희스타힐스(16년)
7	관동동	686	469	68%	4.00%	율하동 윗동네	죽림마을7단지풀에버(13), 죽림마을14단지(13) –>관동초 초품아
8	내동	667	482	72%	-1.00%	박물관역, 연지공원, 홈플러스, 연지마을, 임호마을	94~98년식 아파트, 임호중/가야중, 경운중, 연지공원푸르지오 대장아파트 존재
9	김해시	637	452	71%	3.80%		
10	지내동	627	508	81%	-2.60%	지내역, 김해대학역 근처	00~03년식 아파트, X
11	삼계동	624	475	76%	-2.10%	가야대역, 장신대역, 가야대학교 김해캠퍼스, 김해시민체육공원	삼계중, 분성초/중/고/여고(학군우수), 분성마을 아파트(02~05)
12	외동	620	439	71%	5.60%	내동 아랫동네, 김해생명과학고	93~97년식 아파트, 김해쌍용예가더클래스(분양권, P4천)
13	구산동	617	449	73%	1.10%	연지공원역	구산중, 90년대식 아파트
14	신문동	587	419	71%	3.50%	–	–
15	삼문동	571	409	72%	11.60%	–	–
16	전하동	568	429	76%	-3.40%	–	–
17	동상동	564	403	71%	-2.80%	–	–
18	진영읍	558	389	70%	9.70%	김해진영2택지지구	
19	대청동	518	370	71%	6.10%		
20	무계동	502	366	73%	-1.90%	장유묵계지구	
21	안동	492	363	74%	-3.90%	장유IC근처 아파트는 대체적으로 년식이 오래됐고 저렴함	
22	부곡동	465	360	77%	-2.80%	–	–
23	어방동	459	360	78%	-2.10%	–	–
24	삼방동	409	300	73%	-3.90%	–	–

1. 김해시는 상승하는 동과 하락하는 동이 동시에 존재하는 지역.
2. 김해시는 24개의 동으로 이루어져 있으며, 투자 진행 시 1차적으로 평단가가 높은 순 (아래 색이 표시되어 있는 동)으로 먼저 검토해야 함.

그리고 비고란에 그 '동'의 특징을 기입하여, 그 지역을 가보지 않고도 입지를 어느 정도 수준까지 이해할 수 있도록 만드는 게 좋다.

그리고 네이버 지도 등을 통해 입지를 보면서 한 '동'의 주요 입지 특징을 기록한다. 지방 도시는 학군/학원가가 중요하므로 아래 〈그림 7-9〉처럼 학원가가 밀집되어 있는 위치도 같이 나타내면 좋다.

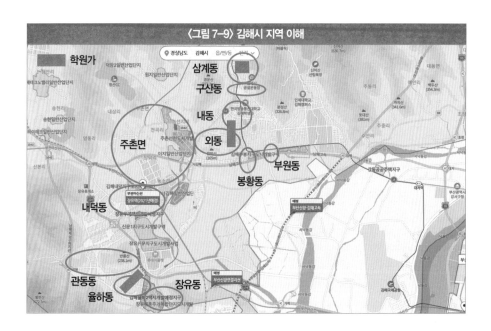

〈그림 7-9〉 김해시 지역 이해

김해시의 가장 먼저 검토해야 할 지역은 학군/학원가가 우수한 지역(율하동/장유동, 내동, 삼계동)

삼계동	초중고가 몰려 있으며, 우수한 상권/학원가 보유, 신규/분양권 위주로 상승함, 2013년식 아파트까지 투자자가 진입
내동	학군/학원가가 우수한 지역임. 구도심이어서 90년대 아파트가 존재, 현재 연지공원푸르지오 건설 중(현재 김해시 대장 아파트).
율하동	학군/학원가 우수한 지역, 특히 학원가가 가장 발달함(평촌 신도시 같은 지역), 율하지구 2008~2014년식 아파트.
장유동	율하2지구 택지지구, 율하동 바로 인접하여 모든 인프라 누릴 수 있음.
주촌면	신규 택지 지구임. 현재는 인프라가 부족하나, 꽤 넓은 택지지구이므로 병원, 트램 등 시간이 갈수록 입지는 좋아질 것임
봉황동/부원동	신세계, 이마트, 아이스퀘어몰 등 대형 쇼핑몰이 인접하여 입지가 좋음. 연지푸르지오 다음 대장아파트 존재한 동네(부원역푸르지오, 부원역그린코아더센텀 등)

구산동의 김해구산동이진캐스빌1, 2단지(연지공원푸르지오 인접, 공원 조망 가능).
주촌면에 인접한 아파트 : 외동의 김해외동협성엘리시안, 김해쌍용예가더클래스.
율하동에 인접한 아파트 : 관동동의 죽림마을7단지한림풀에버 등.

상기와 같이 지도에 관심 '동'을 표기하게 되면 자연스럽게 임장동선을 그릴 수가 있다. 김해시를 보면, 삼계동 → 구산동 → 내동 → 외동 → 봉황동 → 부원동 → 주촌면 → 내덕동 → 관동동 → 율하동 → 장유동 순서로 임장을 다녀오면 좋을 것 같다. 물론 여기서 언급한 지역을 세세히 검토하려면 시간이 많이 필요하다. 투자금 등을 고려하여 자신과 맞는 '동'만을 고려해도 상관없다.

이처럼 사전에 자료를 조사한 후 임장을 통해 현장에서 부동산 흐름을 느끼는 것이다. 이런 과정을 거치면 한 지역의 부동산 흐름이 자연스럽게 눈에 들어오게 된다. 신축 위주의 상승을 하고 있는지, 구축 중에 어느 동까지 상승 흐름이 전이가 됐는지 등을 알 수가 있으며, 앞으로 상승 흐름 예측도 가능하다. 이런 분석 단계 이후 원하는 '동'의 아파트를 조사하여 본인과 맞는 아파트(투자금, 상승 시기 등)에 투자를 하면 되는 것이다.

〈그림 7-10〉 김해시 지역 이해

투자를 너무 어렵게 생각하지 말자. 여기서 언급된 모든 데이터를 검토할 필요도 없고, 한 지역의 모든 아파트를 전수 조사할 필요도 없다. 여러분이 판단하여 필수적으로 봐야 할 데이터를 선별하고, 그 데이터를 바탕으로 현장에 가서 조사하면 된다. 현장에서는 한 지역의 모든 아파트를 검토할 필요없이, 관심 있는 '동' 위주로 검토하면 좋겠다.

한 지역의 흐름을 알기 위해 지역분석하는 것은 중요하다. 한 지역의 부동산 흐름을 알 수 있을 뿐만 아니라 앞으로 어느 지역으로 부동산 흐름이 퍼져 나갈 수 있는지 예측도 가능하다.

마중물의   투자상담소

저평가 지역을 쉽게 찾는
방법은 없나요?

지금까지 저평가 지역을 찾는 방법에 대해 기본적인 개념들을 살펴보며 공부했습니다. 어쩌면 다양한 지표들을 참고해야 하기 때문에 어렵다고 느껴지시는 분들도 있을 것 같습니다. 이런 분들을 위해 아주 손쉽게 저평가 지역을 찾을 수 있는 방법을 알려드리겠습니다.

물은 높은 곳에서 낮은 곳으로 떨어지듯이 아파트도 마찬가지로 일반적으로 평단가 높은 아파트가 먼저 오릅니다. 즉, 한 지역의 부동산 경기가 살아날 때 그 지역의 대장급 아파트가 먼저 오른다고 볼 수 있습니다. 만일 특정 지역의 부동산이 많이 오를 경우 주변 지역의 대장급 아파트 시세가 그대로거나 인구가 유사한 도시의 대장급 아파트가 시세 변동이 없다면, 상승 조건이 맞춰졌을 때, 수변 도시 또는 유사 도시의 대장급 아파트가 가장 먼저 급상승할 확률이 높습니다. 그래서 이 도시들의 대장급 아파트들을 선점해서 들어가는 투자는 좋은 투자가 될 수 있으며, 이 도시들의 대장급 아파트가 움직이는 것을 확인 후 주변 아파트들을 소액으로 공략하는 방법도 아주 훌륭한 투자 방법입니다. 개인적으로는 후자를 더 선호합니다. 왜냐하면 소액의 투자금으로 투자를 할 수 있기 때문이죠.

이런 대장급 아파트를 확인할 수 있는 방법은 다양합니다. 먼저 조인스랜드, KB부동산 등의 부동산 사이트를 통해 아파트 시세를 확인하는 방법이 있습니다. 이 경우에는 아파트 시세 데이터를 가공해서 봐야 하기 때문에 시간이 오래 걸리는 단점이 있습니다. 두 번째는 부동산 분석 어플을 통해 확인하는 방법이 있습니다. 최근에 부동산 데이터를 제공하는 툴이 많아져 이전보다는 부동산 투자하는 환경이 아주 좋아졌습니다. 분석 시간을 줄이기 위해 이런 툴을 사용하는 것은 현명한 자세입니다. 다만 이런 툴을 활용할 때 최소한 출처가 어디인지 확인하고 보면 더 깊은 이해가 될 것입니다.

부동산 툴 중 '아실'을 활용하는 방법을 설명해보겠습니다. '아실' 어플을 활용해도 되고 '아실' 인터넷 사이트를 활용해도 됩니다. '아실' 메인화면에 최고가 아파트를 아래 그림과 같이 선택합니다. 그 다음에 평형대를 선택할 수 있습니다. 저는 일반적으로 가장 선호하는 평형대인 30평대 아파트의 시세를 기준으로 한 지역의 저평가 여부를 평가하는 편입니다.

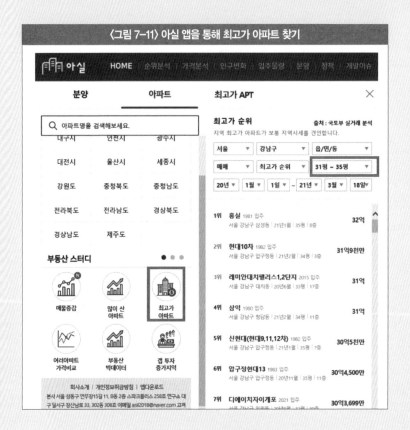

〈그림 7-11〉 아실 앱을 통해 최고가 아파트 찾기

이제 〈그림 7-11〉과 같이 강남구의 30평형대의 가격이 높은 아파트 순서대로 아파트 리스트를 확보할 수 있습니다.

이런 방법으로 서울시의 25개구의 대장급 아파트 리스트를 확보할 수 있습니다. 한 가지 팁을 더 드리자면, 세부적으로 부동산 흐름을 보고 싶은 독자들은 '동'별로 대장급 아파트를 파악하는 것을 추천합니다. 예를 들어 강남구에는 12개의 동이 있는데, 12개동의 대장급 아파트가 한 번에 다 오르지는 않죠. 12개 동의 대장급 아파트를 파악할 수 있으면 현재 부동산 흐름이 어느 동까지 흘러가는지 쉽게 파악이 가능합니다.

서울시를 예로 들었지만 인천, 경기와 지방도시까지 동일하게 적용되는 방식이니 투자할 때 활용하시길 바랍니다.

8장

부의 규모, 어떻게 확장시키는가

루프(Loop) 방식의 투자

1장에서 단기 투자와 중/장기 투자를 구분해서 투자해야 한다고 언급했다. 단기 투자는 주로 지방도시, 외곽 지역, 저렴한 아파트 등의 투자를 말하는 것이고, 중/장기 투자는 광역시/수도권/지방 거점도시 등의 대한 투자여야 한다. 대부분의 사람들은 투자자금이 넉넉지 않기 때문에 단기 투자를 통해 벌어드린 수익을 안정적인 투자처인 장기 투자 대상으로 갈아타야 한다.

2014년부터 투자를 시작하며 투자 초창기에는 지방도시 아파트 투자와 용인, 일산 등에 위치한 수도권 외곽 아파트 투자, 광역시 중에서 핵심지에서 벗어나는 아파트 투자를 먼저 했다. 그렇다고 핵심 지역의 아파트 투자를 안 한 것은 아니다. 투자 가치가 좋다고 생각하면 비교적 투자금이 많이 들어가는 아파트 투자와 소액으로 가능한 아파트 투자를 병행했다.

루프 방식의 투자란 무엇인가

단기 투자를 통해 벌어들인 수익금은 핵심 지역의 아파트를 투자하는 자금으로 사용하여 비핵심지에서 핵심지로 갈아타기를 진행하고 있다. 이것이 내가 말하는 루프 방식의 투자로 단기 투자를 통한 수익금을 핵심지 중/장기 투자로 전환하는 방식의 투자를 말한다.

단기 투자를 진행할 때는 레버리지를 십분 활용하여 투자금을 줄여 수익률을 높이는 데 주력하였고, 핵심 지역의 아파트 투자는 수익률보다는 수익금에 치중한 투자를 하였다. 가장 좋은 투자는 핵심 지역의 아파트를 레버리지를 활용해 소액으로 투자하는 것이다.

"핵심 지역의 아파트를 소액으로 어떻게 가능한가?"라고 질문할 수도 있겠다. 하지만 과거로 돌아가보면 핵심 지역의 아파트를 비교적 소액으로 진입할 수 있는 기회는 여러 번 있었다. 실제로 2015년도에 서울 강남의 아파트를 레버리지 활용해 5천만 원~1억 원 투자로 진입할 수 있는 기회가 있었다. 2016년에 대전의 크로바 아파트도 약 3천만 원 투자로 진입할 수 있었고, 2019년에 청주 지웰시티2차 아파트도 약 3천만 원 투자로 진입할 수 있었다. 현재도 한 지역의 대장 아파트를 소액으로 투자할 수 있는 지역이 보인다.

만일 소액의 투자금으로 핵심 지역의 아파트를 매수할 수 있으면 당장 매수하는 게 좋다. 이런 조건의 아파트를 찾으려면 몇 년간 부동산 하락장을 맞으면서 부동산 심리가 완전 무너진 지역을 찾아야 한다. 쉽게 오는 기회가 아니다. 이런 지역의 특징은 매수심리가 완전히 무너져 집 사기를 꺼려하고, 전세를 살려고 하는 경향이 강한 곳이다. 다시 말해 매매가는 보합 또는 하락하는데, 전세가가 올라가는 지역을 말한다.

핵심 지역 아파트에 투자하라

사실 핵심 지역의 아파트 투자는 비교적 안정적인 투자라 투자 자금만 있으면 누구나 쉽게 가능한 반면, 비핵심 지역의 아파트는 매수하기는 쉬우나 매도가 어려울 수가 있다. 말 그대로 많은 사람들이 살고 싶어하는 아파트가 아니기 때문에 수요가 제한적인 단점이 있다. 비핵심 지역의 아파트 투자는 매도시기를 잘 잡아야 하고, 매수를 할 때부터 언제 매도를 할지 플랜을 갖고 투자하는 게 좋다. 그래서 이런 류의 아파트 투자를 하기 전에는 많은 검토가 필요하다. 난이도가 있는 투자이며, 난이도가 있는 만큼 달콤한 수익률을 맛볼 수 있는 장점이 존재한다.

　투자 초창기에는 잃지 않는 투자가 중요하므로 비핵심지의 아파트 투자보다는 핵심 지역의 아파트 투자를 하길 권한다. 투자에 발을 내딛는 첫 걸음부터 제대로 된 땅을 밟지 못해 손실이 난다면 부동산 투자에 거부감이 들기 때문이다. 한번 거부감이 들기 시작하면, 다시 부동산에 관심 갖기까지 오랜 시간이 걸린다. 본인이 살고 있는 지역의 아파트가 많이 오르고 나서야 다시 관심을 갖게 되고, 그동안 많은 기회비용을 잃게 되는 결과를 초래한다.

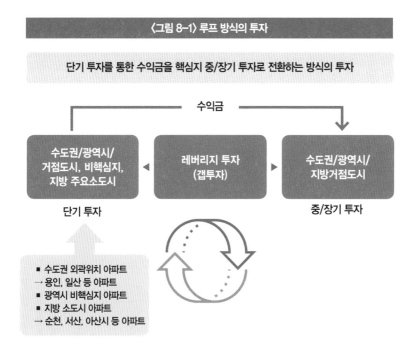

〈그림 8-1〉 루프 방식의 투자

단기 투자를 통한 수익금을 핵심지 중/장기 투자로 전환하는 방식의 투자

수익금

| 수도권/광역시/
거점도시, 비핵심지,
지방 주요소도시 | ◀ | 레버리지 투자
(갭투자) | ▶ | 수도권/광역시/
지방거점도시 |

단기 투자 　　　　　　　　　　　　　　　　　　　　　중/장기 투자

■ 수도권 외곽위치 아파트
→ 용인, 일산 등 아파트
■ 광역시 비핵심지 아파트
■ 지방 소도시 아파트
→ 순천, 서산, 아산시 등 아파트

다시 한번 정리해 보면, 루프 방식의 투자를 통해, 즉 비핵심지의 아파트 소액 투자를 통해 발생된 수익금을 핵심 지역의 아파트로 갈아탄다. 이 방식으로 투자 수익금을 높여 나가면서 안정적인 투자로 전환시켜야 한다.

루프 방식 투자의 사례

2015년 용인시 외곽에 위치한 20평대 아파트를 매수했다. 용인시 기흥구 최외곽에 위치한 아파트라 매매가는 1억 4,500만 원에 불과하였고, 전세가는 1억 4천만 원 정도 하였다. 전세라는 레버리지를 활용하여 투자금 500만 원으로 아파트를 매수하였다.

용인시 기흥구에 20평대 아파트가 부족한 것을 확인했고, 향후 2년 간 전체 입주 물량도 부족해 아파트 매매가가 오를 가능성이 높다고

〈그림 8-2〉 용인시 연도별 입주 물량

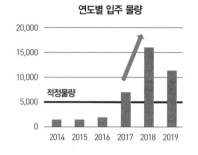

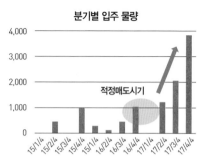

판단했다. 2년 후에 매도할 목적으로 아파트를 매수한 것이다. 매수하기 전에 2년 후 분기별 입주 물량을 분석하여 적정 매도시기를 이미 파악한 상태여서 투자에 대한 불안함은 없었다.

〈그림 8-2〉에 보는 바와 같이 용인시는 2017년부터 입주 물량이 증가하는 패턴이었다. 분기별로 살펴보면, 2017년 1/4분기에 공급 물량이 전무하였다. 2017년 1/4분기를 적정 매도 시기로 판단하여 매수를 진행한 것이다. 2년 후 예상한 매도 시기가 도래하여 부동산에 매물을 내놓았지만 간혹 집을 보러 오는 사람은 있었으나, 선뜻 매수에 나서는 사람은 없었다. 매물을 내놓고 조금 더 기다리자, 3주 후에 매수자가 나타나 적당한 가격에 매도할 수 있었다.

여기서 2가지를 생각해 볼 수 있을 것 같다. 첫 번째는 매수하기 전부터 철저한 분석을 통해 매도 시점을 예측하여 집을 매수하는 게 중요하며, 두 번째는 외곽 지역의 아파트는 수요가 한정적이라 매도하기가 쉽지 않다는 것이다. 이런 것을 미리 인지한 후 외곽 지역의 아파트를 매수해야 성공확률이 높다.

집중 투자로
지역을 분산하라

이번에는 집중 투자를 통한 지역 분산하기에 대해 알아보자. 투자 경험을 통해 만들어진 방식이며, 투자에는 정답이 없기에 참고해서 자기만의 방식을 만드는 게 중요하다는 말을 먼저 하고 싶다.

이 책의 독자들은 대부분 직장인일 것이다. 직장인들은 회사에서 많은 시간을 보내기 때문에 투자하기에 매우 좋은 환경은 아니다. 물론 일부 직장인들은 잠을 쪼개 가면서 투자 공부를 하거나 자투리 시간을 활용하여 투자를 이어나가는 사람들도 있다. 직장은 대부분 사람들이 시간을 많이 보내는 공간이자 생계를 유지하는 수단이기 때문에 매우 소중하다. 이렇기 때문에 직장생활을 소홀히 할 수도 없다. 그런 직장인들을 위해 현실적으로, 투자를 진행하고 어떻게 투자 지역을 확대해 나가는지 알려주고 싶었다. 이번 장에서 설명하는 투자 방식은 거창하거나 따라하기 어려운 방법은 아니다. 알고 나면 정말 단순하다.

월급쟁이의 부동산 투자법

직장인은 투자하는 데 많은 시간을 낼 수 없으므로 직장인 시절 어떻게 효율적으로 투자를 할 수 있을지 고민한 방법, 7년간의 투자생활을 통해 만들어낸 방식을 말해주고 싶다.

먼저 투자 지역이 선정되었으면, 자신과 맞는 투자 지역을 1군데 또는 2군데로 압축해라. 1군데 지역이면 그 지역을 이해하는 데 더 유리하다. 한 지역의 부동산 사이클은 한 번만 오는 게 아니라 수차례 반복해서 진행된다. 그것은 한 지역의 부동산 투자 기회가 한 번만 오는 것이 아니라 수차례 온다는 말과 같다. 처음부터 여러 지역의 부동산 시장을 보지 말고 한 지역을 디테일하게 이해해 한 지역에서 수차례 투자를 진행한 후 수익을 통해 다음 지역으로 이동할 수 있다.

한 지역의 시장을 디테일하게 이해하기 위해서는 시장 밖에서 시장을 바라보면 안 된다. 시장 안에서 시장 안을 바라봐야 한다. 시장 안에서 시장을 바라본다는 말은 사전에 한 지역 분석을 하는 것뿐만 아니라 그 데이터를 정기적으로 시장과 매치하는 작업을 해야 한다는 말이다. 즉 투자를 한 번 하고 나면 끝이 아니라 그 지역 부동산 시장이 어떻게 돌아가는지 모니터링이 필요하다. 이런 과정을 거치게 되면 수년간 한 지역의 부동산 흐름을 속속들이 이해할 수 있고, 이런 흐름이 다른 지역에도 유사하게 흐르기 때문에 다른 지역을 투자할 때도 비슷한 프로세스로 진행하면 된다.

단, 한 지역을 투자처로 선정할 때 4년 이상 오를 지역을 선정해야 한다. 〈그림 8-3〉과 같이 투자 후 2년 후에 핵심 지역의 아파트는 보유하여 전세 증액분으로 자금을 확보하고, 비핵심 지역의 아파트는 매도하여 자금을 확보한다. 이 확보된 자금으로 그 다음 선정된 지역으로 가서 투자를 진행한다. 마찬가지로 2년 후 일부 아파트는 보유하고(전세 증액분을 확보) 일부 아파트는 매도하여 투자금을 확보한다. 이 확보된 투자금으로 그 다음 지역으로 투자 지역을 옮겨서 투자한다. 이런 과정을 거치면 6년 동안 3군데 지역을 투자하게 되어 자연스럽게 투자

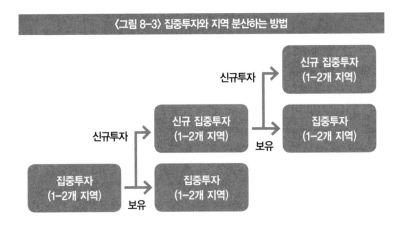

〈그림 8-3〉 집중투자와 지역 분산하는 방법

지역이 분산되며, 비교적 입지가 우수한 아파트 보유 개수를 늘릴 수가 있다.

투자 지역을 분산해야 하는 이유

투자 지역이 분산되면 좋은 점이 2가지가 있다. 첫 번째는 리스크가 분산된다. 부동산은 모든 지역이 다 오르는 경우보다 그렇지 못한 경우가 더 많다. 한 지역에만 투자하게 된다면 예상치 못한 리스크에 취약하다. 그 지역이 하락세로 돌아선다면 많은 손실을 볼 수밖에 없다. 과거로 거슬러 올라가보면, 노무현 정권 시절에 수도권 부동산 가격이 엄청난 상승세에 있었다. 그 상승세가 계속 갈 것만 같았지만, 2008년 미국 서브프라임 모기지로 초래된 전 세계 금융 위기인 리먼사태와 분양가상한제 등 정부 규제에 의해 수도권 부동산은 암흑기가 시작되었다.

이 당시에 수도권에만 투자했던 사람들은 큰 손실을 입어 투자 세계를 떠난 사람들도 적지 않았다. 하지만 이 시기에 지방에 투자했던 사람들은 또 다른 기회를 맞을 수 있었다. 2008년부터 지방 부동산 시장은 슈퍼사이클을 준비하고 있었다. 부산광역시, 대전광역시, 광주광역시의 상승을 필두로 점차 그 인근 지역으로 부동산 심리가 퍼져나가 2015년까지 지방 대부분 지역은 크게 상승했다. 한 지역에만 투자하는 게 얼마나 큰 위험을 초래하는지 알 수 있는 단적인 예였다.

두 번째는 매년 안정적인 수익이 가능하다. 부동산은 지역마다 사이클이 다른 특징이 있다. 아무리 전국적으로 상승하는 시기를 맞았다고 하더라도 실제 상승되는 시기는 조금씩 다르다. A라는 지역이 상승후 보합 되는 시기가 있고, B라는 지역이 보합 후 상승되는 시기가 있다. 이 두 아파트의 상승 시기가 교차한다면 끊임없는 부동산 상승이 가능하다. 즉 수익을 지속적으로 확보하므로 리스크 없는 투자가 가능하다는 말이다. 투자는 한두 번 하고 끝낼 게 아니라 지속적으로 하는 것이므로 '하이 리스크 하이 리턴 High Risk High Return' 보다는 '로우 리스크 미디엄 리턴 Low Risk Medium Return' 이 더 낫다고 본다.

〈그림 8-4〉 분산투자를 통한 지속적인 시세 상승

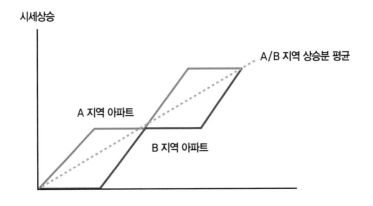

규모의 경제를 키워라

규모의 경제, 어떻게 키울까

지금부터 과거 내가 실행했던 실제 투자 사례를 통해 규모의 경제 (아파트 보유 개수)를 어떻게 키웠고 지역을 어떻게 분산해서 투자했는지 설명해보겠다. 2015년도부터 수도권 부동산 시장에 본격적으로 뛰어들었다. 고양시 화정동 별빛 ×단지아파트 33평을 3억 1천만 원에 매수해 전세를 2억 9천만 원에 놓았다.

고양시 화정동 아파트를 매수한 이유는 서울시 서대문구 재개발 이주 수요(지하철 3호선 라인)가 발생하면서 전세가가 오를 것으로 판단했

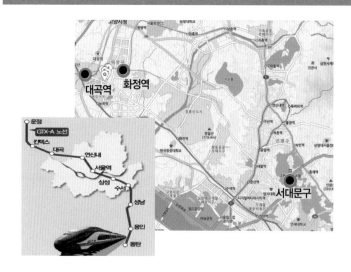

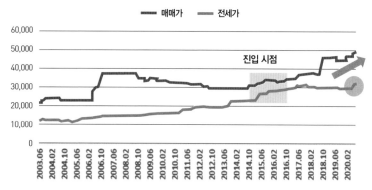

다. 이는 곧 매매가 상승으로 이어질 것이라 예상했다. 또한 인근에 GTX-A 정차역인 대곡역이 개발될 예정이라 가치는 점점 높아질 것이라 판단했다.

매수 후 1년이 지나 전세 세입자가 지방 발령으로 이사를 가게 되어 다시 전세를 내놓게 되었다. 그 사이 전세가가 올라 3억 2천만 원에 전세를 놓음으로써 전세 증액분 3천만 원이 생겼다. 같은 단지 아파트를 3억 5,500만 원에 추가 매수해 3억 2천만 원에 전세를 놓았다. 총 투자금 2,500만 원으로 수도권의 3호선 라인 역세권 아파트를 2채 소유할 수 있었다.

　　이렇듯 오른 전세금을 활용해 비교적 입지가 우수한 아파트로 규모의 경제(보유 개수)를 키워왔다. 혹자는 너무 위험한 투자 방식이 아니냐고 말할 수 있겠지만, 4년 이상 오를 아파트를 선정하여 진입하는 것이기 때문에 중간에 부침은 있을 수 있지만 큰 어려움 없이 진행할 수 있었다.

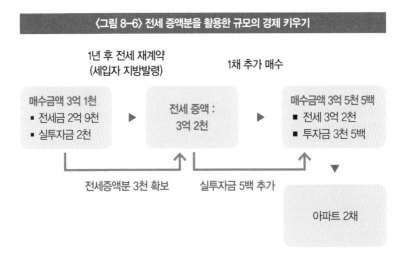

〈그림 8-6〉 전세 증액분을 활용한 규모의 경제 키우기

지역 분산 하는 법

한편 지역 분산을 어떻게 했는지 예를 들어 설명해보자. 2020년 한 해에 ××지역의 아파트 1채를 매도해 1억 1천만 원 투자금을 확보하였고, 아파트 2채의 전세를 증액하여 9천만 원을 확보해 총 2억 원의 투자금이 만들어졌다. 이 확보된 투자금으로 A와 B지역의 아파트를 신규로 진행하였다. 총 3채 중 2채는 보유하고, 1채를 매도해 투자금을 마련하고, 마련된 투자금으로 2군데 지역의 아파트를 투자했다. 3군데로 지역이 분산된 것이다. 이어서 신규 지역의 아파트를 투자해 규모

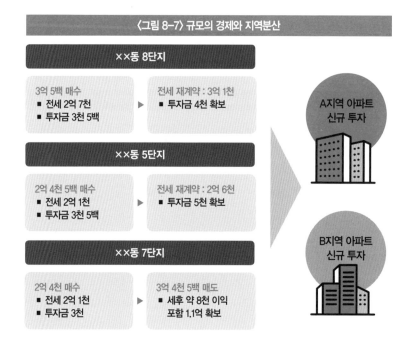

〈그림 8-7〉 규모의 경제와 지역분산

××동 8단지

3억 5백 매수
- 전세 2억 7천
- 투자금 3천 5백

전세 재계약 : 3억 1천
- 투자금 4천 확보

××동 5단지

2억 4천 5백 매수
- 전세 2억 1천
- 투자금 3천 5백

전세 재계약 : 2억 6천
- 투자금 5천 확보

××동 7단지

2억 4천 매수
- 전세 2억 1천
- 투자금 3천

3억 4천 5백 매도
- 세후 약 8천 이익 포함 1.1억 확보

A지역 아파트 신규 투자

B지역 아파트 신규 투자

의 경제를 확보하였다. 초기 3채를 투자할 때 1억 원의 자금이 들었으나, 이후 전세 보증금 증액분과 매도하여 발생된 시세 차익금을 바탕으로 신규 추가 자금 없이 6채를 보유할 수 있었다.

 마중물의 키포인트

1. **집중 투자를 통해 지역을 분산해라**
   비핵심지 아파트는 매도하고 핵심지 아파트는 보유하는 방식을 통해 리스크를 최소화해라.

2. **규모의 경제를 키워라**
   4년 이상 오를 지역을 선정해 일부 전세 증액분과 매도하여, 이때 발생된 시세 차익분을 활용해서 신규 지역으로 진입해 규모를 키워라.

마중물의 투자상담소

아파트 개수를 늘리면
세금이 문제가 되지 않나요?

맞습니다. 현재 정부에서 3년간 24번째 부동산 정책을 쏟아냈습니다. 24번째 부동산 정책 중 다주택자의 투자를 제한하기 위한 세금 규제 내용이 가장 많았습니다. 그중에 2020년 7월에 발표한 710 부동산 규제가 가장 강력한 규제라고 볼 수 있는데요. 2021년 6월 1일부터 다주택자 양도소득세 비율을 기존보다 10% 더 상향하는 법안을 발휘하게 됩니다.

〈그림 8-8〉 양도세

양도소득세	※ 매물 유도를 위해 내년 종부세 부과일(21.6.1)까지 시행유예

❶ **(단기 양도차익 환수)** 2년 미만 단기 보유 주택에 대한 양도 소득세율 인상
(1년 미만 40 → **70%**, 2년 미만 기본세율 → **60%**)

양도소득세 세율 인상(안)

구분		현행			12.16.대책	개선	
		주택 외 부동산	주택·입주권	분양권	주택·입주권	주택·입주권	분양권
보유기간	1년미만	50%	40%	(조정대상지역) 50% (기타지역) 기본세율	50%	**70%**	70%
	2년미만	40%	기본세율		40%	**60%**	60%
	2년이상	기본세율	기본세율		기본세율	**기본세율**	

❷ **(다주택자 중과세율 인상)** 규제지역 다주택자 양도세 중과세율 인상

* 기본세율(6~42%) + (10%p(2주택) 또는 20%p(3주택 이상) → 20%p(2주택) 또는 30%p(3주택 이상))

그리고 보유세인 종부세 역시 3주택 이상 및 조정대상지역 2주택에 대해 과세표준 구간별로 1.2~6%로 상향 조정하여 다주택자에 대한 압박을 가하고 있습니다.

다주택자 대상 종부세 중과세율 인상

○ (개인) '**3주택 이상 및 조정대상지역 2주택**'에 대해 과세표준 구간별로 **1.2% ~ 6.0%** 세율 적용

* '19년 주택부문 종부세 납세자는 51.1만명으로 전체인구 대비 1.0%(종부세 중과세율 적용대상은 0.4%)

종부세 세율 인상(안)

시 가 (다주택자 기준)	과 표	2주택 이하 (조정대상지역 2주택 제외, %)		3주택이상 + 조정대상지역 2주택(%)		
		현행	12.16	현행	12.16	개정
8~12.2억	3억 이하	0.5	0.6	0.6	0.8	1.2
12.2~15.4억	3~6억	0.7	0.8	0.9	1.2	1.6
15.4~23.3억	6~12억	1.0	1.2	1.3	1.6	2.2
23.3~69억	12~50억	1.4	1.6	1.8	2.0	3.6
69~123.5억	50~94억	2.0	2.2	2.5	3.0	5.0
123.5억 초과	94억 초과	2.7	3.0	3.2	4.0	6.0

* 공시가격 현실화율 75~85%, 공정시장가액비율 95%를 적용했을 경우

취득세도 마찬가지입니다. 2주택자 취득세 기존 1~3% 세율에서 8%로, 3주택 이상은 12%로 세율을 올림으로써 추가적인 주택 취득을 제한한 상태입니다.

부동산 취득부터 보유, 그리고 매도할 때까지 세금이 기하급수적으로 늘어나 현재 기준으로 여러 채를 보유하는 것은 현실적으로 어려움이 따릅니다.

하지만, 역사적으로 보면 부동산 정책은 부동산 시장 상황에 맞게 수시로 변해왔습니다. 부동산 시장이 안 좋을 때는 부동산 규제를 풀어서 활성화하고, 반대로 부동산 시장이 좋을 때는 규제를 통해 가격

〈그림 8-10〉 취득세

취득세

❶ (다주택자 부담 인상) 다주택자, 법인 등에 대한 **취득세율 인상**

* 2주택 8% / 3주택 이상, 법인 12%

취득세율 인상(안)

현 재			개 정		
개인	1주택	주택 가액에 따라 1~3%	개인	1주택	주택 가액에 따라 1~3%
	2주택			2주택	8%
	3주택			3주택	12%
	4주택 이상	4%		4주택 이상	
법 인		주택 가액에 따라 1~3%	법 인		

❷ (법인 전환 시 취득세 감면 제한) 개인에서 법인으로 전환을 통한 **세부담 회피를 방지**하기 위해 **부동산 매매·임대업 법인**은 현물 출자에 따른 **취득세 감면혜택**(75%) 배제

을 제한하는 정책을 반복적으로 시행해 왔습니다. 즉, 부동산 규제는 살아있는 생물과 같이 항상 변해왔기 때문에 다시 친(親)시장정책으로 바뀔 가능성이 크다고 볼 수 있습니다. 물론 정책이 바뀌는 시점까지 알 수는 없습니다.

흙수저가 금수저가 되기는 힘들겠지만, 최소 동수저가 되기 위해서는 규모의 경제를 키우는 방법밖에 없다고 생각합니다. 8장에서 설명한 바와 같이 시세차익분과 전세증액금으로 초기 1억 투자금으로 추가 투자금 없이 3채에서 6채로 늘어나는 마법을 보여줬듯이, 부동산으로 부를 이룬 대부분의 사람들이 이런 레버리지를 통해 규모의 경제를 키워왔습니다. 감당이 가능한 수준에서 레버리지를 통한 규모의 경제

는 부자로 가는 지름길이라는 것을 이 책을 읽는 독자들은 이해하셨으면 좋겠습니다.

9장

부동산
투자자라면
꼭 알아야 할
7가지 정보

서울 중위가와
지방 아파트의 상관관계

우리나라 부동산 시장은 서로 연동되는 경향이 강하다. 우리나라 국토 총면적은 1,003만 6,371ha로 세계 순위 107위에 해당한다. 러시아의 170분의 1, 미국의 90분의 1로 국토 면적이 넓은 국가에 비해 상당히 작은 크기이다.

우리나라 국토 면적이 작다 보니 한 지역의 부동산 심리가 다른 지역으로 급속도로 퍼져 나가는 경향이 있다. 부동산 심리는 크게 '지역 내 심리'와 '지역 간 심리'로 나눌 수 있다. 지역 내 심리는 지금까지 많이 살펴봤듯이, 어느 특정 지역의 아파트가 오르면 인접 아파트뿐만 아니라 그 지역 내의 다른 아파트까지 오르는 현상이다. 이 '지역 내 심

한국 총면적 1,003만 6,371.5ha (107위)
'17. 통계청 KOSIS 기준

1	러시아		17억 982만 5천
2	캐나다		9억 8,797만 5천
3	미국		9억 8,315만 1천
4	중국		9억 6천만 1,080
5	브라질		8억 5,157만 7천
6	오스트레일리아		7억 7,412만 2천
7	인도		3억 2,872만 5,900
8	아르헨티나		2억 7,804만
9	카자흐스탄		2억 7,249만 200
10	알제리		2억 3,817만 4천

출처: 네이버

리'를 확장하면, 어느 특정 도시가 오르면 그 부동산 심리가 다른 도시까지 영향을 미치게 되는데, 이게 바로 '지역 간 심리'가 된다.

더 쉽게 설명하면 수도권 부동산이 많이 상승하면 지방의 아파트가 저렴해 보이고, 지방 부동산은 상승 조건이 갖춰지면 수도권 부동산 가격을 쫓아 상승하게 된다. 반대도 마찬가지이다. 지방 아파트가 상승하면 상대적으로 수도권 아파트 가격이 저렴해 보이기 시작한다. 수도권 아파트도 마찬가지로 상승 조건이 갖춰지면 이전 위치로 돌아가기 위해 상승하기 시작한다. 그리고 A광역시가 상승하면, B광역시 아파트 가격이 상대적으로 저평가가 되어, 상승 조건이 맞으면 B광역시 아파트가 오르게 되는 것이다.

지방 아파트와 서울 중형 평균가 아파트의 상관관계

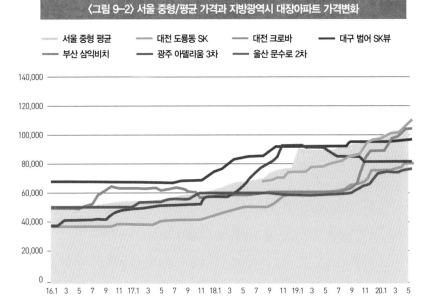

〈그림 9-2〉 서울 중형/평균 가격과 지방광역시 대장아파트 가격변화

〈그림 9-2〉는 서울 아파트 중형 중위 가격 및 중형 아파트 평균가와 지방광역시의 대장 아파트 가격 비교를 나타낸 그래프이다. 참고로 중위가격은 아파트 전체 중에서 중간에 위치한 가격을 말하며, 중형 평

균은 중형 면적(85m²초과~102m²이하)의 평균 가격을 말한다. 위의 그림을 보면 서울 아파트 평균가와 대장 아파트의 가격이 비슷한 양상을 보이는 것을 확인할 수 있다. 이런 현상을 가장 쉽게 설명할 수 있는 방법은 서울 아파트 중위 가격 또는 아파트 평균가와 지방의 대장 아파트를 비교하는 것이다. 대구 범어 SK뷰 아파트와 도룡동 SK뷰 아파트는 서울 평균 가격과 2019년 상반기까지 유사하게 패턴을 그리면서 상승해왔다. 반면에 부산 삼익비치, 울산 문수로 2차 아파트는 2019년 상반기까지 서울 평균 가격 패턴을 따라가지 못했다. 즉, 저평가 상태였다는 말이다. 2019년 하반기부터 그동안 따라가지 못했던 패턴을 따라가고 있는 것을 알 수 있다. 특히 부산 삼익비치 아파트는 짧은 기간에 급상승하면서 서울 평균 가격에 근접하게 따라간 것으로 보여진다. 이 그래프 하나만 갖고도 저평가 지역을 찾을 수가 있다는 게 놀랍지 않은가?

이 그래프는 저평가 지역을 찾는 것 말고도 많은 시사점을 내포하고 있다. 첫 번째는 지방광역시 대장 아파트를 가격을 유추할 때 서울 중형 평균(또는 중위 가격)을 활용할 수 있다는 것이다. 아파트 가격 변화표를 보게 되면 서울 중형 평균(또는 중위 가격)과 지방 대장 아파트가 연동되는 것을 확실히 알 수 있다. 지방광역시 대장 아파트의 가격은 서울 중형 평균(10억 원) ±α 로 살펴볼 수 있다. 여기서 α는 아파트가 신축인지 아닌지, 인구수가 얼마나 되는지에 따라 가격 변동이 생기는 것을 말한다.

〈표 9-1〉 서울 중위/평균 가격과 지방광역시 대장아파트 가격변화

	서울 중형 중위가격	서울 중형 평균	대전 도룡동 SK	대전 크로바	대구 범어SK뷰	부산 삼익비치	광주 아델리움3차	울산 문수로2차
'18.1	70,892	62,387	–	44,500	74,500	57,000	57,750	59,000
2	72,859	63,666	–	45,500	76,000	57,500	57,750	59,000
3	74,270	65,730		47,000	79,000	58,000	59,150	59,000
4	75,436	66,960	–	48,000	83,000	58,000	59,150	59,000
5	76,420	67,568	–	50,000	83,500	58,000	63,500	59,000
6	76,227	68,012	–	50,000	84,500	58,000	70,500	59,000
7	76,596	68,618	–	50,000	84,750	58,000	74,500	59,000
8	78,559	69,798	68,000	50,000	84,750	58,000	77,500	59,000
9	83,219	73,277	68,000	50,500	88,250	59,250	80,250	59,000
10	85,065	75,051	70,000	53,000	91,250	60,000	82,750	58,000
11	85,558	75,915	71,000	57,000	91,250	60,000	93,000	58,000
12	85,281	76,169	74,500	59,000	91,750	60,000	93,000	58,000
'19.1	102,193	89,033	74,500	60,500	91,750	60,000	93,000	58,000
2	101,316	88,831	74,500	60,500	91,750	60,000	93,000	58,000
3	98,654	88,433	77,500	58,000	91,750	60,000	91,500	58,000
4	99,246	88,210	78,000	58,000	91,750	60,000	91,500	58,000
5	99,365	88,250	78,000	58,000	91,750	60,000	91,500	58,000
6	101,163	88,552	80,000	59,000	91,750	60,000	88,000	59,000
7	104,475	90,049	81,000	60,500	91,750	60,000	85,000	59,000
8	105,917	91,012	83,500	61,500	91,750	62,000	85,000	59,000
9	107,405	92,025	86,000	65,500	94,750	62,500	85,000	60,000
10	107,835	92,393	87,000	65,500	94,750	67,000	85,000	63,000
11	109,452	93,660	95,000	68,000	94,750	84,000	81,500	64,000
12	112,812	95,508	97,000	75,000	94,750	89,000	81,500	69,500
'20.1	116,157	97,592	97,500	75,500	95,250	89,000	81,500	74,000
2	117,752	99,137	99,500	75,000	95,250	90,000	81,500	75,000
3	119,023	101,127	101,500	76,000	96,250	98,000	81,500	75,000
4	118,996	101,277	101,500	76,000	96,250	98,000	81,500	76,500
5	116,758	101,138	106,500	80,500	96,250	104,000	81,500	76,500

지방 광역시 대장 아파트(2020년 5월 기준) = 10억(서울 중형 평균) ±α(고려 사항 : 신축 여부, 지역 등)

두 번째는 지방광역시 대장 아파트 이외의 아파트를 검토할 때는 '시세 흐름 비교'에서 언급한 것과 유사하게 서울 중형 가격(또는 중위 가격), 지방광역시 대장 아파트 가격, 관심 있는 단지의 가격 흐름을 같이 보게 되면 관심 있는 아파트 단지의 향후 흐름을 비교적 쉽게 이해할 수 있을 것이다.

연계 지역과
인구 이동의 중요성

    한 도시의 부동산이 독립적으로 움직이는 도시도 있지만, 주변 지역과 연계해서 움직이는 도시도 있다. 바로 두 지역간 인구 교류가 활발한 지역들이다. 신도시가 생겼거나 산업지구가 새로 생긴 경우 등의 변화에 의해 지역간 연계가 일어날 수도 있으며, 한 지역이 규제 지역으로 묶여 인근의 지역으로 연계가 일어날 가능성도 있다. 이처럼 다양한 요인으로 묶인 연계 지역은 투자 지역으로 선정할 때 항상 같이 염두에 두어야 한다. 예를 들어 창원과 김해, 대전과 세종, 천안과 아산, 세종과 청주 등이다. 이런 지역은 다시 한 번 강조하지만 부동산 투자를 검토할 때 한 지역만 보는 것이 아니라 연계 지역의 부동산까지 같이 보는 게 좋다.

대전의 집값은 왜 하락했을까?

대표적인 지역인 대전, 세종과의 인구 이동에 관해 살펴보도록 하겠다. 세종시는 신도시로 2011년 세종시 첫 마을에 3단지퍼스트프라임 아파트가 입주가 시작되었고, 이후 매년 1만 세대에서 2만 세대가 입주되면서 엄청난 공급이 있었다. 지리적으로 가장 가까운 대전에서 새 아파트를 찾아 많은 인구가 세종으로 유출되었다.

아래 그림을 보면 2016년도에 약 1만 7천 명, 2017년에 약 2만 3천 명, 2018년에는 약 2만 2천 명이 대전에서 세종으로 6만 2천 명이 3년간 유출되었다. 경기도 가평군 인구가 약 6만 2천 명 정도 되는데, 군 단위의 한 도시가 사라질 정도의 엄청난 인구 이동이 있었다는 것이다.

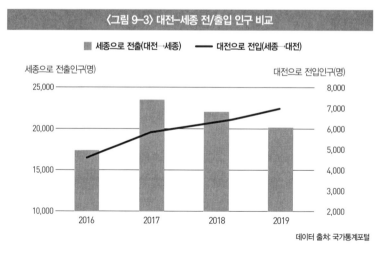

〈그림 9-3〉 대전-세종 전/출입 인구 비교

■ 세종으로 전출(대전→세종)   —— 대전으로 전입(세종→대전)

데이터 출처: 국가통계포털

이 인구 유출로 인해 대전 지역의 부동산은 하락기를 맞게 되었고, 3~4년간 대전은 부동산 침체기에 있었다. 하지만 세종으로 유출되는 인구가 2017년을 정점으로, 2018년부터 점차 감소되고 있는 것을 확인할 수 있다.

세종시 입주 물량이 줄어든 원인도 있지만, 세종시가 신도시이므로 정주 여건(교육, 쇼핑 등)이 불편하여 다시 대전으로 유턴하는 사람들이 생기기 시작했다는 말이다.

또한 대전이 3~4년간 부동산 침체기를 거치는 동안 건설사에서 분양 물량을 축소하면서 대전의 누적 공급 물량이 점차 부족해지게 되었다.

공교롭게도 이 시기부터 대전의 부동산 시장은 살아나기 시작했다. 세종시와 상대적으로 거리가 멀고 입지가 좋은 대전시 서구부터 상승이 시작되었다. 대전에서 세종으로 유출되는 인구 감소와 대전시의 그동안 누적 공급 물량이 감소되면서 대전시가 긴 부동산 침체기를 종결 짓고 상승 흐름으로 전환되었다.

이처럼 부동산 투자를 검토할 때 한 지역만 검토하는 것보다는 연계되는 지역까지 검토해야 한다. 만일 대전시 부동산 시장만을 검토했다면 진입 시점을 잡기도 어려울 뿐만 아니라 향후 부동산 시장을 예측하기가 쉽지 않았을 것이다.

내가 청주 아파트에 투자한 이유

또 다른 예를 들어보자. 2019년에 상반기에 청주시를 사전 공부 차원에서 현장조사를 갔었다. 청주시는 그동안 공급 물량이 지나치게 많아 가격이 많이 빠지는 도시이며, 다른 도시 대비 부동산 가격이 저렴해 저평가 상태였다. 미래에 투자처로서 매력적이라고 판단되어 사전에 지역을 공부하는 차원에서 현장 조사를 갔던 것이다. 현장에 가보니 시장이 예상과 다르게 과공급 기간임에도 불구하고 전세 매물이 많이 부족했다. 청주시 입주 물량은 2018년 1만 4천 가구가, 2019년 8천 가구로 인구수 대비 적지 않은 수준이다.

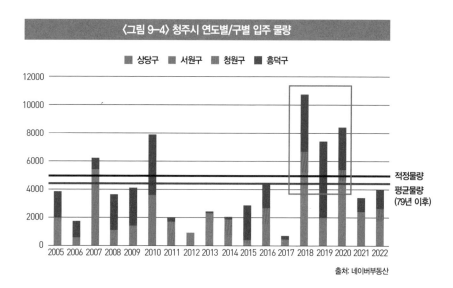

〈그림 9-4〉 청주시 연도별/구별 입주 물량

출처: 네이버부동산

입주 물량이 과공급 기간임에도 불구하고 청주시 전세 물량이 부족한 이유를 찾기 시작했다. 여러 가지 자료를 찾은 후 고민 끝에 그 이유를 2가지로 압축할 수 있었다.

첫 번째, 청주 시민들이 3~4년간 하락시장을 지켜보면서 집값이 더 떨어질 것이라는 두려움에 자가보다는 전세로 살기를 더 선호했다. 두 번째, 2020년 들어서 그 전까지 순유출되던 인구가 순유입으로 전환이 되어 집이 더 필요했다. 청주시는 충청북도에서 가장 선호도가 높은 지역으로 매년 청주 인근 지역인 진천, 음성 등에서 유입되는 인구가 수백 명에 가까웠다.

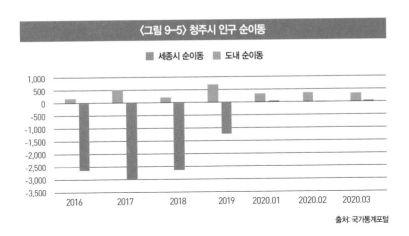

〈그림 9-5〉 청주시 인구 순이동

출처: 국가통계포털

그리고 세종시로 매년 1천~3천 명 사이 유출되던 인구가 2020년 들어서 순유입되기 시작했다. 이 부분에서 전세가 부족한 이유를 찾아내어, 즉 투자 포인트를 찾아내어 주변 사람들에게 매수를 권유했었다.

자신 있게 매수를 권유할 수 있었던 이유는 청주시가 저평가 이유도 있었지만 연계 지역과의 인구 이동 분석을 통해 리스크 없는 투자라고 생각했기 때문이다.

이렇게 투자할 때 한 도시만 분석하는 게 아니라 연계 지역을 같이 분석해야 한다. 부동산 기본 데이터인 공급 물량뿐만 아니라 인구 이동도 같이 분석하면 투자할 때 많은 도움을 받을 수 있다. 부동산 전문 사이트인 부동산 지인 등에서 제공하는 것을 봐도 좋지만, 직접 데이터를 가공하다 보면 남들이 가지지 못한 인사이트를 얻을 수 있다. 어렵지 않으니 직접 분석해 보길 바란다(국가통계포털 → 온라인간행물 → 주제별 → 인구 → 국내이동통계에서 로우 데이터를 다운받을 수 있다).

전국의 부동산 흐름
지표 작성법

전국 부동산 시장 흐름을 알기 위해서는 KB시계열 자료를 매주 확인하는 게 필수이다. 단순히 KB에서 발행되는 주간리포트 또는 시계열 자료를 가공 없이 봐도 많은 도움이 되지만, 전국적인 흐름을 보기 위해서는 일부 가공을 해서 보는 게 좋다. 엑셀로 편집하면 누구나 쉽게 할 수 있는 방법이니 따라 해보기 바란다.

KB시계열 자료는 매매와 전세 증감률 데이터가 엑셀 다른 페이지에 있어 두 데이터를 같이 보기가 힘들다. 그래서 다음 표와 같이 전국의 매매와 전세 증감률을 엑셀 한 페이지에 편집해서 보면 좋다. 색깔로 매매/전세 증감률의 강도(주황색 명도가 짙을수록 상승률이 높음, 회색 명도가 짙을수록 하락률이 높음)를 나타내고 있기 때문에 숫자를 자세히 확인하지 않아도 전국 부동산 흐름이 한눈에 보인다.

	전국		서울		강북		강남		부산		대구		인천		광주		대전		울산		세종	
구분	매매	전세	매매	전세	매매	전세	매매	전세	매매	전세	매매	전세	매매	전세	매매	전세	매매	전세	매매	전세	매매	전세
3/30	0.06	0.03	0.04	0.02	0.07	0.02	-0.02	0.02	0.01	0.00	0.00	0.00	0.22	0.09	-0.02	0.05	0.20	0.16	0.03	0.06	0.24	0.04
4/6	0.05	0.02	0.03	0.01	0.06	0.01	-0.04	0.01	0.02	0.01	0.00	-0.01	0.21	0.03	-0.01	0.01	0.17	0.08	0.09	0.06	0.00	0.02
4/13	0.03	0.02	0.02	0.02	0.04	0.02	-0.02	0.01	0.00	0.00	0.01	0.00	0.03	0.00	0.00	0.01	0.12	0.14	0.02	0.07	0.01	0.04
4/20	0.04	0.02	0.00	0.03	0.03	0.03	-0.11	0.02	0.00	-0.01	0.03	0.02	0.13	0.06	0.00	0.00	0.14	0.09	0.06	0.03	0.13	0.06
5/4	0.03	0.03	0.00	0.02	0.02	0.00	-0.10	0.03	-0.02	0.00	0.02	0.03	0.12	0.03	-0.01	-0.02	0.08	0.12	0.01	0.00	0.07	0.05
5/11	0.03	0.02	0.00	0.01	0.02	0.01	-0.14	0.00	-0.02	0.00	0.03	0.03	0.15	0.04	-0.04	0.04	0.11	0.06	0.07	0.04	0.06	0.07
5/18	0.06	0.04	0.03	0.02	0.06	0.02	-0.09	0.03	-0.02	0.00	0.04	0.07	0.09	0.05	-0.02	0.02	0.27	0.27	0.12	0.10	0.32	0.24
5/25	0.07	0.04	0.05	0.06	0.08	0.03	-0.02	0.08	0.02	0.01	0.08	0.02	0.17	0.02	0.00	0.00	0.12	0.10	0.09	0.16	0.16	0.10
6/1	0.09	0.05	0.08	0.07	0.11	0.08	0.00	0.06	0.01	0.00	0.04	0.00	0.16	0.01	0.00	0.00	0.16	0.13	0.09	0.10	0.58	0.08
6/8	0.11	0.06	0.15	0.09	0.17	0.11	0.06	0.07	0.02	0.00	0.08	0.06	0.11	0.02	0.00	0.00	0.23	0.17	0.05	0.13	0.26	0.06
6/15	0.16	0.07	0.21	0.12	0.19	0.09	0.35	0.14	0.03	0.01	0.06	0.01	0.18	0.04	0.00	0.00	0.18	0.07	0.12	0.19	0.91	0.75
6/22	0.31	0.15	0.44	0.21	0.50	0.25	0.39	0.17	0.12	0.05	0.15	0.04	0.40	0.05	-0.03	0.01	0.40	0.35	0.11	0.05	1.06	1.11
6/29	0.27	0.13	0.49	0.22	0.54	0.25	0.30	0.20	0.13	0.04	0.14	0.05	0.26	0.04	0.03	0.01	0.21	0.13	0.14	0.15	1.52	0.77
7/6	0.26	0.14	0.56	0.29	0.51	0.28	0.72	0.31	0.11	0.03	0.22	0.05	0.15	0.09	0.00	0.01	0.30	0.30	0.14	0.29	0.71	0.53
7/13	0.27	0.14	0.63	0.27	0.70	0.20	0.52	0.33	0.07	0.01	0.15	0.13	0.10	0.01	0.00	0.00	0.20	0.10	0.14	0.07	1.10	0.65
7/20	0.24	0.12	0.58	0.26	0.65	0.26	0.41	0.27	0.14	0.05	0.20	0.06	0.15	0.03	-0.02	0.00	0.22	0.07	0.07	0.06	0.58	0.36
7/27	0.23	0.14	0.53	0.29	0.62	0.25	0.38	0.32	0.12	0.08	0.16	0.04	0.18	0.05	0.00	0.01	0.06	0.23	0.17	0.10	1.34	0.13
8/3	0.20	0.11	0.39	0.21	0.47	0.21	0.24	0.21	0.14	0.07	0.21	0.10	0.19	0.05	0.00	0.00	0.11	0.08	0.12	0.08	2.62	2.25
8/10	0.25	0.20	0.53	0.41	0.58	0.36	0.46	0.46	0.08	0.06	0.14	0.14	0.11	0.08	0.00	0.04	0.27	0.23	0.10	0.11	3.06	1.17
8/17	0.21	0.19	0.44	0.38	0.52	0.34	0.44	0.41	0.12	0.06	0.14	0.15	0.07	0.05	0.01	0.01	0.25	0.23	0.07	0.13	1.64	1.91
8/24	0.23	0.22	0.43	0.40	0.51	0.46	0.19	0.34	0.07	0.08	0.24	0.17	0.10	0.26	0.02	0.02	0.19	0.36	0.08	0.13	1.72	0.34
8/31	0.19	0.21	0.38	0.42	0.44	0.46	0.36	0.39	0.09	0.03	0.12	0.07	0.17	0.19	0.00	0.00	0.27	0.23	0.30	0.13	1.22	0.81

출처: KB부동산

여기서 지방도시는 '도' 단위로 표현했지만, '시' 또는 '군' 단위의 매매/전세 증감률까지 같이 보면 더 좋다. 서울(강북, 강남), 세종시 부동산 시장이 뜨겁게 달아오르고 있고, 대구, 인천, 대전, 경기도 매매/전세 상승률이 높은 편임을 한눈에 알 수가 있다. 전세 상승률이 높다는 것은 여전히 실수요자들이 많다는 의미로 받아들여도 된다. 이 전세 실수요자들이 미래에 매매로 돌아설 확률이 높기 때문이다. 만일 전세 상승률이 낮거나 또는 보합/하락하는 경우에는 그만큼 시장에 전세 공급이 많거나 전세 수요가 많지 않다는 의미이기 때문에 이런 시기에는 조심해야 한다. 일시적인 현상에 의해 전세 상승률이 떨어진 것인지, 아니면 앞으로도 하락 추세로 진행될 것인지를 잘 판단하여 매수해야 한다는 말이다.

〈그림 9-7〉 관심 도시의 매수세와 매매 증감

	매수세	대구 매매 증감	중구 매매 증감	동구 매매 증감	서구 매매 증감	남구 매매 증감	북구 매매 증감	수성구 매매 증감	달서구 매매 증감	달성군 매매 증감
2015.5.4	21.8	0.24	0.10	0.08	0.26	0.28	0.21	0.42	0.22	0.07
2015.5.11	21.2	0.28	0.10	0.27	0.28	0.15	0.28	0.40	0.23	0.23
2015.5.18	15.0	0.28	0.15	0.11	0.25	0.27	0.23	0.46	0.32	0.09
2015.5.25	16.4	0.25	0.07	0.18	0.28	0.16	0.02	0.46	0.26	0.32
2015.6.1	14.2	0.20	0.22	0.23	0.22	0.28	0.20	0.28	0.13	0.10
2015.6.8	12.8	0.25	0.00	0.05	0.20	0.25	0.32	0.42	0.24	0.06
2015.6.15	12.0	0.25	0.48	0.33	0.12	0.11	0.30	0.21	0.29	0.03
2015.6.22	15.4	0.20	0.37	0.21	0.21	0.17	0.23	0.23	0.19	0.00
2015.6.29	19.4	0.25	0.43	0.22	0.03	0.11	0.23	0.28	0.32	0.16
2015.7.6	19.7	0.32	0.11	0.29	0.15	0.38	0.37	0.44	0.29	0.17
2015.7.13	23.2	0.26	0.13	0.28	0.02	0.17	0.20	0.18	0.42	0.29
2015.7.20	22.8	0.31	0.33	0.26	0.02	0.12	0.36	0.16	0.44	0.34
2015.7.27	23.1	0.27	0.23	0.39	0.04	0.16	0.24	0.37	0.23	0.17
2015.8.3	22.5	0.17	0.00	0.28	0.13	0.13	0.08	0.29	0.10	0.23
2015.8.10	19.6	0.27	0.10	0.33	0.21	0.15	0.31	0.20	0.31	0.28
2015.8.17	17.0	0.22	0.38	0.07	0.11	0.07	0.19	0.29	0.33	0.03
2015.8.24	17.6	0.24	0.05	0.11	0.06	0.14	0.24	0.33	0.31	0.07
2015.8.31	11.9	0.26	0.08	0.23	0.17	0.14	0.18	0.32	0.35	0.09
2015.9.7	12.4	0.26	0.15	0.21	0.05	0.00	0.40	0.12	0.35	0.26
2015.9.14	11.9	0.22	0.23	0.17	0.00	0.07	0.37	0.15	0.26	0.10
2015.9.21	10.2	0.20	0.18	0.22	0.10	0.21	0.22	0.11	0.28	0.05
2015.10.5	9.1	0.19	0.27	0.25	0.07	0.15	0.22	0.14	0.23	0.06

출처: KB부동산

지금까지 시장분석에 있어 부동산 심리에 대해 많이 강조했다. 하지만 〈그림 9-6〉은 부동산 심리가 빠져 있다. 여기에 부동산 심리(매수자 많음, 매도자 많음, 매수우위지수)를 위의 〈그림 9-7〉과 같이 추가하면 전국의 부동산 시장을 더 정확하게 파악할 수 있다. 또한, 관심 지역의 '구'를 가지고 있는 도시인 경우, 위와 같이 구 단위로 매매/전세 증감률을 같이 표기해야 시장을 더 디테일하게 읽을 수 있다. 매수세가 증가되거나 또는 매매증감률 상승 추세 또는 하락률이 감소 추세인 지역들은 반드시 관심 지역으로 등록해 놓고 데이터를 지속적으로 모니터링해보자.

아파트 언제 사고팔아야 할까?

아파트 매수 시기

매수 시기에 대해 답을 내리는 것은 쉽지가 않다. 아니 정답이 없다고 해도 무방하다. 각자 추구하는 방식이 다르기 때문이다. 어떤 사람은 한 지역의 부동산 시장이 바닥일 때 진입하는 것을 선호하는 사람도 있고, 어떤 사람은 한 지역의 부동산 시장이 살아나는 것을 보고 진입하는 사람도 있다. 부동산 투자에 정답이 없듯이, 매수 시기 또한 정답이 없다.

그러나 조금 더 기간을 세밀하게 생각해보면 매수하기 좋은 시기는 있다. 일 년 중 어떤 시기가 좋을까? 그렇다. 일 년 중 비수기인 시기에 매수하는 게 좋다. 그럼 일 년 중 비수기는 어떤 때일까? 상식적으로 생각해보면, 답이 나온다. 겨울철(12월~1월초), 여름 휴가철(7월말~8월 중순), 설날/추석 연휴 전 등에 매수하기가 비교적 수월하다. 특히 설날/추석 연휴가 시작되기 바로 직전에 매수하는 것이 좋다. 상승장이 이미 시작된 지역인 경우 매매 가격은 낮추기 힘들지 모르지만 더 좋은 조건의 매물들을 구할 수 있을 확률이 높다. 상대적으로 이 시기에는 수요자가 많지 않기 때문이다. 보통 명절 때 가족, 친척끼리 모이면 부동산 이야기를 빼놓지 않고 하게 되며, 이로 인해 명절 이후에 변심하여 매물을 거둬들이는 경우도 많다.

매도자가 변심하기 전에 좋은 조건으로 계약할 수 있는 시기이니 참고하기 바란다. 하지만 시장이 급변하게 변화되는 시장이라면 매수 시기는 따로 없다고 생각한다. 바로 매수하려고 결정한 그 순간이 적절한 매수 시기이다.

아파트 매도 시기

아파트 매수는 자금만 있으면 누구나 쉽게 할 수 있으나, 아파트 매도는 그리 쉽게 안 되는 경우가 많다. 특히 외곽지역의 아파트라면 더욱 매도가 어렵다. 오죽했으면 "매수는 기술이고, 매도는 예술이다"라는 말이 부동산 세계에서 통용되고 있을까? 그만큼 매도는 쉽지 않음이 분명하다. 그동안 투자하면서 알게 된 매도를 비교적 쉽게 하는 방법에 대해 아래에 기술했으니 참고하기 바란다.

① 가급적 4년 이상 오를 지역을 매수해라. 2년 후에도 활황장일 확률이 높기 때문에 비교적 매도하기가 수월하다.

② 원하는 매도 시점(보통 전세를 주게 되는 경우 2년 후)을 입주 물량이 없는 시기로 맞추어라. 이 시기에는 신규 공급물량이 없기 때문에 매도하기가 유리하다.

③ 부동산 사이클이 상승장일 때 매도해라. 한 지역의 부동산 상승 사이클일 경우, 계속 부동산 가격이 오르는 것이 아니라 보합과 상승을 반복한다. 이미 어느 정도 수익이 발생했으면, 상승시기에 매도를 하면 비교적 쉽게 매도가 가능하다.

④ 일 년 중 비수기보다는 성수기 때 매도해라. 우리나라는 신학기에 맞춰 수요가 가장 많기 때문에, 2~3월, 8월 중순~9월에 매도 시점을 잡으면 좋다(지역마다 성수기는 조금씩 다를 수가 있다).

⑤ 시세보다 저렴하게 매도해라. 시세대로 가격을 받고자 하는 욕심에 매도 시기를 놓치는 경우가 있다. 투자할 지역을 찾았다면 과감히 처분해라. 신규 투자 아파트가 상승장을 준비하고 있다면 더 오를 확률이 높기 때문에 수익률 측면에서 더 좋은 경우가 있다.

부동산
협상의 기술

아파트 매수를 결정했으면 매도자와의 가격 협상이 가능하다. 대부분 '협상의 기술' 관련 도서에서 다루고 있는 내용을 부동산 협상에도 적용할 수 있다. 즉 매도자의 감춰진 관심사를 먼저 파악하는 게 좋다. 매도자가 집을 왜 파는지를 파악하면 가격 협상하는 데 유리하다. 상속 때문에 급하게 파는 것인지, 양도세 중과 때문에 급하게 파는 것인지 등을 파악하면 가격 협상에 유리하다.

2017년 8월 3일에 ××지역이 투기 과열지구로 지정되면서, 이 지역에 집을 보유한 집주인들은 다른 지역에 보유한 아파트를 양도세 중과 때문에 처분하려고 매물을 내놓은 경우가 종종 있었다. 공인중개사에게 매도자가 왜 집을 파는지 질문을 통해 양도세 중과 때문에 집을 내놓은 것을 간파하여 협상에 들어갔다.

물론 매도자와 직접 협상하는 것이 아니라 원하는 가격을 공인중개사에게 제시해 그 분야의 전문가인 공인중개사가 협상하게끔 유도하는 게 더 좋다. 이때 매수자는 가격을 맞춰주면 반드시 거래하겠다는 의사를 명확하게 표현해야 공인중개사가 적극적으로 협상을 한다. 결국 협상을 통해 2천만 원이나 저렴한 가격에 아파트 계약할 수 있었다. 시세대로 매수했으면 매매와 전세 차이가 5천만 원 이상 차이 나는 물건이었는데, 2천만 원 가격을 내려 협상해 매매와 전세 차이가 3천만 원으로 매수할 수 있었던 것이다. 즉, 가격을 할인하여 매수함과 동시에 매매와 전세 차이를 줄임으로써 투자금을 최소화할 수 있었으니 일거양득인 셈이다.

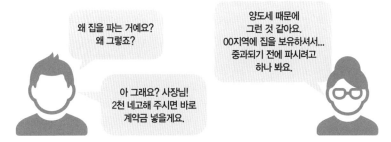

이런 협상의 기술은 본격적인 상승 전일 때 또는 비수기일 때 하는 게 좋다. 상승장일 때는 비교적 협상이 쉽지 않다. 한 지역의 부동산이 상승장일 때는 협상을 한 번 해보고 안 되면 바로 매수하는 게 더 좋은 방법일 수도 있다.

자료조사부터 투자까지

　직장인들은 대부분 시간을 직장에서 소비하기 때문에 효율적인 투자가 필요하다. 즉, 최소한의 시간을 투자하면서 최대한의 효과를 낼 수 있는 방법이 필요한 것이다.

　여기서는 직장인 시절 최소한의 시간을 들여 투자를 어떻게 진행했는지 전반적인 프로세스를 소개하도록 하겠다. 반복되는 이야기지만 투자에는 정답이 없듯이, 투자하는 방법도 정답은 없다. 이번 장에서 소개하는 프로세스를 참고하여 취사선택해 자신만의 프로세스를 만들면 좋겠다. 직장에서의 업무와 부동산 투자를 모두 하기는 쉽지 않지만 계속해서 노력하다 보면 성과를 얻을 것이다.

투자 지역 선정

투자 지역을 몇 군데로 압축하고 너무 많은 지역을 분산시키지 말자. 직장인 투자자는 전업 투자자보다 시간이 많지 않기 때문에 몇 지역으로 압축하는 게 좋다.

또한 현재 살고 있는 지역 또는 인접 지역의 공급량을 유심히 살펴라. 아무리 투자 전문가라고 해도 그 지역에 거주하는 사람만큼 그 지역을 많이 알 수는 없다. 투자 기회가 왔을 때 집중적으로 매수하는 것도 매우 중요하다.

투자 실행 1: 임장을 떠나기 전 준비

임장을 떠나기 전에 많은 정보를 손품을 팔아 조사하고 네이버, 다음 지도 등을 통해 지역을 스캐닝한다. 임장은 자기가 조사한 내용이 맞는지 확인하는 단계이며, 투자를 결정하는 단계이다.

그 방법으로 네이버 부동산 등의 매물을 검색해 부동산 전화번호를 정리한 후 전화를 돌린다. 단순히 그 지역 관심도만 나타내는 것이 아니라 특정 아파트의 매수 의사를 밝히면 커뮤니케이션이 원활히 이루어진다. 특정 아파트뿐만 아니라 괜찮은 물건을 추가적으로 추천해 달라고 한 후에 약속을 잡으면 된다. 한 곳만 연락하기보다는 두세 곳을 연락해서 대화가 잘 되는 공인중개사를 찾아가는 게 좋다. 왜냐하면 공인중개사마다 매물을 다른 곳과 공유하시 않고 본인만 갖고 있는 매물이 있을 수도 있다.

투자 실행 2: 임장 현장에서의 자세

그동안 조사한 것들이 맞는지 확인하는 작업이다. 투자 물품을 살펴볼 땐 주요 수요층이 누구인지 확인한다. 매매, 전/월세 시세와 매물 개수를 확인하고, 내부 구조를 사진으로 기록하면 더 효과적이다. 공인중개사 사무실에 돌아봤던 물건을 메모지에 적어달라고 부탁하는 것도 좋은 방법이다. 빠르게 결정하기보다는 적당한 장소에서 1시간 정도 충분히 고민을 하고 투자 여부를 결정한다. 물론 그보다 더 많이 고민해보고 투자 여부를 결정해도 된다. 여유 시간이 있다면 시세, 거래량, 전고점, 자금 계획 등을 다시 한번 체크해보자.

공인중개사와 관계 맺기

임장 현장에서 투자를 못한 경우에는 좋은 매물이 나오면 반드시 매수하겠다는 의사를 공인중개사에게 밝힌 후, 좋은 매물이 나오면 소개시켜 달라고 말한다. 너무 까다롭게 하면 좋은 매물이 나와도 다른 사람에게 먼저 매물을 소개하는 경우가 있다.

한번 거래가 성사된 이후엔 공인중개사가 지속적으로 매물을 추천하는 경우가 많다. 이때는 내부의 대표 사진을 찍어서 문자로 보내달라고 한다. 내부 상황을 확인하는 측면도 있지만, 꼼꼼한 매수자라는 인식을 주기 위해서이기도 하다.

추천한 매물의 가격 등 조건이 마음에 들면 공인중개사에게 '중대 하자가 없다'는 것을 보장해달라고 한다. 물론 중대 하자가 발생해도 공인중개사가 책임질 수는 없다. 하지만 이렇게 말을 해야 더 꼼꼼히 봐주기 때문이다. 조건이 여러 가지로 맞아서 계약하게 되면 현장 방문 없이 계좌를 받고 계약금을 입금한다. 근거리이면 직접 가서 현장을 보는 게 낫지만, 원거리인 경우엔 시간 내서 가는 게 쉽지 않다.

한번 거래를 좋게 하게 되면 괜찮은 매물을 지속적으로 추천해 준다. 이미 임장을 통해 현장을 이해하고 있기 때문에 굳이 다시 현장에 안 가도 계약을 할 수 있다.

이런 프로세스를 통해 투자 지역의 1~2군데 공인중개사로부터 여러 채를 소개받아 투자를 해왔다. 직장인으로서 시간을 적게 쓰면서 효율적으로 투자하는 방식이다.

성공적인 투자를 위한
마중물만의 3가지 원칙

첫째, 투자 기준과 투자 방법을 먼저 확립하라

부동산은 분야가 넓고 많은 이해관계자를 통해 계약이 성립되는 분야이므로 투자에 대한 정답은 없다고 생각합니다. 주거용 부동산만 따져도 아파트, 빌라, 오피스텔 등 많은 분야가 있으며, 그밖에 토지, 상가, 지식산업센터 등 너무 많은 분야가 존재합니다. 그 투자 방식 또한 레버리지 투자, 경매 투자, 월세 투자 등 여러 가지 방식이 있습니다. 이 모든 분야를 섭렵할 수 있는 전문가는 없다고 봐도 무방합니다.

아파트만 한정 지어도 마찬가지입니다. 대장 아파트 위주로 투자하는 사람이 있는 반면, 비교적 저렴한 외곽의 아파트만 투자하는 사람이 있습니다. 또한 재건축/재개발 위주의 아파트만 투자하는 사람도 있고 전세 투자만 하는 사람도 있습니다. 투자 대상과 투자 방법이 다양하기 때문에 자기만의 투자 기준과 투자 방법을 확립하는 게 좋습니다. 남들이 하는 투자 방식이 꼭 본인에게 딱 맞는 투자 방법이 아닐 수 있습니다. 앞에서 소개한 방식도 가이드 역할일 뿐 정답이라고 할 수 없는 것이죠.

지금까지 설명했던 투자 지역을 선정하는 방식, 투자 아파트를 찾는 방식 등이 그렇습니다. 이런 방식에 아래 기준을 추가해서 투자 지역과 투자 아파트를 선정해야 합니다.

마중물의 아파트 선정 기준

- 전용 84m² 이하, 투자금 5천만 원 이하.
- 50만 명 이상 대도시 우선 투자, 학군이 좋은 곳, 지하철이 있는 지역은 역세권 주변.

이 기준에 들어오는 지역을 우선 선정하고, 이런 조건의 아파트 투자 기회를 놓쳤거나 매수심리가 외곽으로 흘러가는 경우에는 이 조건의 아파트 외의 다른 아파트에도 투자를 합니다. 이런 투자 기준을 갖고 있어야 분위기에 휩쓸리지 않습니다. 예를 들어, 매매/전세 차이가 3천만 원 정도의 1군 아파트와 매매/전세 차이가 3천만 원 정도의 2군 아파트가 존재하고, 먼저 2군 아파트의 투자 기회가 왔다고 가정해 봅시다. 본인만의 투자 기준이 없는 사람은 대부분 2군 아파트를 매수할 확률이 높죠. 곧 1군 아파트 투자 기회가 도래해도 자금이 없어 1군 아파트를 투자하지 못하게 됩니다. 지나가는 버스만 넋 놓고 쳐다보는 결과를 맞게 됩니다. 반대로 투자 기준이 확고한 사람은 2군 아파트를 투자하지 않고 조금 더 기다린 후 1군 아파트에 투자할 것입니다. 당연히 2군 아파트보다는 1군 아파트가 더 오를 확률이 높습니다. 이렇듯 본인만의 투자 기준을 확립하는 것은 투자에 있어 중요합니다. 투자를 한두 번 하고 중단할 것이 아니라면 지금부터 본인만의 투자 기준을 차근차근 만들어 나갈 것을 권유드립니다.

둘째, 데이터를 찾고 분석하는 데 너무 많은 시간을 소비하지 말자

요즘에는 부동산 관련 데이터를 접하기가 많이 쉬워졌습니다. 제가 투자를 시작한 2014년에는 부동산 관련 데이터를 얻기가 쉽지 않았습니다. 하지만 요즘은 여러 부동산 사이트, 앱, 유료 프로그램 등을 통해 누구나 의지만 있으면 데이터를 접할 수가 있습니다.

오히려 접할 수 있는 데이터가 너무 많아서 투자하는 데 방해되는 요소로 작용할 정도죠. 사실 핵심 데이터 몇 개만 검토해도 투자하는 데 큰 어려움이 없습니다. 예를 들어, 한 지역의 평단가 순위 데이터에는 많은 의미가 내포되어 있습니다. 평단가 순위가 높은 아파트 입지는 나쁠 수가 없지 않을까요? 당연히 이런 아파트는 학군, 학원, 편의시설 등이 잘 갖춰져 있는 입지일 가능성이 높습니다. 다른 데이터를 굳이 분석하지 않아도 '평단가 순위' 한 개의 데이터만으로도 투자할 아파트를 선정할 수 있는 것입니다. 여러 데이터를 분석한다며 시간을 쓰고 있을 바에 차라리 현장에 가서 부동산 흐름을 파악하는 게 훨씬 낫습니다. 핵심 데이터와 현장에서 얻은 정보들을 잘 조합하면 미래의 부동산 흐름을 유추할 수 있습니다.

셋째, 변화하는 투자 트렌드를 잘 읽자

부동산 시장은 지속적으로 변하고 있습니다. 그래서 부동산 사이클에 따라 투자할 대상의 아파트가 달라질 수 있죠. 1군 아파트를 투자해야 되는 시기가 있고, 2군 이상 아파트를 투자해야 되는 시기가 있습니다. 1군 아파트는 투자금이 많이 들어도 진입이 가능하고, 2군 이상 아파트는 최소한의 금액으로 투자를 하려 할 것입니다. 더 쉽게 설명하면, 현재 한 지역의 부동산 시장이 양극화 시장인지, 전반적 상승장인지, 대세 상승장인지에 따라 투자할 대상 아파트가 달라질 수 있는 것이죠. 양극화 시장에서는 1군 아파트 위주로 투자해야 하고, 대세 상승장에서는 수익률이 높을 것이라 예상되는 2군 이상 아파트까지 투자가 가능합니다.

그리고 정부 규제에 의해 부동산 투자 트렌드도 바뀝니다. 82대책, 913 대책 등으로 인해 보유세 증가로 '똘똘한 한 채'를 보유하는 트렌드가 발생했으며, 또한 풍부한 유동성 자금이 부동산으로 흘러 들어가면서 선제 진입을 하는 트렌드가 생겼습니다. 최근에는 취등록세가 중과되지 않는 공시지가 1억 원 이하 아파트에 투자하려는 트렌드가 생기고 있습니다. 다음의 예를 살펴보도록 하겠습니다.

김과장이 A라는 지역의 데이터를 분석 후 내년에 아파트 투자 적기라 판단하여 A지역을 진입하려고 합니다. 김과장이 1년 후 매수하려고 그 지역에 간 순간, 1군 아파트 투자는 시기적으로 늦을 수가 있습니다. 선제 진입 트렌드에 의해 이미 1군 아파트 가격이 올랐을 가능성이 높고, 매매와 전세의 차이가 크게 벌어져 투자하기가 어려워질 수 있습니다. 김과장은 현장에서 어리둥절한 표정을 지었을 것입니다.

위 예시에서 보는 것처럼, 시장 트렌드를 읽는 것은 매우 중요한 일이다. 그렇다고 시장 트렌드를 따라서 반드시 투자해야 한다는 의미는 아닙니다. 그러나 트렌드를 읽을 줄 알면 본인이 갖고 있는 아파트를 매도하기가 쉬워집니다. 다시 예를 살펴보겠습니다.

김과장은 B라는 지역의 비핵심지 아파트를 보유하고 있습니다. 3개월 전에 중개사무소에 매물을 내놨는데 한 번도 연락이 없다가, 최근에 연락이 오기 시작했습니다. 중개사들이 가격을 깎아서 거래하자고 제안을 했습니다. 김과장은 그동안 기다림에 지쳐서 중개사가 하자는 대로 시세보다 1천만 원 저렴하게 매도하죠. 매도 계약서를 쓰자마자 그 아파트 가격이 5천만 원 상승해버립니다. 김과장은 그 아파트 시세를 보면서 얼굴이 붉어지고 화가 치밀어 올랐지만, 이미 중도금까지 받은 상황이라 할 수 있는 게 하나도 없었습니다.

김과장과 같은 사례는 우리 주변에서 빈번하게 발생하는 상황입니다. 시장 트렌드를 읽지 못하게 되면 1~2주 사이에 수천만 원의 손실을 감수해야 될지도 모르죠. 매도를 잘 하기 위해서는 시장(투자) 트렌드를 제대로 파악할 필요가 있습니다.

부록1

인구수 50만 이하 미래 유망 도시 5곳, 오를 아파트 추천

누구나 살고 싶어 하는 지역
제주도
─서귀포 혁신도시 아파트 라인을 주목해라

제주도는 2014~2016년까지 아파트값이 많이 상승한 지역이다. 제주도로 오는 인구가 지속적으로 유입되면서 집이 많이 필요했기 때문이다. 이후 공급물량이 많아지면서 미분양이 증가하고 2017년부터 2020년까지 하락세가 지속되었다. 다른 도시가 2015년부터 현재까지 상승을 한 반면, 제주도는 4년간 하락세를 면치 못했다. 상대적으로 인구가 지속적으로 유입되는 도시임에도 불구하고 지나친 공급물량에 의해 부동산 심리가 억눌려있었다.

하지만 2020년 하반기부터 제주도 부동산에 온기가 조금씩 돌기 시작했다. 타도시 상승으로 인한 상대적 저평가와 함께 인구가 지속적으로 유입되면서 상승 온기가 감지되고 있다. 사실 제주도는 지방 도시 중 세종시처럼 신도시 개발 없이 인구가 많이 급증하고 있는 유일한 도시이다. 〈부록 그림 1〉에서 볼 수 있듯 2011년부터 2020년까지 10년간 약 10만 명의 인구가 증가했다. 놀라운 인구 증가라고 볼 수 있다. 그만큼 주택이 더 필요한 상황이다. 향후 제2신공항 건설이 추진되고 있어, 인구는 더 늘어날 가능성이 높다고 예측된다.

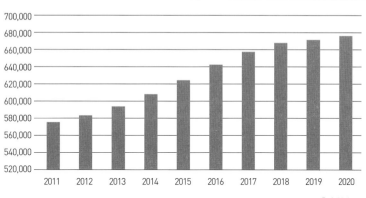

출처: 행정안전부

　제주특별자치도는 제주시와 서귀포시로 이루어져 있다. 제주시 학군이 서귀포시보다 우수하여 아파트 가격도 전반적으로 더 비싸다. 제주시 노형동, 이도이동, 아라일동, 연동을 중심으로 아파트가 밀집이 되어 있고, 교육환경 등 인프라가 잘 구축되어 있는 편이다.

　제주도는 자연환경이 뛰어나 노후에 누구나 살고 싶어 하는 도시이다. 이러한 요구에 맞춰 수요를 끌어들일 수 있는 지역은 서귀포시 혁신도시와 그 인접한 강정지구이다. 제주도에서는 드문 택지지구로서 구역이 잘 정비되어 있고, 바다까지 2.5km 정도의 거리에 있다. 주변에 서귀포시청, 월드컵경기장, 이마트, 버스정류장 등 편의시설이 잘 갖춰진 입지이다. 아파트 일부 동에서는 범섬을 비롯한 바다전망이 파노라마처럼 펼쳐진다. 대한민국 사람이라면 누구나 살고 싶은 입지인 것이다.

〈부록 그림 2〉 서귀포 혁신도시 입지

서귀포 혁신도시에 위치한 아파트는 2013~2017년식으로 신축이며, 아파트 단지가 많지 않아 모든 아파트가 투자하기에 우수한 편이다. 그중에서는 강정지구중흥S클래스, 제주강정유승한내들퍼스트오션, 서귀포혁신도시LH2단지 아파트가 바다 조망이 좋고 편의시설과 가까워 선호된다.

단지명	년식	세대수	공급면적	건설사
강정지구중흥S클래스	2016.11	525	109m^2	중흥토건㈜
제주강정유승한내들퍼스트오션	2017.03	499	112~138m^2	㈜유승종합건설
서귀포혁신도시LH2단지	2015.09	548	95~108m^2	㈜현진

수도권에서 유일한 비규제지역인 이천시를 주목하자

2020년 1218 부동산 대책에 의해 수도권에서 파주시가 규제지역으로 지정되었다. 파주시는 규제지역으로 지정되기 전, 비규제지역 풍선효과에 의해 단기간에 급상승한 지역이다. 규제지역으로 선정되자마자 그동안 달아올랐던 분위기가 냉각되었다. 이제 수도권에서 비규제지역으로 남아 있는 도시는 이천시, 여주시, 동두천시, 양평시뿐이다 (남양주시 등 일부 도시의 읍, 면 지역이 비규제지역이다). 파주시가 급상승한 것처럼 수도권 비규제지역의 풍선효과에 의해, 아직 규제되지 않은 도시들이 상승할 것으로 예측된다.

그중 하이닉스 등 일자리가 많은 도시인 이천시가 가장 주목된다. 그동안 이천시는 공급물량 부족에 의해 2013년부터 2016년까지 상승했다. 2017년부터 공급이 일시적으로 몰리면서 2020년까지 하락한 도시였다.

이천시가 하락기를 경험하는 동안 다른 경기권 도시의 아파트는 많은 상승을 했다. 이천시는 타 경기권 도시 대비 저평가, 비규제지역 풍선효과와 더불어 향후 공급물량이 많지 않아서 지속적인 성장이 예상

되는 도시다. 또한 강경선이 여주에서 판교역까지 지나가고 있고, 이천역에서 판교역까지 약 30분 소요된다. 판교역에서 신분당선으로 갈아탈 경우 강남역까지 약 50분이 소요되어 판교 및 강남까지 접근성이 괜찮은 편이다.

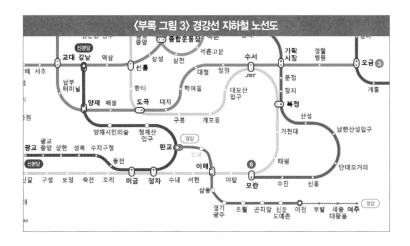

〈부록 그림 3〉 경강선 지하철 노선도

향후 미래전망이 가장 밝은 곳은 이천역 근처 중포신도시이다. 중포신도시는 문화재 발굴 이슈로 현재는 진척도가 많이 미루어진 상황이다(2023년 6월 완공을 목적으로 이천시와 한국주택토지공사가 공동시행). 이천역에서 판교역까지 약 30분 소요되기 때문에 판교와 용인까지 출퇴근하는 사람들에게 좋은 주거지가 될 수 있으나, 아직 개발이 완료되지 않았다. 향후 중포신도시는 이천시를 선도할 입지이니 관심을 갖도록 하자. 이천시는 안흥동, 중포동, 갈산동 위주로 아파트가 밀집되어 있고, 인프라도 비교적 잘 갖춰진 편이다.

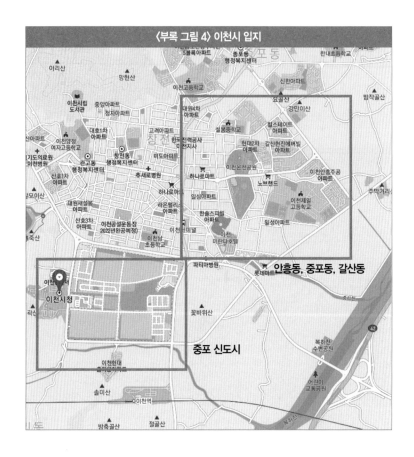

〈부록 그림 4〉 이천시 입지

안흥동에 위치한 롯데캐슬골드스카이 아파트가 가장 평단가가 높은 아파트로 20년 하반기부터 급상승하였다. 주변에 롯데마트, 공원 등의 인프라가 잘 갖추어져 있으며, 학군도 우수한 편이다. 이천시는 안흥동에 위치한 신축 아파트 중심으로 상승을 하고 있으며 중포동, 갈산동 등으로 연쇄반응이 일어날 확률이 높다. 상승 시에는 평단가 높은 아파트가 상승 금액이 더 높기 때문에 안흥동에 위치한 아파트부터 검토하고, 투자금액에 부담이 느끼면 증포동, 갈산동 등의 아파트를 투자하면 나쁘지 않다. 증포동, 갈산동 역시 아파트가 밀집되어 있으며 주변 인프라가 잘 갖춰진 편이다.

단지명	년식	세대수	공급면적	건설사
이천롯데캐슬골드스카이	2018.12	736	120m²	롯데건설㈜
이천롯데캐슬페라즈스카이	2023.04	299	121~207m²	롯데건설㈜
갈산힐스테이트	2006.09	325	110~196m²	현대건설㈜
이천센트럴푸르지오	2016.11	554	80~113m²	㈜대우건설

저평가에서 벗어나는 전라남도 목포시
– 무안군 남악신도시를 주목하자.

전라남도의 대표적인 도시는 교육인프라가 우수한 순천시, 산업도시인 여수와 광양 그리고 행정타운(남악신도시)이 존재하는 목포시·무안군이 있다.

순천시와 여수시는 2016년부터 상승을 하여 현재까지 상승을 이어가고 있으며, 광양시는 2017년부터 상승을 하여 역시 지속적인 상승세를 유지하고 있다. 정부는 2020년 12월 28일에 발표한 부동산 대책에 의해 전라남도 순천시·여수시·광양시는 규제지역으로 지정되었다.

전라남도 목포시·무안군 부동산 시장은 2018~2020년까지 3년간 하락세를 면치 못했다. 그 이유는 2019~2020년도에 남악신도시를 중심으로 엄청난 공급물량이 있었기 때문이다. 2021년 역시 입주 물량이 그리 적다고 할 수는 없으나, 그동안 인접도시의 부동산 가격이 많이 상승하여 목포시·무안군은 상대적인 저평가 구간에 들어와 있다고 볼 수 있다. 이는 지역 간 심리가 작용하는 것이다.

또한 순천시·여수시·광양시가 조정지역으로 묶임으로써, 풍선효과에 의해 목포시·무안군의 부동산이 남악신도시 중심으로 살아날 조짐이 보이고 있다.

   남악신도시는 2003년부터 전라남도 목포시 옥암동, 무안군 삼향
읍/일로읍 일원에 조성되고 있는 행정타운이다. 2005년도에 전라남
도청 및 유관기관이 전라남도 무안군 삼향읍 남아리 일대로 이전하
게 되면서 계획된 신도시이며, 2013년도에 옥암지구와 남악지구가
완공이 되었고, 2020년에 오룡지구가 부분 완공되었다. 사업면적은
14,546,000m², 사업규모는 45,000세대로 꽤 큰 신도시가 조성되고 있
는 것이다.

〈부록 그림 5〉 남악신도시 조성 입지

2020년부터 전라남도 무안군 일로읍(오룡지구)에 신축 아파트가 입주가 시작되었기 때문에 일로읍이 평단가가 가장 높은 지역이다. 그리고 전라남도 무안군 삼향읍, 목포시 옥암동 순으로 아파트 평단가가 높다. 따라서 이 지역을 투자할 때는 전라남도 무안군 일로읍, 삼향읍, 목포시 옥암동 순으로 아파트를 선택하면 좋다고 판단된다.

단지명	년식	세대수	공급면적	건설사
호반써밋남악오룡1차	2020.08	364	132m^2	㈜호반건설산업
오룡에듀포레푸르지오35블록	2020.07	744	111~112m^2	㈜대우건설
근화베아체비올레	2104.02	397	112~146m^2	우남건설㈜
옥암한국아델리움센트럴3차	2020.06	314	78~109m^2	한국건설㈜

일자리가 풍부한
충청남도 서산시를 주목하자.

많은 사람들은 서산시라는 도시가 생소할 것이다. 서산시라는 도시를 들었을 때 가장 먼저 떠오르는 게 뭘까? 대산석유화학단지를 가장 먼저 떠올린다. 1970년대 울산석유화학단지를 시작으로 1980년대 여수석유화학단지, 1990년대 대산석유화학단지를 가동하면서 이 산업은 우리나라의 중추적인 역할을 해왔다. 석유화학 제품의 해외수출규모는 약 51조 3천억 원으로 반도체, 자동차, 일반기계에 이어 4위를 기록할 정도로 우리나라 산업에서 차지하는 비중이 높다.

우리나라 3개 석유화학단지 중 하나인 대산석유화학단지가 서산시 대산읍에 위치해 있으며, 이 산업단지에는 현대오일뱅크, 현대케미칼, 롯데케미칼, LG화학, 한화토탈, 코오롱인더스트리 등 다수의 대기업이 입주해 있다. 또한 인근 산업단지에는 자동차 관련 회사인 현대모비스, 현대파워텍, 동희오토 등이 입주해 있으며, 최근에는 2차전지 제조업체인 SK이노베이션 등이 입주해 있다. 전통적 강자인 석유화학관련 기업에서부터 최근에 미래유망산업인 2차전지 기업까지 입주해 있는 지역이 바로 서산시이다(〈부록 표 1〉 참조).

〈부록 표 1〉 서산시 산업단지 리스트

구분	단지명	위치	지정면적 (천㎡)	분양면적 (천㎡)	미분양면적 (천㎡)	㎡당 분양가 (천원)
국가산단	대죽자원	대산읍 대죽리	912	391	–	83
일반산단	대죽	대산읍 대죽, 화곡리	2,101	1,547	–	105
	서산오토밸리	지곡면 무장, 화천리, 성연면 오사리	3,990	2,640	58	160
	대산	대산읍 대죽리	1,103	859	–	–
	대산2	대산읍 독곶리 397	1,142	903	–	–
	서산인더스밸리	성연면 해성리 일원	812	611	–	160
	서산테크노밸리	성연면 왕정, 일람오사리 등	1,986	754	17	181
	대산컴플렉스	대산읍 대죽리	649	478	–	266
	서산남부	장동, 오남동 일원	878	–	588	–
	대산3	대산읍 대죽리	540	453	–	–
	현대대죽	대산읍 대죽리	673	531	–	–
	서산엠피씨	대산읍 독곶2로 50	184	169	–	–
농공단지	고북	고북면 가구리지내	125	94	–	31
	명천	성연면 명천리 산172-1	143	100	–	105
	성연	성연면 갈현리 산3-1	777	596	–	41
	수석	수석동 1156외	231	185	–	61

출처: 충청남도청

그동안 서산시는 일자리가 풍부하여 인구가 지속적으로 유입되는 도시임에도 불구하고 아파트 가격은 상승하지 못했다. 그 이유는 늘어나는 입주 기업에 의한 수요를 예상한 건설사에서 과도한 물량을 공급했기 때문이다. 인구 17만 정도 되는 도시에 2018년에만 6천세대에 가까이 공급했으니 부동산 시장이 어려울 수밖에 없었다.

2018년부터 2020년까지 침체기였던 긴 암흑의 터널을 이제 빠져 나올 때가 되었다. 서산시 아파트 분양권 시세가 오르고 미분양이 급감하고 있기에 점차 그 상승 흐름이 퍼져 나갈 것으로 예측된다.

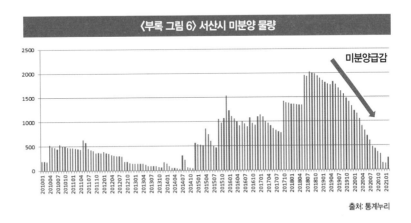

〈부록 그림 6〉 서산시 미분양 물량

출처: 통계누리

서산시는 인구 17만으로 소도시이고, 최근 입주한 신축 아파트 비율이 많아 예천동, 석림동, 동문동에 위치한 신축 아파트 위주로 투자처를 선정하는 게 좋겠다.

단지명	년식	세대수	공급면적	건설사
서산푸르지오더센트럴	2022.12	861	89~127m²	㈜대우건설
서산석림라온프라이빗	2018.06	569	80~112m²	라온건설㈜
e편한세상서산예천	2017.02	936	80~113m²	대림산업㈜
서산예천2지구중흥S─클래스	2021.02	1,273	98~140m²	중흥건설㈜

다시 조선업이 살아나는
경상남도 거제시를 주목하자.

거제시는 조선업이 지역경제를 좌지우지하는 도시이다. 1970년대 어촌마을이었던 경남 거제가 성장한 비결은 조선업이다. 한때 전 세계 조선업계 톱 3개 기업 중 2개 기업(삼성중공업, 대우조선해양)이 거제도에 사업장을 두고 있다. 1998년에 경제위기인 IMF 사태에서도 큰 영향 없이 비켜간 곳이 거제시였다. 2014년부터 조선 3사의 수주가 감소하기 시작하면서 거제시 경제는 추락하기 시작하였고, 그 흐름은 최근까지 이어지고 있다.

거제시 부동산 시장도 마찬가지로 비슷한 시기에 하락세로 돌아서게 된다. 2015년에 미분양이 급격히 증가하면서 2020년 상반기까지 미분양 물량을 소화시키지 못하다가, 2020년 하반기에 들어서 미분양 물량이 조금씩 감소하고 있다.

거제시의 경제호황이 지속될 것이라는 장밋빛 전망으로 건설사에서는 그동안 지나치게 많은 물량을 공급했지만, 거제시 경기가 침체되면서 미분양이 급속도로 증가되었던 것이다.

〈부록 그림 7〉 조선 3사 수주 잭팟 기사

➠ 뉴스1 2020.11.24. 네이버뉴스

[특징주] 또 달리는 삼성중공우...수주 '잭팟'에 이틀째 상한가

삼성중공우가 수주 '잭팟' 소식에 이틀 연속으로 상한가를 기록했다. 24일 오전 9시 41분 기준... 당시 국내 조선 3사(삼성중공업·대우조선해양·한국조선해양)의 23조원

🅗 한국경제 PiCK   📄 A16면 1단 2020.10.12. 네이버뉴스

대우조선해양, 2조 수주 '잭팟'...한꺼번에 LNG선 6척 따내

작년에도 10월에만 5조원 규모의 LNG선 발주가 몰리면서 국내 조선사들이 연말 '잭팟'을 터뜨린 바 있다. 노바텍은 최근 자국 조선사인 즈베즈다조선에 쇄빙 LNG

대우조선 2조 쇄빙LNG선 **잭팟** 조선불... 머니투데이 2020.10.12. 네이버뉴스
대우조선해양, 2조원 규모 LNG선 수... 뉴스1 PiCK 2020.10.12. 네이버뉴스
쇄빙 LNG운반선 6척 수주... 대우조... 디지털타임스 2020.10.12. 네이버뉴스
대우조선해양, 2조원 규모 쇄빙LNG선 수주 **잭팟** 아주경제 2020.10.12.

관련뉴스 8건 전체보기 ›

Ⓜ️ 머니투데이 2020.11.17. 네이버뉴스

한국조선해양 VLCC 10척 수주, 1조원 잭팟

한국조선해양이 총 9900억원 규모 초대형 원유운반선(VLCC) 10척을 수주계약을 따냈다. 17일 한국조선해양은 자회사인 현대중공업이 오세아니아 소재의 선주와 6

한국조선해양, 1조규모 초대형원유운반선(VLCC) 수주... 경상일보 2020.11.17.
상선 수주 순풍--UAE 1조 물량도 기대 서울경제 2020.11.17. 네이버뉴스

출처: 네이버

하지만 2020년 하반기부터 조선업 경기가 조금씩 살아나기 시작했다. 조선 3사가 연일 '수주 잭팟을 터트렸다'는 기사가 신문에 도배되다시피하고 있다. 그 '수주 잭팟' 계약은 2021년 지금까지도 이어지고 있다. 거제시 경제가 살아날 수 있는 신호탄이라고 볼 수 있다. 선박 수주 후 설계까지 1~2년 소요된다고 하니, 1~2년 후부터 조선업 관련 종사자들이 증가할 가능성이 높다.

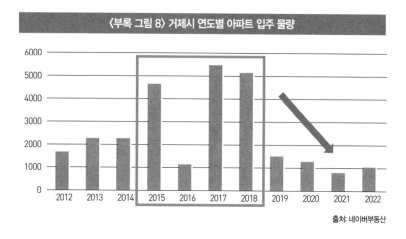

〈부록 그림 8〉 거제시 연도별 아파트 입주 물량

출처: 네이버부동산

거제시 아파트 입주 물량은 조선 3사 실적이 악화되기 시작하는 2014년부터 점차 증가세로 돌아섰다. 거제시 경기침체와 지나친 입주 물량으로 인해 거제시 부동산 시장은 큰 타격을 입을 수밖에 없는 상황이었다. 하지만 2019년부터 입주 물량이 감소되고, 2020~2023년까지도 입주 물량이 점차 감소되고 있는 패턴이다.

다시 말하면 2014년도(조선업 경기침체, 입주 물량 증가)와 정반대의 현상이 2020년도(조선업 경기회복, 입주 물량 감소)에 펼쳐지고 있는 것이다.

거제시는 아파트가 수월동, 양정동, 고현동에 밀집되어 있다. 서로 인접한 동이므로 이름만 다를 뿐 같은 생활권이라고 해도 무리가 없다. 이 지역에는 학군이 우수하고, 병원, 마트 등 인프라가 잘 갖춰져 있다. 당연히 투자는 이 3개 동에 위치한 아파트를 우선순위로 검토해야 하고, 시장흐름을 잘 감지하여 전반적 상승이 일어나는 시기에 장평동, 상동동, 아주동 등으로 투자를 확대하면 좋을 것이라 판단된다.

단지명	년식	세대수	공급면적	건설사
e편한세상거제유로아일랜드	2022.07	1,049	100~126m^2	대림산업㈜
거제수월힐스테이트	2012.04	715	114~115m^2	현대건설㈜
거제자이	2008.12	1,196	114~209m^2	지에스건설㈜
거제장평포레나	2021.02	817	87~130m^2	㈜한화건설

공시지가
1억 이하, 전국
가치 상승 아파트
찾는 방법

공시지가 1억 이하 아파트, 어떻게 찾는가

　요즘 정부 부동산 규제 정책에 의해 세금 부담이 갈수록 높아지고 있다. 2020년 7월 10일에 발표된 부동산 대책에 의하면 취득세가 개인인 경우 2주택 이상부터 8~12%로 가중이 되었으며, 다주택자 중과세율 역시 10%로 상향(2주택자 20%, 3주택 이상 30% 중과)되었다. 취득세와 양도세가 폭등해 추가로 집을 매수하기가 쉬운 상황이 결코 아니다.

　하지만 공시가격 1억 이하인 아파트인 경우 지방세법 시행령 28조에 의해 취득세가 1.1%로 중과되지 않으며, 소득세법 시행령 167조, 168조에 의해 지방 도시 3억 미만(광역시, 세종시 제외)인 경우 양도소득세가 중과되지 않아 좋은 투자처로 각광받고 있다. 그러나 공시가격 1억 이하 아파트는 중심지 아파트가 아니라 비교적 실입주자가 덜 선호하는 아파트이기 때문에 투자할 때 각별한 주의를 요한다. 너무 외곽의 아파트 또는 선호도가 많이 떨어지는 아파트를 투자하는 경우 가격이 오를 수는 있으나 나중에 매도하기가 매우 어려울 수 있다.

　또한 공시가격은 매년 4월 30일에 고지된다. 공시가격 1억 이하 취득세 납부 기준일은 취득일(보통 잔금일)기준이다. 4월 30일 이전에 계

〈부록 그림 9〉 공시가격 1억 원 이하 중과 제외 규정

별첨	주택 수 합산 및 중과 제외 주택

연번	구 분	제외 이유
1	가정어린이집	육아시설 공급 장려
2	노인복지주택	복지시설 운영에 필요
3	재개발사업 부지확보를 위해 멸실목적으로 취득하는 주택	주택 공급사업에 필요
4	주택시공자가 공사대금으로 받은 미분양주택	주택 공급사업 과정에서 발생
5	저당권 실행으로 취득한 주택	정상적 금융업 활동으로 취득
6	국가등록문화재 주택	개발이 제한되어 투기대상으로 보기 어려움
7	농어촌 주택	투기대상으로 보기 어려움
8	공시가격 1억원 이하 주택 (재개발 구역 등 제외)	투기대상으로 보기 어려움, 주택시장 침체지역 등 배려 필요
9	공공주택사업자(지방공사, LH 등)의 공공임대주택	공공임대주택 공급 지원
10	주택도시기금 리츠가 환매 조건부로 취득하는 주택 (Sale & Lease Back)	정상적 금융업 활동으로 취득
11	사원용 주택	기업활동에 필요
12	주택건설사업자가 신축한 미분양된 주택	주택 공급사업 과정에서 발생 ※ 신축은 2.8% 적용(중과대상 아님)
13	상속주택(상속개시일로부터 5년 이내)	투기목적과 무관하게 보유 ※ 상속은 2.8% 적용(중과대상 아님)

출처: 지방세법 시행령 개정안

약을 할 때는 아파트 공시가격 1억원 이하였으나, 공시가격이 1억원 이상으로 상승하여 4월 30일 이후에 취득하는 경우에는 취득세가 1.1%가 아니라 중과된다.

공시가격 3억 이하 아파트 양도세 중과도 마찬가지이다. 4월 30일 이전 계약 시에는 공시가격이 3억 이하였으나, 공시가격이 3억 이상으로 올라 4월 30일 이후에 양도(보통 잔금일)하는 경우 양도세가 중과된다. 공시가격 1억 이하 아파트 투자 하기 전에 상기와 같은 기본적인 내용을 파악하고 투자를 해야 한다.

〈부록 표 2〉 공시가격 1억 이하 투자 장점 및 주의사항		
장점	주택수 및 양도세 중과 배제	지방세법 시행령 28조 소득세법 시행령 167조, 168조
	공시가격 3억 미만* 양도세 중과 제외	
주의사항	지정구역으로 지정된 아파트 중과	
	취득일(보통 잔금일) 기준으로 취득세 적용	
	양도일(보통 잔금일) 기준으로 양도세 적용	

* 공시가격 3억 미만 아파트
1) 수도권, 광역시, 세종시 군읍면 소재 아파트
2) 광역시, 세종시 제외 지방도시 아파트

1. 공시가격 1억 이하 아파트 투자

공시가격 1억 이하 아파트 투자는 난이도가 높은 투자이기 때문에 투자 전에 전략을 잘 세워야 한다. 투자에 길라잡이가 될 수 있도록 나의 투자 전략과 1억 이하 아파트를 찾는 방법을 공개하겠다.

1) 재건축 가능성이 있는 저층 구축 아파트

작년 하반기부터 투자자들이 재건축 가능성 있는 저층 구축 아파트를 많이 사들여 전국의 아파트가 대부분 상승하였다. 아래 〈부록 그림 10〉은 충주시 교현주공 아파트 시세다. 보시는 바와 같이 짧은 기간에

〈부록 그림 10〉 충주시 교현주공 아파트 시세

1억 가까이 상승했다. 입지가 좋고 새 아파트로 변모되어 여전히 투자처로서 나쁘지 않으나, 이미 많이 오른 가격과 투자금이 많이 들어가 투자처로서 매력도가 현재는 떨어진다.

만약 시세 상승이 아직 이뤄지지 않은 대지지분이 높은 아파트를 발견해서 투자하면 좋은 투자라고 볼 수 있겠다. 하지만 그런 아파트를 발견할 가능성은 그리 높지 않아 이 책에서는 다루지 않을 예정이다.

2) 핵심지역과 연동되어 상승 가능성 높은 아파트

투자 시 주목해야 할 아파트는 핵심지역과 연동되어 상승할 수 있는 아파트이다. 이런 아파트들은 비교적 소액으로 접근할 수 있을 뿐만 아니라 핵심지역의 아파트가 상승할 때 시간 차를 두고 상승하는 경향이 강하기 때문에 투자처로서 나쁘지 않다. 다만 이런 아파트들을 투자할 때는 시장흐름을 잘 감지하고 투자해야 한다. 상승초기에는 핵심지역의 아파트가 오르고 나서 꽤 오랜 기간이 지나야 이런 아파트까지 흐름이 넘어온다.

물론 상승초기에 투자하면 아주 소액으로 접근이 가능하나, 상승시점을 예측할 수 없기에 리스크가 존재하는 투자라고 말할 수 있겠다. 투자 시점은 전반적 상승장(상승장이 확대될 때)이 진행될 때 투자를 하는 것이다. 그래야 투자 후 비교적 짧은 기간에 상승이 일어나 안정적인 투자가 가능하다.

이제부터 공시가격 1억 이하 아파트 찾는 방법에 대해 먼저 알아보
도록 하자.

2. 공시가격 1억 이하 아파트 찾는 방법

공시가격 1억 이하 아파트를 찾기 위해 가장 먼저 해야 하는 것은
이 책에서 다루고 있는 것처럼 투자 지역을 먼저 선정하는 것이다. 모
든 지역의 공시가격 1억 이하 아파트가 투자 가치가 있는 것이 아니라,
가까운 시기에 상승할 수 있는 지역의 공시가격 1억 이하 아파트가 투
자로서 가치가 있다. 공급물량(인허가물량, 입주 물량, 미분양 물량), KB시
계열 자료 등을 통해 1차 지역을 선정하고 자기만의 크리테리아(인구,
평단가 순위, 대장 아파트 비교, 전세가율 등)를 통해 최종 지역을 몇 군데 선
정한다. 다음 KB심리, 거래량, 매매증감률 데이터와 현장 임장을 통해
지역 흐름을 파악한 후 상승 흐름이 퍼져나가는 지역의 공시가격 1억
이하 아파트를 투자해야 한다. 투자 지역을 선정하는 방법을 아직 숙
지하지 못하는 경우에는 책 앞장으로 돌아가 다시 정독하길 바란다.

먼저 상승흐름이 퍼지는 지역의 공시가격 1억 이하 아파트를 투자
처로서 선정해야지, 고민 없이 공시가격 1억 이하 모든 아파트를 투자
처로 선정하는 실수를 범하지 말길 바란다. 다시 한번 강조하지만 공시
가격 1억 이하 아파트 투자는 상승초기보다는 상승흐름이 넓어지는 전
반적 상승장이 왔을 때 투자를 해야 하는 대상으로 접근하여야 한다.

투자 지역이 선정이 됐으면 조인스랜드(https://joinsland.joins.com), 닥

터아파트(http://www.drapt.com/index) 등의 부동산 사이트에 접속을 해서 해당 지역의 시세를 페이지로 들어가 동별 평단가 순위를 확인한다. 평택시를 예로 들어보겠다. 평택시는 21개 동, 4개 읍, 1개의 면으로 구성되어 있는 도시이다. 〈부록 표 3〉처럼 평단가 순위 차트를 만들어보자. 평택시에서는 동삭동이 평단가가 가장 높은 동네이다.

이제 여러분들이 해야 할 것은 평단가가 높은 동부터 아파트를 전수조사하는 것이다. 평단가가 높은 동부터 아파트 전수조사를 하는 이유는 평단가가 높은 동의 아파트가 가장 먼저 오르면 공시가격 1억 이하 아파트도 따라서 오를 확률이 높다. 아파트 전수 조사라는 말을 듣는 순간 '어떻게 해야 하나?' 하며 당혹해 하는 독자들이 있을지 모르겠다. 전수조사는 어렵지 않다. 더욱이 공시가격 1억 이하 아파트만 찾는 것이기 때문에 누구나 쉽게 할 수 있다.

보통 아파트 공시가격은 실제 시세의 70% 수준이다. 그렇다면 시세가 1억 5천 이하인 아파트만 찾으면 된다는 계산이 나온다. 더 넓은 범위로 아파트를 찾고 싶다면 시세를 1억 5천보다 더 늘려서 검색하면 된다.

> **1억 5천 (시세) × 70% = 1.05억 (예상 공시가격)**

* 예상 공시가격을 1.05억으로 정한 이유는 아파트마다 시세대비 공시가격을 나타내는 비율이 다르기 때문에 1억보다 조금 높은 수준으로 계산된 것임.

〈부록 표 3〉평택시의 평단가 순위

순위	지역	매매가(m²)	매매가(평)	전세가(m²)	전세가(평)	전세가율(%)
1	동삭동	459	1,515	261	861	57%
2	고덕면	456	1,505	268	884	59%
3	죽백동	388	1,280	274	904	71%
4	용이동	353	1,165	259	855	73%
5	소사동	343	1,132	239	789	70%
6	칠원동	334	1,102	202	667	60%
7	신장동	328	1,082	238	785	73%
8	평택동	276	911	207	683	75%
9	평택시	274	904	190	627	69%
10	세교동	274	904	199	657	73%
11	서정동	248	818	162	535	65%
12	합정동	248	818	112	370	45%
13	장안동	240	792	179	591	75%
14	장당동	239	789	196	647	82%
15	비전동	230	759	179	591	78%
16	군문동	202	667	155	512	77%
17	이충동	198	653	147	485	74%
18	팽성읍	191	630	135	446	71%
19	안중읍	186	614	150	495	81%
20	청북읍	179	591	135	446	75%
21	칠괴동	171	564	126	416	74%
22	지산동	169	558	137	452	81%
23	가재동	157	518	107	353	68%
24	통복동	153	505	121	399	79%
25	독곡동	151	498	124	409	82%
26	포승읍	142	469	119	393	84%
27	진위면	117	386	89	294	76%

경기도 평택시 동삭동

단지명	면적 (㎡)	매매가 (만원)	매물	전세가 (만원)
더샵지제역센트럴파크(1BL) (아파트)	79A	40,000 ~ 48,000	6	22,500 ~ 24,500
	79B	40,000 ~ 48,000	3	22,500 ~ 24,500
	98A	48,500 ~ 57,500	3	25,500 ~ 28,000
	99B	48,500 ~ 57,500	0	25,500 ~ 28,000
	98C	48,500 ~ 57,500	0	25,500 ~ 28,000
	109A	60,000 ~ 70,000	1	28,500 ~ 30,500
	110B	60,000 ~ 70,000	1	28,500 ~ 30,500
	138	66,000 ~ 76,000	0	37,500 ~ 40,000
더샵지제역센트럴파크(2BL) (아파트)	79A	40,000 ~ 48,000	2	22,500 ~ 24,500
	79B	40,000 ~ 48,000	2	22,500 ~ 24,500
	98A	48,500 ~ 57,500	0	25,500 ~ 28,000
	99B	48,500 ~ 57,500	0	25,500 ~ 28,000
	109	60,000 ~ 70,000	1	28,500 ~ 30,500
	110	60,000 ~ 70,000	0	28,500 ~ 30,500
	138	66,000 ~ 76,000	0	37,500 ~ 40,000
삼익사이버 (아파트)	82	13,000 ~ 14,500	0	10,000 ~ 12,000
	109	16,000 ~ 19,000	0	13,000 ~ 15,000
	146	20,000 ~ 23,000	0	14,000 ~ 15,000

평택시 동삭동의 조인스랜드를 통해 아파트를 검색해 보면, 삼익
사이버 아파트 전용 82㎡ 시세가 13,000~14,500만 원과 현대 아파트
전용 84㎡ 시세가 13,000~15,500만 원으로 15,000만 원 이하 아파트로
검색이 된다.

공시가격 1억 이하 여부를 확인하는 방법은 네이버부동산과 국토

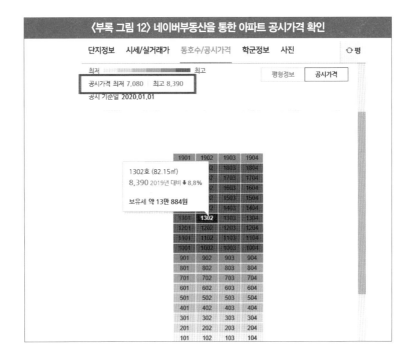

〈부록 그림 12〉 네이버부동산을 통한 아파트 공시가격 확인

단지정보　시세/실거래가　동호수/공시가격　학군정보　사진　　평

최저 ▮▮▮▮▮▮▮▮▮▮▮▮▮▮▮▮▮ 최고　　　평형정보　공시가격
공시가격 최저 7,080　최고 8,390
공시 기준일 2020.01.01

1302호 (82.15㎡)
8,390 2019년 대비 ↓8.8%
보유세 약 13만 884원

교통부 실거래가 공개시스템(http://rt.molit.go.kr)에서 확인하는 2가지 방법이 있다.

네이버부동산에서는 아파트 층별로 공시가격을 확인할 수 있는 시스템을 갖추고 있다. 네이버부동산에서 입지와 공시가격을 우선 확인하고, 네이버부동산에서 제공되지 않는 아파트(네이버부동산에서 공시가격을 제공되지 않는 아파트가 간혹 있음)만 국토교통부 실거래가 공개시스템에서 확인하는 것을 추천한다.

네이버부동산에서 동작동의 삼익 사이버 아파트의 공시가격 확인

〈부록 그림 13〉 네이버부동산을 통한 아파트 입지 확인

해보면 7,080~8,390만 원으로 공시가격 1억 이하 아파트임을 알 수가 있다. 그리고 〈부록 그림 13〉와 같이 네이버부동산에서 입지를 확인할 수 있다. 동삭동의 삼익사이버 아파트에서 도보로 동삭초등학교까지 4분 거리이며, 바로 옆에 상업지구를 끼고 있어 비교적 우수한 입지라는 것을 확인할 수가 있다. 이런 방법을 통해 평택시의 아파트를 전수 조사하면 한 지역의 공시가격 1억 이하 아파트를 쉽게 찾을 수가 있다. 찾은 아파트 중에 가장 입지가 우수한 아파트 위주로 투자처를 선정하면 된다.

지금까지 설명한 것과 같은 방법을 활용하면 관심 지역의 공시가격 1억 이하 아파트를 쉽게 찾을 수 있다. 공시가격 1억 이하 아파트 투자는 결코 쉬운 투자는 아니다. 가격이 저렴한 만큼 한 지역의 부동산 심리가 냉각이 됐을 때 가장 먼저 영향을 받는다. 그래서 매수할 때 매도 전략을 같이 세워야 한다. 이 점을 잊지 말고 투자하길 바란다.

아래에 같이 흐름도로 정리해 놨으니 다시 한번 숙지하면 좋겠다.

〈부록 그림 14〉 공시지가 1억 이하 아파트 찾는 방법

투자 지역 선정	입주 물량, 인허가 물량, 미분양 물량, KB 시계열, 인구, 평단가 순위, 전세가율 등에 의해 투자지역 선정
동별 평단가 순위 확인	조인스랜드, 닥터아파트 등 부동산 사이트 활용
시세 1.5억 이하 아파트 확인	평단가 높은 동부터 순차적으로 확인
아파트 공시가격 및 입지 확인	네이버 부동산을 활용하여 공시가격과 입지 확인
투자 가능 아파트 확인	상급동 위주로 투자 또는 투자금 최소화 아파트 투자 등 자기와 컨셉이 맞는 아파트 확정

부동산은 축적의 시간이 필요하다

부동산 투자를 시작한 지 7년이 되었다. 부동산 투자 초창기에는 많은 실수를 했다. 분야도 넓고 투자 방법도 다양하고 복잡해 어떻게 투자를 할지 막막했던 기억이 있다.

사람들이 저질렀던 실수(묻지마 투자)를 똑같이 했었다. 부동산 투자를 하며 다른 사람들과 다르게 했던 것을 꼽자면, 대부분의 사람들이 투자에서 실패하면 그 세계를 떠나는데, 나는 실패를 하면서도 그 세계를 떠나지 않고 버텨왔다. 이런 정신 때문에 지금 이 자리에 있는 게 아닌가 생각한다.

누구든지 처음에는 부동산 투자를 잘할 수 없다고 생각한다. 몇 번의 시행착오를 거치면서 점점 원석에서 가공석으로 바뀌는 것이다. 즉 부동산 투자를 잘하려면 인내의 시간, 즉 축적의 시간이 필요하다. 쭉 뻗은 대나무를 보자. 우리는 쭉 뻗어 있는 대나무만 보고 있기 때문에 대나무가 쉽게 잘 자라는 나무로 착각하기 쉽지만, 그렇지 않다. 대나무는 4년 동안 땅속에 갇혀 있다. 땅 밖으로 나오기 위해 인내의 시간을 겪는다. 그러다가 비로소 5년차가 되는 해에 죽순의 형태로 땅 밖에 나온다. 그리고는 불과 3개월 사이에 16~25m까지 성장한다.

　부동산 투자도 마찬가지다. 처음에는 느리고 더디지만 어느 정도 경험이 쌓인 이후부터는 실력이 급성장하는 자신을 보게 될 것이다. 실력이 쌓이는 시간까지 잘 버틸 수 있도록 부동산에 관심을 지속적으로 두고 공부해야 한다. 부동산 상승은 복잡한 방정식에 의해 풀어낼 수 있을지 생각해봐야겠지만, 상승이 일어나는 주요 원인은 분명히 존재한다. 그래서 이런 주요 원인에 집중해 공부해야 한다.

　혹자는 이런 말을 할지도 모르겠다. "부동산은 감으로 하는 것이지, 무슨 공부가 필요해?"라고 말이다. 단호하게 말하면, 틀린 생각이다. 부동산 투자를 잘하기 위해서는 공부가 필수다. 즉, 상승을 일으키는 주요 인자를 파악하는 공부를 하자는 것이다.

　그렇다고 이 공부가 고등학교 수학 시간에 배웠던 미적분처럼 어려운 게 결코 아니다. 누구나 부동산에 관심을 가지면 할 수 있는 게 부동산 공부이다. 단지 실력이 늘 때까지 포기하지 않고 버틸 수 있는 체력이 필요한 것뿐이다. 즉 일정 축적 시간 이후에 급성장할 수 있는 분야다. 포기하지 말고 2년만 부동산을 공부해보라. 삶이 바뀌어 있는 것을 자각할 것이다.

나는 부동산 투자를 매년 지속적으로 진행할 것이다. 어떻게 보면 부동산에서 만들어진 자금이 시드머니가 되어 창업으로 이어졌을 정도로 부동산은 나에게 소중한 존재이다. 부동산 투자를 하는 방법을 제대로 이해하게 되면 노후에도 안정적인 생활이 가능할 것으로 본다.

7년간의 부동산 투자를 통해 인생을 배운 것 같다. 삶이 긍정적으로 바뀌었고, 꿈을 꾸게 되었고, 원대한 목표를 가질 수가 있었다. 이전에 느껴보지 못한 성취감도 경험했다. 내가 하고 싶은 것들이 이렇게 많은 줄 지금까지 모르고 살았다. 또한 세상에 내가 경험해보지 못했던 것들이 이렇게 많은 줄 몰랐다.

부동산이라는 기반을 통해서 많은 일을 해보고 싶어 2020년 6월에 퇴사했다. 퇴사 이후에 계획대로 많은 일을 진행했다. 몇 개 분야의 창업 검토, 창업, 강의 그리고 지금 집필 중인 책까지. 6개월이라는 짧은 시간 동안 많은 일을 해왔다. 특히 아침을 조깅, 명상, 독서 등으로 채울 수 있어서 좋다.

2020년 10월에 창업한 카페가 현재 운영에 안정적 궤도에 접어들고 있다. 수억 원의 투자를 통해 내 주도로 진행했던 첫번째 아이템이다.

그 아이템을 조사하고 실행하고 운영하면서 많은 것을 느낄 수 있었다. 이제 하나의 도전 과제가 마무리되면 또 다른 도전 과제를 찾을 것이다. 2021년에 할 수 있는 일들을 생각하니 다시 설레기 시작하며 감정이 북받쳐온다.

이 책을 읽는 독자들에게 '부동산에 관심을 가져라'라고 당부하고 싶다. 부동산을 통해 나의 삶이 바뀌었듯이 여러분의 삶도 충분히 바뀔 수가 있다. 누구나 할 수 있다. 단지 부동산에 대한 꾸준한 관심과 실행력만 있으면 된다.

이 책은 내가 7년간 투자를 하면서 터득하게 된 거의 모든 노하우를 담고 있다. 이제 막 부동산에 관심을 갖기 시작했거나 또는 이미 투자하고 있지만 앞이 잘 보이지 않는 독자들에게 충분히 길라잡이가 되어줄 수 있을 것이라 생각한다.

여러 데이터 분석 및 투자 방법에 대해 기술했지만, 그 모든 분석과 방법을 따라할 필요는 없다. 그중에서 독자들이 판단했을 때 본인과 맞다고 판단하는 것을 선택해서 사용하면 된다.

처음에는 다양한 데이터 툴이나 또는 투자 방법이 어렵게 다가올지도 모르지만, 그 과정들을 거치고 나면 분명 한 단계 더 성장한 자신을 발견할 수 있을 것이다. 일정 시간 축적 이후에는 점점 단순하게 투자를 결정하게 될 것이다. 그때까지 꾸준한 관심과 노력을 기울이면 된다.

마지막으로 사랑하는 우리 가족에게 감사하다는 말을 전하고 싶다. 밤 늦게까지 책을 쓰느라 육아와 살림을 도맡아 했던 아내에게 감사의 말을 전한다. 바쁘다는 핑계로 두 아들과 많이 못 놀아줘서 항상 미안했는데, 이 자리를 빌려 그들에게 사랑한다는 말을 전하고 싶다.